C·H·Beck
PAPERBACK

Hubert Wolf

ZÖLIBAT

16 Thesen

C.H.Beck

Originalausgabe
© Verlag C.H.Beck oHG, München 2019
www.chbeck.de
Satz: Janß GmbH, Pfungstadt
Druck und Bindung: Pustet, Regensburg
Umschlaggestaltung: Kunst oder Reklame, München
Umschlagabbildung: Priesterordination in Notre-Dame de Paris
© picture alliance/Godong
Gedruckt auf säurefreiem, alterungsbeständigem Papier
(hergestellt aus chlorfrei gebleichtem Zellstoff)
Printed in Germany
ISBN 978 3 406 74185 2

myclimate

klimaneutral produziert
www.chbeck.de/nachhaltig

INHALT

1.

DAS TABU IST GEFALLEN

Priestermangel und Missbrauchsvorwürfe zwingen den Vatikan,
über den Zölibat zu reden.

Rom, 4. April 2014. Der Bischof der brasilianischen Diözese
Xingu, Erwin Kräutler, wird von Papst Franziskus zu einer
Privataudienz empfangen.[1] Beide Männer küssen sich gegenseitig Hand und Ring, wie es in Lateinamerika bei einer Be-
grüßung üblich ist. Die Atmosphäre ist äußerst entspannt, und
der Bischof berichtet dem Papst von der Situation der indi-
genen Bevölkerung im Amazonasgebiet: Neunzig Prozent der
Gemeinden seiner Diözese können am Sonntag nicht regelmäßig Eucharistie feiern, siebzig Prozent sogar nur drei Mal
im Jahr, weil es so gut wie keine Priester gibt. Dann erzählt
Kräutler Franziskus von der Einweihung einer Kapelle in einer
abgelegenen Pfarrei, zu der er als Bischof eigens angereist war.
Als die Tür der kleinen Kirche geöffnet wurde, war Kräutler
schockiert, denn es fehlte der Altar. Er habe sofort darauf hingewiesen, dass die Feier der Eucharistie doch das Zentrum des
Glaubens und katholischen Gemeindelebens sei, darauf habe
ihm die Gemeindeleiterin geantwortet, das sei auch ihr klar.
«Aber wir haben ja nur zwei bis drei Mal im Jahr Eucharistiefeier, … also brauchen wir keinen Altar.»[2] Für die paar
Mal könne man einen Tisch hereintragen.

Bischof und Papst sind sich einig, «da läuft etwas auseinan-
der», es kommt im Amazonasgebiet zu einer «fatalen Entwöh-
nung von der Eucharistie».[3] Einunddreißig Priester können
unmöglich achthundert Gemeinden in einem Gebiet größer als

die Bundesrepublik Deutschland betreuen. Franziskus und der Bischof erörtern Lösungsmöglichkeiten. Kräutler erinnert an den Vorschlag des südafrikanischen Bischofs Fritz Lobinger, Gemeinden ohne Priester künftig durch «Teams of Elders», eine Art Ältestenrat, kollektiv leiten zu lassen und diese Männer und Frauen «dann auch zu ordinieren, damit sie mit ihren Gemeinden auch die Eucharistie feiern können».[4] Das Thema der Viri probati – also verheirateter, in Ehe und Beruf bewährter Männer, die zu Priestern geweiht werden sollen – kommt ebenfalls zur Sprache. Die Audienz endet mit dem berühmt gewordenen Satz des Papstes, die Bischofskonferenzen sollten ihm «mutige» Vorschläge machen.[5]

Eine Privataudienz in dieser Atmosphäre und mit einer derartig offenen Aussprache über die Themen Priestermangel, Zölibat und Weihe von verheirateten Männern und Frauen wäre unter den Vorgängern von Papst Franziskus kaum möglich gewesen. Der Zölibat galt als «strahlender Edelstein» in der Krone der Kirche, der grundsätzlich nicht infrage gestellt werden durfte.[6] Gute Katholiken sprachen nicht darüber. Und im Gespräch zwischen den Hirten und dem obersten Hirten war er ohnehin kein Thema. Wer es wagte, über die Zölibatsverpflichtung für Priester auch nur zu reden, dem wurde rasch die Rechtgläubigkeit abgesprochen. Das war ein Thema für kritische Theologen,[7] für die «Kirche von unten»,[8] für «abgefallene» Priester, die ihr Amt wegen einer Frau aufgegeben hatten,[9] für Priesterfrauen,[10] für Priesterkinder[11] und nicht zuletzt für Romane und Filme.[12]

Intime Einsichten in das Sexualleben der Engel mit Priesterkragen und Soutane sind eine Garantie für Schlagzeilen, nicht nur in der Boulevardpresse. Spielfilme und Serien über Priester, die sich zwischen der Liebe zu einer Frau und der Liebe zu Gott entscheiden müssen, werden zum Kassenschlager. Die katholische Kirche würde das Problem gerne verschweigen, Tatsache ist aber, dass viele Tausende von Priestern weltweit ihr Amt wegen des Zwangszölibats aufgegeben haben. Dabei nahmen nur die wenigsten ein entwürdigendes Laisierungsverfahren auf

sich. Nur durch einen solchen Prozess, eröffnet auf Diözesan-
ebene, verhandelt von der römischen Kongregation für den Gottesdienst und die Sakramentenordnung, die ihre Empfehlung
schließlich dem Papst zur offiziellen Entscheidung vorlegt, kann
die Ungültigkeit der Weihe festgestellt und ein Priester in den
Laienstand zurückversetzt werden.[13] Erst danach ist der laisierte
Priester in der Lage, eine gültige kirchliche Ehe einzugehen.

Man rechnet damit, dass seit den 1960er-Jahren weltweit
etwa zwanzig Prozent der Priester ihr Amt wegen des Zölibats
aufgegeben haben. Allein in Deutschland wären demnach, wenn
man von insgesamt knapp 14 000 Priestern ausgeht, mehrere
Tausend betroffen. Offizielle Zahlen liegen bezeichnenderweise
nicht vor.[14] Der Priesternachwuchs geht seit Jahrzehnten massiv
zurück, die Priesterseminare sterben regelrecht aus, manche
Diözesen hatten sogar mehrere Jahre in Folge keine einzige
Priesterweihe. Theologiestudenten geben als Grund, warum sie
nicht ins Priesterseminar eintreten, häufig den Zölibat an.[15] Die
pastorale Situation hat sich unterdessen drastisch verschlechtert,
immer mehr Pfarreien haben keinen eigenen Pfarrer mehr. Die
wenigen übrig gebliebenen Seelsorger fühlen sich immer mehr
als «pastorale Großunternehmer, reisende Sakramentenspender
und Zölibatshalter».[16] Anstatt über die Zulassungsbedingungen
zum Amt nachzudenken, suchen die Bischöfe ihr Heil in immer
größeren Seelsorgeeinheiten, pastoralen Räumen und katholischen Clustern – oder in Priestern aus Indien, Polen und
Afrika, die aus einem völlig anderen Kulturkreis kommen und
selten der deutschen Sprache ausreichend mächtig sind.

Das war auf dem Zweiten Vatikanischen Konzil, das von
1962 bis 1965 tagte, noch ganz anders gewesen.[17] Damals hatten
die Bischöfe wenigstens bei den nichtöffentlichen Diskussionen
in der zuständigen Kommission ausgiebig über das Junktim
zwischen Zölibat und Priesteramt gestritten und eine flexiblere
Handhabung des Zölibatsgesetzes in Erwägung gezogen. Als sie
dann aber den Zölibat im Konzilsplenum selbst thematisieren
wollten, intervenierte Papst Paul VI. und machte deutlich, dass

er es für inopportun halte, öffentlich darüber zu reden.[18] Mit diesem Schritt entzog der Papst den im Konzil versammelten Bischöfen die Entscheidung über das Thema und riss sie an sich. Anderthalb Jahre nach Konzilsende stellte Paul VI. in Ausübung seines ordentlichen Lehramtes lapidar fest, «dass das bestehende Gebot des Zölibats auch jetzt noch mit dem priesterlichen Amt verbunden sein muss».[19]

Die deutschen Bischöfe sollten sich weitgehend an diese Marschroute halten. Bezeichnend dafür ist ihr Verhalten auf der Würzburger Synode, die zur Umsetzung der Beschlüsse des Zweiten Vatikanums als «Gemeinsame Synode der Bistümer in der Bundesrepublik Deutschland» von 1971 bis 1975 stattfand. Nachdem es auf dem Katholikentag in Essen 1968 zu heftigen Auseinandersetzungen zwischen katholischen Laien und deutschen Bischöfen über die dringend notwendigen Reformen besonders im Hinblick auf die Zulassung der Pille zur Empfängnisregelung sowie die Abschaffung des Zölibatsgesetzes gekommen war, wollten die Bischöfe auf der Würzburger Synode wieder alles in den Griff bekommen.[20]

Als die Synode einen Beschluss über die pastoralen Dienste in der Gemeinde vorbereitete, kam es zu einem unüberbrückbaren Dissens zwischen der Mehrheit der Synode und den deutschen Bischöfen. Die Laien argumentierten, dass sich die katholische Kirche in Deutschland in einer pastoralen Notsituation befinde, weil es zu wenig Priester gebe und viele Geistliche «menschliche Probleme» mit dem Zölibat hätten. Sie verlangten deshalb die Weihe von Viri probati. Die Deutsche Bischofskonferenz machte daraufhin ihre Erlaubnis, über den beabsichtigten Beschluss überhaupt weiter diskutieren zu dürfen, «davon abhängig, dass die Frage der Zulassung verheirateter Männer zum Priestertum» ausgeklammert würde.[21] Im Beschlusstext selbst musste die Synode deshalb erklären, dass sie aufgrund der Weisung der deutschen Bischöfe vom 13. April 1972 «in dieser Frage keine Entscheidung treffen» dürfe. Dort wurde daher nur ganz allgemein von einer Prüfung neuer Zugangswege zum Priestertum gesprochen und formuliert: «Es wird deshalb allgemein anerkannt, dass außerordentliche pastorale Notsituationen die Weihe von in Ehe und Beruf bewährten Männern erfordern können.»[22]

Und so hatten die deutschen Bischöfe den ihnen von Paul VI. verordneten Maulkorb erfolgreich auch den Laien umgebunden. Sogar auf den großen Selbstdarstellungen des deutschen Laienkatholizismus, den Katholikentagen, kam das Thema nach der Würzburger Synode kaum noch vor. Wenn es überhaupt angesprochen wurde, dann eher beim «Katholikentag von unten».[23]

Aber der Zölibat war nicht nur in Deutschland ein Thema. Auf nahezu allen Nationalsynoden nach dem Zweiten Vatikanischen Konzil wurde die Weihe verheirateter Männer zu Priestern gefordert, von Lateinamerika über die Schweiz und Österreich bis in die Niederlande.[24] Anders als in Deutschland sprachen sich die niederländischen Bischöfe um Kardinal Bernard Jan Alfrink nachdrücklich dafür aus, «Verheiratete zum Priesteramt zuzulassen und Priester, die wegen Heirat ausgeschieden sind, wieder in ihr Amt einzusetzen».[25] Rom reagierte scharf, pfiff die niederländischen Bischöfe zurück, wechselte nach und nach den ganzen Episkopat des Landes aus und ersetzte ihn durch Zölibatsanhänger. Die römische Strategie ging am Ende auf.

Denn die überwiegende Mehrzahl der Bischöfe hielt sich auch in den folgenden Jahrzehnten an die von der Römischen Kurie vorgegebene Linie, wie eine große Zahl von Hirtenbriefen, Verlautbarungen und Interviews belegt.[26] Unterstützung erhielten sie dabei vor allem von Johannes Paul II., der immer wieder unterstrich, dass die Kirche am «Schatz» des Zölibats festhalten werde, und alle Einwände gegen die Ehelosigkeit der Priester einfach mit dem Argument zurückwies, diese seien «dem Evangelium, der Überlieferung und dem Lehramt der Kirche fremd».[27] Es gab nur vereinzelte Ausnahmen, so etwa den Rottenburger Bischof Georg Moser, der ein Votum seiner Diözesansynode aus den Jahren 1985/86 zuließ, in dem die Deutsche Bischofskonferenz gebeten wurde, «die Frage der

Priesterweihe von in Ehe und Beruf bewährten Männern neu zu überdenken und die nötigen Schritte zu unternehmen».[28] Eine Antwort darauf ist nicht bekannt.

Fünfzig Jahre war das Thema der Aufhebung des Zölibatsgesetzes und der alternativen Zugänge zum Priestertum wenigstens für die Hierarchen der katholischen Kirche ein Tabu. Wenn man nun jedoch nur einige wenige, zufällig ausgewählte Äußerungen katholischer Oberhirten vom Oktober 2018 anschaut, glaubt man, im falschen Film zu sein: Kardinalstaatssekretär Pietro Parolin, der zweite Mann im Vatikan, machte in einem Interview vom 2. Oktober 2018 klar, dass «der Zölibat der Priester … sehr wohl infrage gestellt werden» könne. Parolin betonte, die kirchliche Lehre sei nicht monolithisch, sondern ein «lebender Organismus, der wächst und sich entwickelt». Bereits 2013 hatte er bekräftigt, dass der Zölibat der Priester «kein Dogma», sondern eine «Tradition der Kirche» darstelle, weshalb eine Diskussion über diesen durchaus möglich sei.[29] Der Vorsitzende der Deutschen Bischofskonferenz, Kardinal Reinhard Marx, forderte am 5. Oktober 2018 in Rom bei der Eröffnung des Master-Studiengangs «Safeguarding of Minors» eine offene Debatte über den Zölibat. Der Erzbischof von München und Freising benannte den Missbrauchsskandal als Ursache dafür, dass sich die Kirche in einer ehrlichen Diskussion vielen Fragen stellen müsse, wozu «Machtmissbrauch und Klerikalismus, Sexualität und Sexualmoral, Zölibat und Ausbildung der Priester» gehörten.[30] Der Erzbischof von Bamberg, Ludwig Schick, brachte am 8. Oktober 2018 die Möglichkeit einer Dispens vom Zölibat ins Gespräch, bewährte Männer könnten vom Weihehindernis der Ehe auf diese Weise befreit werden.[31] Und sogar der Apostolische Nuntius in Deutschland, Erzbischof Nikola Eterović, erklärte in einem Interview mit der *Herder Korrespondenz*: «Der Zölibat ist kein Tabu.» Er persönlich sei zwar gegen die Abschaffung des Zölibatsgesetzes, aber es gebe «keine Patentlösung in dieser Frage. Wir müssen einfach darüber diskutieren, was das Beste für die Kirche ist.»[32]

Was die Gründe angeht, warum nun auf einmal über das Thema diskutiert werden soll, lassen sich aus den Äußerungen von Kardinälen und Bischöfen vor allem drei Motive namhaft machen: die Aufarbeitung des Missbrauchsskandals, die Behebung des grassierenden Priestermangels und die Abmilderung einer System- und Strukturkrise der katholischen Kirche.

Zumindest die lateinamerikanischen Bischöfe des Amazonasgebietes haben die Aufforderung von Papst Franziskus zu mutigen Vorschlägen aufgegriffen. In Rom wird es auf der Bischofssynode mit dem Titel «Amazonien – neue Wege für Kirche und eine ganzheitliche Ökologie» im Herbst 2019 auch um den katastrophalen Priestermangel im Norden Brasiliens gehen. Die Bischöfe sollen zumindest die Weihe verheirateter Männer zu Priestern vorgeschlagen haben. Ob auch die Zulassung von Frauen zu kirchlichen Ämtern diskutiert werden wird, steht dahin.[33]

Das Tabu ist gefallen. Es soll in der katholischen Kirche wieder offen und ohne Vorurteile über die Ehelosigkeit der Priester und auch über die Abschaffung des Zölibatsgesetzes diskutiert werden – und zwar in der ganzen Kirche, angefangen vom Papst über die Kardinäle, Bischöfe, Theologinnen und Theologen bis hin zu den Gläubigen. In diesem Sinn verstehen sich die folgenden Thesen aus kirchenhistorischer Perspektive als ein Beitrag zu der angemahnten ehrlichen Diskussion, im Sinne der «platonisch-aristotelischen und scholastischen Argumentationspraxis», wonach «man eine Meinung nur dann als ‹These› bezeichnet, wenn sie von jemandem vertreten wird, der sie rational zu verteidigen bereit ist».[34]

2.

DIE SCHWIEGERMUTTER DES PETRUS

Der Zölibat lässt sich biblisch nicht begründen, denn im
Neuen Testament gibt es selbstverständlich verheiratete
Bischöfe, Priester und Diakone.

In den Jahren 1878 bis 1880 kam es zu einer heftigen Kontroverse zwischen dem Innsbrucker Orientalisten Gustav Bickell und dem Tübinger Kirchenhistoriker Franz Xaver Funk. Worum es bei diesem wissenschaftlichen Schlagabtausch ging, zeigen die Titel der damaligen Beiträge: Gustav Bickell, *Der Cölibat eine apostolische Anordnung* (1878) – Franz Xaver Funk, *Der Cölibat keine apostolische Anordnung* (1879) – Gustav Bickell, *Der Cölibat dennoch eine apostolische Anordnung* (1879) – Franz Xaver Funk, *Der Cölibat noch lange keine apostolische Anordnung* (1880).[1]

Gustav Bickell versuchte mit großem Aufwand nachzuweisen, dass die Verpflichtung der Kleriker zum Zölibat keine Erfindung von Päpsten oder Synoden des vierten Jahrhunderts sei, sondern auf eine entsprechende Praxis der Apostel und ihrer Nachfolger zurückgehe. Nach der Berufung durch Jesus hätten Petrus, von dessen Schwiegermutter[2] das Neue Testament berichtet, und andere Apostel Frau und Kinder verlassen, um sich ganz der Nachfolge Christi und der Verkündigung des Evangeliums vom Reich Gottes widmen zu können. Bickell stützt sich dabei auf Zeugnisse der Heiligen Schrift und auf die mündlich weitergegebene Überlieferung der Apostel.

Franz Xaver Funk kam nach einer minutiösen Analyse der Zeugnisse der ersten drei Jahrhunderte, die ganz selbstverständ-

lich von verheirateten Bischöfen, Priestern und Diakonen sprechen, zum exakt entgegengesetzten Schluss. «Die Zuversicht-
lichkeit, mit der Bickell seine These für gesichert erklärte», stehe
«gerade im umgekehrten Verhältnis zu der Gründlichkeit seiner
Beweisführung».[3] Der Zölibat «rührt als gesetzliche Anordnung
nicht von den Aposteln her, er kam vielmehr in der abendländischen Kirche erst im Laufe des vierten Jahrhunderts auf, die
morgenländische Kirche aber hat ihn nicht seit derselben Zeit
allmählich außer Acht gesetzt, sondern ist streng bei dem Her-
kommen geblieben».[4] Für Funk ging Bickells Argumentation
von dem für einen Kirchenhistoriker nicht statthaften Grund-
satz aus, dass (historisch) nicht sein kann, was (dogmatisch)
nicht sein darf.

Die beiden Gelehrten führten ihren Streit mit einer der-
artigen Schärfe, dass auch persönliche Verunglimpfungen nicht
ausblieben. Schließlich ging es um die entscheidende Frage nach
dem Ursprung des Zölibatsgesetzes in der katholischen Kirche
sowie seiner Begründung:

Denn wenn der Zölibat tatsächlich – so argumentieren die
Anhänger der «Kontinuitätsthese» – auf eine Anweisung Jesu
Christi selbst oder auf die Lebenspraxis oder Anordnung der
Apostel zurückginge, dann gäbe es diese Lebensform bereits bei
den Vorstehern der ersten christlichen Gemeinden. Der Zölibat
wäre damit eine unverzichtbare Bedingung für die Übernahme
eines kirchlichen Amtes und daher nicht veränderbar.

Wenn aber – und so argumentieren die Anhänger der «Dis-
kontinuitätsthese» – der Zölibat nur eine disziplinäre Vorschrift
wäre, die erst im Verlauf der Kirchengeschichte aufgekommen
ist, dann würde er nicht zum Wesen des Priestertums gehören,
wäre keine notwendige Bedingung für die Ausübung des kirchlichen Amtes und damit jederzeit änderbar.

Es mag auf den ersten Blick verwundern, warum die Frage
nach Kontinuität und Diskontinuität in diesem Zusammenhang
eine derartige Rolle spielt. Dies liegt daran, dass es für die Lehre
der Kirche nur zwei Erkenntnisquellen gibt: die Heilige Schrift

und die apostolische Tradition. Die erste liegt schriftlich vor, die zweite wurde ursprünglich mündlich überliefert und hat sich später in schriftlichen Zeugnissen niedergeschlagen. Das Konzil von Trient legte im sechzehnten Jahrhundert fest, dass nur das, was in Schrift und Tradition ununterbrochen bezeugt wird, was auf Jesus Christus selbst und die Apostel zurückgeht, eine unveränderliche Glaubenswahrheit sein kann. Alles andere gehört dagegen nicht zum Wesen des christlichen Glaubens, sondern stellt eine zeitbedingte Erscheinung dar, die irgendwann entstanden ist und jederzeit geändert oder abgeschafft werden kann.[5]

Dass Jesus Christus mit seinen Jüngern das Abendmahl gefeiert hat und die christlichen Gemeinden seinen Auftrag, dieses Mahl zu seinem Gedächtnis zu halten, von Anfang an regelmäßig vollzogen haben, steht außer Zweifel. Schrift und Tradition bezeugen dies eindeutig.[6] Daher gehört die Feier der Eucharistie unverzichtbar zum Wesen des Christentums. Die Vorschrift aber, vor dem Empfang der Kommunion nüchtern bleiben zu müssen und für mindestens sechs Stunden überhaupt keine Nahrung zu sich nehmen zu dürfen, ist dagegen erst im Laufe des Mittelalters entstanden.[7] Über viele Jahrhunderte galt diese Vorgabe; noch im Kirchenrecht von 1917 wurde ein strenger Nahrungsverzicht für die Zeit von Mitternacht bis zum Kommunionempfang vorgeschrieben. Erst im Zuge der Liturgiereform des Zweiten Vatikanischen Konzils ist das Nüchternheitsgebot faktisch gestrichen worden, indem man es auf eine Stunde vor Empfang der Eucharistie reduzierte. Das war nur möglich, weil es keine entsprechende ununterbrochene Praxis von Jesus und den Aposteln bis ins zwanzigste Jahrhundert gegeben hat.

Wenn es also gelingen würde, eine ununterbrochene Kontinuität des Zölibats von Jesus Christus beziehungsweise den Aposteln bis heute zu beweisen, dann wäre er als apostolische Anordnung nicht veränderbar und allen Argumenten für eine Aufhebung des Pflichtzölibats von vornherein die Grundlage entzogen. Aber: Wenn man das Gegenteil beweisen oder sogar zeigen könnte, dass Jesus selbst verheiratet war, was derzeit wieder einmal versucht wird, dann hätte man ein starkes Argument für verheiratete Kleriker.[8] Nach Meinung mancher Exegeten jedenfalls war Ehelosigkeit «im Judentum in neutestamentlicher Zeit ... völlig undenkbar».[9]

Es verwundert angesichts der Bedeutung der Frage nicht, dass dieser Streit seit der Kontroverse zwischen Bickell und Funk nie ganz zum Erliegen gekommen ist.[10] Mehr als hundert Jahre später wurde er sogar explizit noch einmal aufgenommen. Der christliche Archäologe Stefan Heid legte 1997 eine Monographie zum Zölibat in der frühen Kirche vor, in der er sein Ziel klar benennt: «Die vorliegende Studie versucht nachzuweisen, dass es in der Tat in der frühen Kirche eine Verpflichtung aller höheren Kleriker zu völliger geschlechtlicher Enthaltsamkeit gab. Erwiese sich dies als richtig, so müsste man den heutigen Zölibat in einer geschichtlichen Kontinuität zur ursprünglichen Disziplin der Klerikerenthaltsamkeit sehen: Ohne die generelle Enthaltsamkeitspflicht der frühen Kirche gäbe es heute keine Verpflichtung der lateinischen Priester zur Ehelosigkeit.»[11] Es geht also um nichts weniger als den historischen Beweis für die generelle Pflicht aller Kleriker zu sexueller Enthaltsamkeit vom Anfang der Kirchengeschichte an – wie der Dogmenhistoriker Hermann Josef Sieben in seiner Rezension zu Heids Werk treffend feststellt: «Wer diesen historischen Ursprung nämlich nicht irgendwie spekulativ ableiten, sondern historisch plausibel machen will, ist gezwungen, dafür Belege, auch aus der Zeit vor der Mitte des vierten Jahrhunderts, vorzulegen.»[12]

Theologen, die wie Stefan Heid die historische Kontinuität des Zölibats für die ersten christlichen Jahrhunderte beweisen wollen, setzen häufig bei den gesetzlichen Bestimmungen zur Enthaltsamkeit der Priester an, die etwa die Synode von Elvira um das Jahr 306 oder die Päpste Siricius und Innozenz I. am Ende des vierten Jahrhunderts erlassen haben. Zur Legitimation ihrer Beschlüsse bezogen sich diese ausdrücklich auf den apostolischen Ursprung der Enthaltsamkeitsvorschrift.

Papst Siricius schrieb am 10. Februar 385 an Bischof Himerius von Tarragona: «Wir Priester und Leviten werden allesamt durch das unauflösliche Gesetz dieser Strafbestimmungen verpflichtet, dass wir vom Tag unserer Ordination an unsere Herzen und Körper der Enthaltsamkeit und Keuschheit hingeben, wenn wir nur in allem unserem Gott bei den Opfern gefallen, die wir täglich darbringen.»[13] Als biblischen Beleg führte der Papst eine Stelle aus dem Epheserbrief an, in der es heißt: «So will er die Kirche herrlich vor sich erscheinen lassen, ohne Flecken, Falten und andere Fehler; heilig soll sie sein und makellos.»[14] Dass sich dieser Vers tatsächlich auf die Keuschheit der Priester bezieht, ist jedoch zu bezweifeln. Er steht vielmehr im Kontext einer von Paulus entworfenen Familienordnung, in der es ausdrücklich um die sexuelle Beziehung von Mann und Frau in der Ehe geht. Hier heißt es unter anderem: «Darum sind die Männer verpflichtet, ihre Frauen so zu lieben wie ihren eigenen Leib.»[15] Damit dürfte der Schriftbeweis, den Siricius für eine angebliche apostolische Anordnung des Zölibats durch Paulus anführt, hinfällig sein.[16]

Deshalb gehen die Anhänger der Kontinuitätsthese auch nicht weiter auf diese Stelle ein. Vielmehr konzentrieren sie sich auf die einschlägigen Amtsprofile für Bischöfe, Priester und Diakone, wie sie sich in den neutestamentlichen «Pastoralbriefen» finden, also den Schreiben an Timotheus und Titus. Stefan Heid spricht davon, dass hier der «Schlüssel» für die ganze Zölibatsfrage liege.[17] Das biblische Anforderungsprofil für einen Bischof findet sich im dritten Kapitel des ersten Briefs an Timotheus: «Wenn einer das Amt eines Bischofs anstrebt, begehrt er eine schöne Aufgabe. Der Bischof muss ein Mann ohne Tadel sein, nur einmal verheiratet, nüchtern, besonnen, ordentlich, gastfreundlich, erfahren in der Lehre, kein Trunkenbold und Schläger, sondern milde, nicht streitsüchtig und nicht geldgierig. Er soll ein guter Familienvater sein und seine Kinder zu Gehorsam und allem Anstand erziehen. Denn wer seinem eigenen Haus nicht vorstehen kann, wie soll der sich um die Kirche Gottes kümmern können?»[18] Und über die Presbyter heißt es im Titusbrief ganz ähnlich, sie müssten «unbescholten» sein, «einer Frau Mann, mit gläubigen Kindern, die nicht im Ruf der Liederlichkeit stehen und nicht unbotmäßig sind».[19]

Wie ist die biblische Formulierung «einer Frau Mann» zu verstehen? Das ist die alles entscheidende Frage. Zunächst einmal dürfte es überraschend sein, dass in der Bibel schwarz auf weiß steht, ein Bischof beziehungsweise Priester müsse «verheiratet» und «ein guter Familienvater» sein. Damit scheint die Frage auf den ersten Blick klar beantwortet zu sein. Freilich stellt sich das Thema aus bibelwissenschaftlicher Sicht viel komplizierter dar. Hier finden sich nämlich nicht weniger als vier Interpretationen dieser Stelle, die einander keineswegs ausschließen müssen.[20] Erste Deutung: Es handelt sich um ein Verbot von Polygamie. Kirchliche Amtsträger mussten sich demnach von der in der paganen Umwelt vorkommenden Praxis der Vielehe abheben und durften nur mit einer Frau verheiratet sein. Zweite Lesart: Die Weisung ist als Verbot der Wiederverheiratung Geschiedener zu lesen. Nach der Überlieferung der Evangelien verbietet Jesus die Ehescheidung, weshalb die Wiederheirat eines Geschiedenen diesen für das Bischofsamt disqualifiziert. Dritte Interpretation: Das Kriterium ist als direkte Aufforderung zur Ehe zu verstehen; Bischof, Priester und Diakon kann nur werden, wer verheiratet ist und in einer Einehe nach christlichen Vorstellungen lebt. Dabei geht es vor allem um eine Abgrenzung der frühen christlichen Gemeinden gegenüber den asketisch-weltfeindlichen Tendenzen der Gnostiker. Diese waren eine radikale Gruppe, die in ihrer strikt dualistischen Weltsicht alles Körperliche und Materielle für böse und nur das geistige Prinzip für gut hielten. Deshalb verabscheuten diese Asketen die Ehe. Mit der Vorschrift, die Ehe zur Bedingung eines kirchlichen Amtes zu machen, wollte die Kirche dieser Richtung massiv entgegentreten.[21]

Viertens, und das ist die nicht nur in der neutestamentlichen Wissenschaft, sondern auch bereits in der alten Kirche favorisierte Lesart: Bischöfe, Priester und Diakone sind selbstverständlich verheiratet, gerade ihre Erfahrungen als Vorstand eines eigenen Haushalts befähigen sie in besonderer Weise, eine christliche Gemeinde zu leiten. Die einzige Einschränkung, der diese Amtsträger unterliegen, ist das Verbot einer Wiederheirat von Verwitweten. Aus dieser Bestimmung sollte im Laufe der Kirchengeschichte ein generelles Eheverbot für bereits Geweihte entstehen. Wer vor der Weihe verheiratet war, konnte es bleiben, er durfte aber, falls die Ehefrau starb, nicht wieder heiraten. In diese kirchliche Tradition stellte sich auch das Zweite Vatikanische Konzil bei der Wiedereinführung des Ständigen Diakonats. Daher sind verheiratete Diakone nach dem Tod ihrer Ehefrauen ebenfalls von einer zweiten Ehe ausgeschlossen.[22]

All diesen Deutungen widerspricht Stefan Heid und legt eine ganz andere Interpretation der Formulierung «einer Frau Mann» vor. Dazu greift er auf den ersten Korintherbrief zurück, in dem der Apostel Paulus die Ehe als Heilmittel gegen die geschlechtliche Begehrlichkeit interpretiert: «Menschen, die nach sexueller Erfüllung suchen, müssen dies in der Ehe tun.»[23] Heid leitet aus dem Verbot der Zweitehe für Kleriker jedoch eine «Art Verpflichtung auf dauerhafte Enthaltsamkeit» ab.[24] Wenn ein Weihekandidat nach dem Tod seiner ersten Frau eine zweite Ehe eingeht, sieht Heid dies als Beleg dafür, dass er «nicht enthaltsam leben» könne. «Er hat sozusagen den Enthaltsamkeitstest seiner Witwerzeit nicht bestanden.»[25] Heid setzt also einfach voraus, dass verheiratete Bischöfe und Kleriker nach ihrer Weihe prinzipiell enthaltsam leben müssten. Ausgerechnet für dieses entscheidende Argument führt er jedoch keinen Quellenbeweis an. Deshalb ist Hermann Josef Sieben zuzustimmen, der diesen Teil der Studie als «gescheitert» bezeichnet hat.[26]

Wenn Bischöfe, Priester und Diakone nach ihrer Weihe tatsächlich verpflichtet gewesen wären, in ihren Ehen sexuell enthaltsam zu leben, stellt sich die Frage: Warum haben die Pastoralbriefe bei ihrem sehr differenzierten Anforderungsprofil für kirchliche Amtsträger ausgerechnet dieses Kriterium nicht aufgenommen? Heid antwortet darauf, dieses Anforderungsprofil formuliere eben «Weiheausschlusskriterien». «Es kann

also nur darum gehen, was bereits vor der Weihe darauf schließen lässt, dass der verheiratete Kandidat nach seiner Weihe nicht
enthaltsam leben kann.»[27] Da sich ein «Ehelosigkeitszölibat»
der Kleriker aus den Pastoralbriefen nicht ableiten lässt, bleibt
nur der «Enthaltsamkeitszölibat» übrig.[28]

Das ist im Grunde nichts anderes als ein Zirkelschluss, denn
wo steht geschrieben, dass verheiratete Priester enthaltsam leben
müssen, wo doch das Sakrament der Ehe, wie Stefan Heid mit
Verweis auf Paulus gezeigt hat, der kirchlich einzig legitime Ort
gelebter Sexualität ist? Und einmal ganz menschlich betrachtet:
Kann wirklich jemand ernsthaft glauben, dass Enthaltsamkeit in
der Ehe nach der Weihe, von einem Tag auf den anderen, über
viele Jahre und Jahrzehnte hinweg für alle durchzuhalten ist?

Vielleicht ist es hilfreich, die Frage der Bewertung von Ehe
und Enthaltsamkeit auf das gesamte Neue Testament auszu-
weiten.[29] An verschiedenen Stellen kommt eine ausgesprochene
Hochschätzung der Ehelosigkeit «um des Himmelreiches willen» zum Ausdruck.[30] Der Apostel Paulus wünschte sogar, «alle
Menschen wären unverheiratet» wie er selbst.[31] Ein derartiger
Eheverzicht blieb aber «an der Peripherie des zeitgenössischen
Judentums» und war «Skepsis wie Kritik der Zeitgenossen ausgesetzt».[32] Paulus unterstrich vielleicht deshalb in einem Atemzug, dass es, was «die Frage der Ehelosigkeit» angehe, kein allgemeines Gebot des Herrn für die Christen gebe.[33] Das Neue
Testament kennt daher auch keine Vorschrift, die kirchlichen
Amtsträgern die Ehe untersagt. Paulus berichtet im ersten Korintherbrief sogar davon, dass die «übrigen Apostel, die Brüder
des Herrn und Kephas» – das ist im griechischen Urtext der
Name für Petrus – auf ihren Reisen von ihren «gläubigen Ehefrauen» begleitet wurden.[34] Diese Formulierung wurde im Laufe
der Übersetzungsgeschichte der Heiligen Schrift immer wieder
modifiziert. Als Hieronymus im vierten Jahrhundert den griechischen Bibeltext ins Lateinische übersetzte, stand er vor einem
Problem. Für das griechische Wort «gyne» kamen im Lateinischen zwei Wörter infrage: «mulier» (Frau) und «uxor» (Ehe-

frau). Der Kirchenvater entschied sich für «mulier», wodurch er den Text enger interpretierte.[35] Hieronymus' Übersetzung der Bibel, die Vulgata, galt für die katholische Kirche lange Zeit als einziger authentischer Bibeltext. Noch heute steht in der katholischen Einheitsübersetzung «Schwester im Glauben als Frau», während die protestantische Lutherbibel «Schwester als Ehefrau» verwendet.

Der italienische Theologe und Jesuit Carlo Passaglia, der an der Vorbereitung der Dogmatisierung der Unbefleckten Empfängnis Mariens 1854 unmittelbar beteiligt war, hatte in einem anonym veröffentlichten Brief zur Schwiegermutter des Petrus geschrieben: «Dass Petrus verheiratet war, steht außer Frage ..., und aus der Tatsache, dass er auserwählt wurde, ergibt sich, dass unser Herr keinem der nicht Verheirateten den Vorzug gab beziehungsweise sie nicht unterschiedlich beurteilte. Ist es also nicht, lieber Gott, eine höchst bedeutungsvolle Tatsache, dass der einzige Apostel, über dessen Ehestand wir durch die Heilige Schrift versichert werden, gerade der heilige Petrus ist? Sollte das die Menschen nicht sehr vorsichtig werden lassen, bevor sie den verheirateten Klerus verdammen? Erwartet ihr von euren Priestern, selbst vom niedrigeren Klerus, eine Kasteiung des Körpers und eine Enthaltsamkeit beziehungsweise ein vermeintliches Frömmigkeitsleben, die demjenigen, den ihr als Apostelfürsten und Vikar Christi verehrt, völlig unbekannt waren?»[36]

Ehelosigkeit um des Himmelreiches willen ist nach dem Zeugnis der Heiligen Schrift eine besondere Gnadengabe, das Charisma der Leitung einer christlichen Gemeinde eine andere. Die eine ist aber nicht die Voraussetzung für die andere. Ein Junktim zwischen kirchlichem Amt und Zölibat bestand also ursprünglich nicht. Wer sich dafür auf das Neue Testament berufen will, geht in die Irre. «Verheiratete und ehelose Priester lebten in der Frühkirche nebeneinander. Beide Lebensweisen wurden respektiert, obwohl die Tendenz mehr in die Richtung der Enthaltsamkeit ging.»[37]

Die Auseinandersetzungen um den apostolischen Ursprung des Zölibats zeigen, wie umkämpft die biblischen Befunde nach wie vor sind. Sie haben wiederholt zu heftigen Polemiken auf der einen und apologetischen Festlegungen auf der anderen Seite geführt. Beide Seiten sollten sich vor apriorischen oder dogmatischen Kriterien bei der historischen Beschäftigung mit diesem Thema in Acht nehmen.[38] Es kann weder darum gehen, schon vor Beginn des historischen Arbeitens den biblischen Ursprung des Zölibatsgesetzes als gegeben vorauszusetzen, noch diesen von vorneherein auszuschließen. Vielmehr sind offene Fragen an die Geschichte zu stellen. Solange nicht bessere und neue historische Argumente vorgelegt werden, spricht auf der Grundlage des momentanen Forschungsstands alles dafür, dass der Zölibat als verpflichtendes Gesetz für alle Kleriker nicht auf eine apostolische Anordnung zurückgeht und das Neue Testament als Begründungsinstanz für den Pflichtzölibat ebenfalls ausscheidet. Der Pflichtzölibat könnte somit jederzeit aufgehoben werden.

Wäre er tatsächlich eine apostolische Anordnung, hätte die Kirche das Zeugnis von Schrift und Tradition sicher stets als eindeutige und nicht diskutable Begründung angeführt. Da diese Möglichkeit aber nicht bestand, war sie gezwungen, immer neue Begründungen für das Zölibatsgesetz zu finden und diese auch wieder fallenzulassen, wenn sie nicht mehr überzeugten. Kultische oder asketische Reinheit, ökonomische Motive, pragmatische Gründe des Freiseins für die Kirche sowie charismatische und spirituelle Begründungen wurden von Päpsten und Synoden im Laufe der Geschichte für den Zölibat ins Feld geführt, das Argument der apostolischen Anordnung dagegen bezeichnenderweise nicht.

3.

ZÖLIBAT IST NICHT GLEICH ZÖLIBAT

Es wurde zu verschiedenen Zeiten nicht nur ganz
Unterschiedliches darunter verstanden, die Vorschriften
mussten immer wieder erneuert, modifiziert und gegen
große Widerstände durchgesetzt werden.

Während der Fastenzeit des Jahres 1139 fand in der Lateran-
basilika in Rom eine Synode statt, die als Zweites Laterankonzil in die Geschichte eingehen sollte. Seit 1130 hatte es – wieder
einmal – zwei Päpste gegeben. Sechzehn meist französische
Kardinäle hatten Innozenz II. zum Papst gewählt und zwanzig
italienische Kardinäle Anaklet II. Nach dessen Tod am 25. Januar 1138 im Vatikan berief Innozenz II. ein Konzil ein, um
nach acht Jahren seine allgemeine Anerkennung als Papst möglichst wirkungsvoll zu inszenieren. Es sollen an die fünfhundert
Bischöfe teilgenommen haben, was für die damalige Zeit eine
sehr große Anzahl bedeutet. Die Akten des Konzils sind leider
verloren, erhalten geblieben sind lediglich dreißig kurze Entscheidungen zu vorwiegend disziplinären Fragen.[1]

Das Konzil wäre wahrscheinlich lange in Vergessenheit ge-
raten, wenn es sich nicht auch zum Zölibat der Kleriker ge-
äußert hätte. Im allgemeinen Bewusstsein gilt nämlich 1139 als
das Jahr der Erfindung des Zölibatsgesetzes,[2] und in der wissenschaftlichen Literatur wird von einer «entscheidenden Zäsur»
gesprochen.[3]

Aber ist das Zölibatsgesetz wirklich erst 1139 erfunden worden? Tritt die kirchliche Gesetzgebung mit den Beschlüssen des
Zweiten Laterankonzils zu diesem Thema tatsächlich in eine ganz

neue Phase ein? Oder ist ein mehrere Jahrhunderte dauernder Prozess der immer weiter zunehmenden «Einschränkungen der Ehe von Geistlichen» anzunehmen, wie Richard Price es formuliert hat?[4] Um eine belastbare Antwort geben zu können, ist ein rechtshistorischer Überblick über die einschlägigen kirchlichen Dekrete und Bestimmungen notwendig.

Das Neue Testament geht ganz selbstverständlich von verheirateten Klerikern aus, die «einer Frau Mann» sind. Eine Reihe von Synoden schloss dann die Wiederheirat eines Geweihten nach dem Tod seiner Frau aus.[5] Auf der Synode von Neokaisareia zwischen 314 und 325 ging man noch einen Schritt weiter und bestimmte, dass bereits geweihte Bischöfe und Priester auf keinen Fall mehr heiraten durften. Damit wurde die Weihe zu einem Ehehindernis. Es bleibt aber unklar, ob die Heirat eines geweihten Klerikers als ungültig betrachtet wurde und das Sakrament der Ehe damit gar nicht zustande kommen konnte, oder ob diese Eheschließung lediglich nicht erlaubt, aber gültig war. Das Verbot scheint in den folgenden drei Jahrhunderten weitgehend angenommen worden zu sein. Jedenfalls finden sich dazu kaum einschlägige Bestimmungen in den Dekreten der Synoden.[6] Eine Eheschließung vor der Weihe wurde hingegen nicht problematisiert.

Man darf aber nicht vergessen, wie schwierig die Quellenlage in dieser Zeit ist; denn oft liegen lediglich normative Texte vor, also Dekrete von Bischöfen oder Beschlüsse von Synoden, die etwas rechtlich vorschreiben, aber kaum narrative Quellen, die von der Befolgung oder Nichtbefolgung einer solchen Vorschrift erzählen. Man kann daher nur indirekt schließen: Was funktioniert, muss man nicht ständig wiederholen. Was nicht funktioniert, muss immer wieder rechtlich eingeschärft werden.[7]

Auf der Provinzialsynode im spanischen Elvira, die wohl um 306 stattgefunden hat, wurde ein erstes Zölibatsgesetz erlassen. Allerdings dürfte Kanon 33, wie die neuere Forschung gezeigt hat, ein nachträglich angebrachter Zusatz aus dem späten vierten Jahrhundert sein:[8] «Es wurde beschlossen, den Bischöfen,

Priestern und Diakonen sowie allen Klerikern, *die den Dienst versehen*, folgendes Gebot aufzuerlegen: Sie sollen sich von ihren Frauen enthalten und keine Kinder zeugen: jeder aber, der es tut, soll aus der Ehrenstellung des Klerikers verjagt werden.»[9] Die Synode ging selbstverständlich von verheirateten Klerikern aus, verlangte von ihnen aber sexuelle Enthaltsamkeit, wobei in der Forschung umstritten ist, ob diese Forderung prinzipiell galt oder nur für bestimmte Zeiten.[10] Und da es sich bei Elvira lediglich um eine Provinzialsynode und nicht um ein allgemeines Konzil handelte, konnten ihre Beschlüsse allenfalls Rechtskraft für die spanische Kirchenprovinz, nicht aber für die ganze Kirche beanspruchen.

Besondere Bedeutung kommt dem Zusatz «die den Dienst versehen» zu, im lateinischen Originaltext «clericis positis in ministerio». Martin Boelens bezieht diese Formulierung auf den priesterlichen Dienst am Altar bei der Feier der Eucharistie;[11] Stefan Heid dagegen versteht darunter die Amtseinsetzung eines Klerikers.[12] Im ersten Fall müssten sich verheiratete Kleriker nur im unmittelbaren Zusammenhang mit der Feier des Gottesdienstes ihrer Frau enthalten, im zweiten Fall prinzipiell. Da in den ersten Jahrhunderten die Mahlfeier nur am Sonntag abgehalten wurde und nur einige wenige Feiertage für den eucharistischen Gottesdienst dazukamen, sich also «eine tägliche Feier ... kaum nachweisen» lässt, wären die enthaltsamen Tage für Bischöfe und Priester lange Zeit überschaubar geblieben.[13]

Ein Blick auf die Synoden des sechsten und siebten Jahrhunderts zeigt aber, dass vor allem im Westen diese zunächst regional erlassene Vorschrift immer mehr im Sinne einer absoluten Enthaltsamkeit in der Priesterehe ausgelegt wurde.[14] Im östlichen Teil des Römischen Reiches dagegen wurden die Forderungen nach prinzipieller Enthaltsamkeit in der Klerikerehe, trotz mancher Befürworter, nicht übernommen. «Wenn man bedenkt, dass die apostolische Gewohnheit eine Ehe für die Amtsdiener zuließ, dann muss man daraus schließen, dass die Ostkirche dieser Gewohnheit näher steht als die Westkirche.

Oder anders gesagt, die Westkirche hat ihre eigene Tradition entwickelt, während die Ostkirche mehr in der Linie der Urkirche geblieben ist.»[15] Es wird aber auch deutlich, dass der generelle Enthaltsamkeitszölibat offensichtlich nur bedingt funktionierte. Anders lassen sich die zahlreichen lokalen Synodenbeschlüsse vor allem im westlichen Teil der Kirche und entsprechende päpstliche Schreiben und Dekrete zu diesem Thema sonst nicht erklären.[16]

Gregor von Tours, gestorben 594, geht ganz selbstverständlich von verheirateten Bischöfen im Frankenreich aus. So schreibt er über Bischof Badegisel von Le Mans, er habe das Volk beraubt, noch härter und grausamer aber sei seine Ehefrau Magnatrude gewesen. Sie schnitt, Gregor zufolge, mehreren Männern den Penis mitsamt der Bauchhaut ab und verbrannte Frauen mit glühenden Eisen ihre Geschlechtsteile. Nach dem Tod des Bischofs verweigerte Magnatrude die Herausgabe des Kirchenguts des Bistums von Le Mans.[17] Es wäre aber möglich, dass für Gregor von Tours verheiratete Bischöfe doch nicht so selbstverständlich waren und wir in seinem Horrorszenario eine Polemik gegen verheiratete Bischöfe sehen müssen.

Für das neunte und zehnte Jahrhundert existieren kaum Bestimmungen, die ausdrücklich eine Enthaltsamkeit der Geistlichen in der Ehe vorschreiben oder einschärfen.[18] «Ein ernsthafter Versuch», Bischöfe, Priester und Diakone «zur ehelichen Enthaltsamkeit zu bringen, ist in diesem Zeitabschnitt nicht nachweisbar».[19] Nicht einmal Nikolaus I., dessen Pontifikat von 858 bis 867 ohne Zweifel einen entschiedenen Versuch darstellt, alle Macht in der katholischen Kirche auf den Papst in Rom zu konzentrieren, konnte beim Thema Zölibat einen harten Kurs durchsetzen. Zwar machte der Papst deutlich, dass er unverheiratete Priester bevorzugte. Er weigerte sich aber, Pfarrer, die mit ihren Frauen ehelichen Umgang pflegten, offen zu verurteilen. Vor allem ermahnte er die Gläubigen, die Kommunion auch aus der Hand eines solchen Priesters zu empfangen, «denn es kann niemand, wie sehr er auch verunreinigt ist,

die heiligen Sakramente verunreinigen, die ein Reinigungs-
mittel für alle Befleckten sind».[20]

Für die folgenden anderthalb Jahrhunderte fallen die Päpste
als moralische Instanz und als gesamtkirchliche Gesetzgeber
ohnehin weitgehend aus. Im sogenannten *Saeculum obscurum*,
dem dunklen Jahrhundert der Papstgeschichte, das eigentlich von
882 bis 1046 dauert, wurde das Papsttum zum Spielball rivali-
sierender römischer Adelsfamilien. Auch bei den Päpsten selbst,
die lediglich als Platzhalter ihrer Sippe auf den Stuhl Petri gesetzt
wurden, war an die Einhaltung des Zölibats kaum zu denken.
Dies zeigt, dass es im frühen und beginnenden hohen Mittelalter
keine durchgehende Linie der Verschärfung des Enthaltsamkeits-
zölibats gab. Vielmehr muss man von einer Reihe retardierender
Elemente ausgehen, was auch Beispiele aus dem Italien des achten
und neunten Jahrhunderts nahelegen.[21]

Anders als für den Umgang der Priester mit ihren Ehefrauen
gab es in diesem Zeitraum aber relativ viele Vorschriften über
«fremde Frauen», die sogenannten «mulieres extraneae». Wenn
von diesen die Rede ist, ging es meist um nicht verheiratete Priester, bei denen irgendwelche «fremden» Frauen wohnten, was die
Geistlichen in den Verdacht des Konkubinats – der unerlaubten
sexuellen Beziehung mit einer Frau – brachte. Verschiedene Re-
gionalsynoden kamen immer wieder auf dieses Thema zurück;
manche verboten Frauen grundsätzlich das Wohnen im Pfarrhaus, andere erlaubten es der Mutter und Schwester, bei verwitweten Priestern zum Teil auch der Tochter und der Enkelin.[22]

Im Zuge der sogenannten Gregorianischen Reform des elften
Jahrhunderts setzte sich dann aber doch ein neues Element in
der «Einschränkung der Ehe von Geistlichen» durch. Nicht
selten wird mit dem sogenannten Reformpapsttum in erster
Linie der Kampf um die politische Freiheit der Kirche von der
weltlichen Gewalt verstanden, der mit dem Streit um die Investitur, also die Einsetzung in kirchliche Ämter, verbunden
war. Die Reformpäpste wollten unbedingt verhindern, dass
Laien das entscheidende Wort bei der Vergabe kirchlicher Stel-

len hatten. Die Auseinandersetzungen kulminierten im Konflikt zwischen Papst Gregor VII. und dem römisch-deutschen Kaiser Heinrich IV. Hier ging es auf höchster Ebene um die Frage, wer Bischöfe und Äbte einsetzen darf, der Papst oder der Kaiser. Investiturstreitigkeiten gab es aber bis hinunter zur Ebene der Pfarreien, wo man Adeligen das Recht zur Pfarrereinsetzung und -aufsicht bestritt.

Zur Freiheit der Kirche gehörte für die Päpste der Reformära auch der Kampf gegen Simonie und Nikolaitismus. Unter Simonie versteht man die Vergabe geistlicher Ämter durch Bestechung und Geld, hinter dem Nikolaitismus verbirgt sich schlicht die Priesterehe. Wenn man sich klarmacht, dass Gregor VII. und zahlreiche andere römische Reformer aus Klöstern wie Cluny kamen, in denen das Ideal der asketischen Reinheit in der Mönchstradition neu entdeckt worden war, verwundert der Enthusiasmus nicht, mit dem dieser Asket auf dem Papstthron das Gelübde der Keuschheit auch auf den Weltklerus übertragen wollte.[23]

Auf zahlreichen Synoden wurde deshalb die «Ehelosigkeit der Geistlichen im Sinn völliger Enthaltsamkeit» eingeschärft.[24] Da aber sexuelle Enthaltsamkeit in der Ehe, wenn ein Priester und seine Frau weiter unter einem Dach zusammenlebten, wenig realistisch war, wie die Erfahrungen mit der mangelnden «Selbstkontrolle von Geistlichen» zeigten, gewann der Gedanke an eine Trennung der Kleriker von ihren Frauen immer mehr an Gewicht. Erste Überlegungen dazu hatte es zwar bereits im frühen Mittelalter gegeben, doch «Kanones, die generell verlangen, dass verheiratete Geistliche von ihren Frauen getrennt leben», begegnen erst im elften Jahrhundert.[25]

Das Trennungsgebot war schon aus sozioökonomischen Gründen kaum durchzusetzen. Schließlich wären damit Frauen und Kindern die soziale Absicherung und der Lebensunterhalt abhandengekommen. In dem Moment, in dem Gregor VII. von den Pfarrern verlangte, entweder der Ehe abzuschwören oder auf ihr Priesteramt zu verzichten, kam es – wie Lampert von Hersfeld in seinen Annalen berichtet – in ganz Italien zu heftigen Tumulten, und «ein Sturm der Entrüstung» erhob sich in der gesamten Klerikerschaft. «Sie erklärten laut, der Mann sei ein vollendeter Ketzer und seine Lehre sei irrsinnig, er habe Gottes Wort nicht beachtet, der spricht: ‹Nicht alle fassen dieses Wort; wer es fassen kann, der fasse es.›» Der Papst wolle die Menschen durch «seine rigorosen Forderungen zwingen, wie die Engel zu leben, und indem er dem Naturtrieb die gewohnte Bahn versperre, lockere er nur der Hurerei und Ausschweifung die Zügel».[26]

Die gregorianische Reform blieb beim Kampf um die Trennung der Priester von ihren Ehefrauen weitgehend bei der Formulierung von Ansprüchen stecken. Es hielt sich schlicht kaum ein Geistlicher an die römischen Vorgaben. Päpstliche Legaten und Bischöfe, sofern sie nicht ohnehin selbst verheiratet waren, konnten oder wollten diese Forderung nicht durchsetzen.

Es kam aber, was man nicht unterschätzen darf, zu einem langsamen Mentalitätswandel bei den Gläubigen, die das päpstliche Mantra – entweder Altardienst aufgeben oder sich von der Ehefrau trennen – mehr und mehr verinnerlichten. Immer wieder zogen jetzt Gruppen von Gläubigen die Gültigkeit der Sakramentenspendung durch verheiratete Geistliche in Zweifel,[27] auch wenn Theologen wie Petrus Damiani 1052 noch einmal klargestellt hatten, dass «wie die Taufe so auch die Priesterweihe durch keinen Schandfleck sündig erscheinender Amtsinhaber beschmutzt» werden könne.[28]

Auf dem Zweiten Laterankonzil von 1139 kam es dann tatsächlich zu neuen gesetzlichen Regelungen zum Zölibat. In Kanon 6 wird bestimmt, dass alle Geistlichen, «die vom Subdiakonat an und aufwärts heiraten oder im Konkubinat leben», ihr «Amt und kirchliches Benefizium» verlieren. «Da sie nämlich Tempel Gottes, Gefäß des Herrn und Heiligtum des Heiligen Geistes sein und heißen müssen, ist es unwürdig, dass sie sich der ‹geschlechtlichen Ausschweifung und Unreinheit› hingeben.»[29] Diese Bestimmung ist meistens so interpretiert worden, dass die höhere Weihe seither zu einem trennenden Ehe-

hindernis geworden ist.[30] Interessant ist, dass eheliche Sexualität
durch die Gleichsetzung mit Ausschweifung, was ein sündhaftes
Handeln unterstellt, eindeutig abgewertet wurde.

Kanon 7 nimmt dann die bereits angesprochene veränderte
Mentalität der Gläubigen auf und bestimmt: «Niemand darf die
Messe derer hören, von denen er weiß, dass sie Ehefrauen oder
Konkubinen haben.» Wegen der notwendigen Enthaltsamkeit
und Reinheit sollen sich alle höheren Kleriker, «die es wagen mit
Frauen zusammenzuleben, von ihnen trennen». Denn eine «solche Verbindung, die offenkundig gegen die kirchliche Regel eingegangen wurde, ist nach unserem Urteil keine Ehe».[31] Eine
Eheschließung von Geistlichen nach der Weihe war aber schon
seit dem vierten Jahrhundert untersagt; solche Ehen waren zwar
unerlaubt, dürften aber gültig gewesen sein. Jetzt, im Jahr 1139,
wurden sie erstmals für ungültig erklärt. Das macht den Unterschied aus.

Hier geht es eindeutig nicht mehr um einen Enthaltsamkeitszölibat, sondern um einen Trennungszölibat. Es bleibt aber unklar, ob mit den gegen die kirchliche Regel geschlossenen Ehen
auch Heiraten von Geistlichen vor der Weihe gemeint sind. Diese
waren bisher stets als gültig und den Vorschriften der Kirche entsprechend angesehen worden. Möglicherweise zielte der Kanon
nur auf die Eheschließung nach der Weihe. Diese wäre dann in
der Tat schon seit dem vierten Jahrhundert gegen die «kirchliche
Regel» erfolgt, auch wenn bis 1139 ihre sakramentale Gültigkeit
wohl nicht in Zweifel gezogen worden sein dürfte. Die Bestimmungen erscheinen aufs Ganze gesehen nicht wirklich eindeutig.

Daher ist Richard Price zuzustimmen, der festgestellt hat:
«Das Ziel einer konsequenten gesetzlichen Vorschrift eines Kle-
rikerzölibats» hätte vom Zweiten Laterankonzil 1139 «zwei
weitere Schritte erfordert – den förmlichen Ausschluss verheirateter Männer von den Weihen» einerseits und «eine Bestimmung, dass die Weihe eine voraufgehende Ehe ungültig macht
(oder umgekehrt)», andererseits. Beide Schritte wurden zumindest rechtlich nicht getan. Faktisch wurden aber die Priester-

frauen, die ihren Mann vor dessen Weihe geheiratet hatten, mehr und mehr als Konkubinen behandelt. Das Verbot für Diakone, Priester und Bischöfe, mit ihren Frauen zusammenzuleben, ließ im späten Mittelalter und in der Frühen Neuzeit den «zölibatären Weiheanwärter zum Normalfall» werden.[32]

Trotz dieser Praxis haben sich die Rechtstexte des katholischen Kirchenrechts über viele Jahrhunderte nicht geändert: Die Weihe blieb ein Ehehindernis, aber umgekehrt war die Ehe kein prinzipielles Weihehindernis. Eindeutige Festlegungen waren angesichts der Struktur des damaligen katholischen Kirchenrechts ohnehin kaum zu erwarten. Es gab nämlich kein einheitliches kirchliches Gesetzbuch. Bis zum Erlass des *Codex Iuris Canonici* im Jahr 1917 lagen die kirchlichen Rechtsvorschriften im sogenannten *Corpus Iuris Canonici* vor, einer immer wieder auf Grundlage des *Decretum Gratiani* erweiterten Sammlung von Konzilsdekreten, päpstlichen Dekreten und anderen Rechtsquellen sowie ihren vielfältigen Kommentierungen. Das *Corpus* bot daher nicht selten mehrdeutige Antworten, so dass man mit Recht von einer Ambiguität des katholischen Kirchenrechts vor 1917 sprechen kann.[33] Im *Decretum Gratiani* finden sich etwa ganz unterschiedliche Antworten auf die Frage, ob jemand geweiht werden könne, der vor seiner Ordination einmal oder zweimal verheiratet war oder gar eine Konkubine hatte. Gratian führt dazu einerseits Papst Pelagius II. an, der von 578 bis 590 regierte und in einem solchen Fall die Weihe erlaubte, andererseits aber Martin I., der dies 649 ausdrücklich verbot. Schließlich schlug Gratian im *Decretum* eine dritte Lösung vor: Es gebe genügend Beispiele dafür, dass man nach geleisteter Buße rechtmäßig in seine alte oder eine noch höhere Stellung zurückkehren könne, wie etwa das Beispiel König Davids nach der Verführung der Batseba, der Frau des Urija, zeige.[34]

Außerdem darf man nicht vergessen, dass eine verbindliche äußere Form, nach der eine gültige katholische Ehe geschlossen werden muss, erst seit 1563 verlangt wird. Vorher reichte das formlose mündliche Eheversprechen, das sich die beiden Partner auch ohne die Anwesenheit Dritter geben konnten, für das gültige Zustandekommen einer Ehe aus. Das Konzil von Trient führte dagegen in seinem Ehedekret «Tametsi» als notwendige Bedingung die sogenannte Formpflicht ein: Eine katholische Ehe ist seither nur noch dann gültig, wenn sie vor einem Pfarrer und zwei Zeugen geschlossen wird.[35] Wenn ein Pfarrer und seine Frau sich vor 1563 also das Jawort ohne Zeugen gegeben hatten, lebten sie zwar in einer «klandestinen», also heimlichen, aber kirchenrechtlich durchaus gültigen Ehe. Einen Eintrag in ein Eheregister gab es ebenfalls erst seit dem Tridentinum. Daher ist schon rein quellenmäßig betrachtet vor Beginn des siebzehnten Jahrhunderts der Abschluss von Priesterehen kaum nachzuweisen.

Das katholische Kirchenrecht hat jedenfalls bis ins zwanzigste Jahrhundert hinein «immer mit dem Verheirateten gerechnet, der in den Klerikerstand aufgenommen werden beziehungsweise sich weihen lassen will».[36] Erst der *Codex* von 1917 hat dies geändert. Eine Analyse der Akten der Kommission zur Änderung des Kirchenrechtes zeigt, dass hier eine «jahrtausendalte Tradition» aufgegeben und die Weihe erstmals als Ehehindernis bestimmt wurde.[37] Und erst im derzeit geltenden Kirchenrecht, dem *Codex Iuris Canonici* von 1983 sind verheiratete Männer förmlich von den Weihen ausgeschlossen. Zugleich wurde bekräftigt, dass die Ehe ein absolutes Weihehindernis darstellt. Es heißt: «Am Empfang der Weihen einfach gehindert ist ... ein verheirateter Mann, sofern er nicht rechtmäßig für den ständigen Diakonat ausersehen ist.»[38]

Ist das Zölibatsgesetz also wirklich auf dem Zweiten Laterankonzil erfunden worden, und stellt das Jahr 1139 tatsächlich die große Zäsur in der Geschichte der rechtlichen Normierung der sexuellen Enthaltsamkeit der Priester dar? Der kirchenrechtshistorische Überblick lässt berechtigte Zweifel an dieser eindeutigen Periodisierung aufkommen. Es scheint plausibler zu sein, mit Richard Price von einer Geschichte zunehmender

«Einschränkungen der Ehe von Geistlichen» zu sprechen. Hierbei handelt es sich nicht um einen geradlinigen und zielgerichteten Prozess, der die völlige sexuelle Enthaltsamkeit von Klerikern von vorneherein angestrebt hätte.

Zusammenfassend lassen sich im Wesentlichen sechs Phasen der kirchlichen Zölibatsgesetzgebung feststellen: *erstens* selbstverständlich verheiratete Priester im Neuen Testament mit der einzigen Einschränkung, nur einmal verheiratet sein zu dürfen – hier deutet sich die Weihe als Ehehindernis zumindest an; *zweitens* Forderung nach begrenzter sexueller Enthaltsamkeit in der Ehe zumindest im unmittelbaren Umfeld des Altardienstes seit dem vierten Jahrhundert; *drittens* die Vorschrift genereller Enthaltsamkeit der Priester in der Ehe im Westen, aber normaler Vollzug der Ehe im Osten seit dem sechsten und siebten Jahrhundert; *viertens* das Gebot der Trennung verheirateter Priester von ihren Frauen seit dem zehnten Jahrhundert; *fünftens* die Weihe als trennendes Ehehindernis 1139; *sechstens* die Ehe als Weihehindernis und die Weihe als Ehehindernis seit dem *Codex Iuris Canonici* von 1917. Die eigentliche Zäsur in der Zölibatsgesetzgebung liegt damit nicht im Jahr 1139, sondern 1917.

Die historischen Phasen der zunehmenden Einschränkungen im Bereich der Ehe von Geistlichen zeigen, dass der Zölibat nicht selbstverständlich war. Es wurde zu verschiedenen Zeiten nicht nur ganz Unterschiedliches darunter verstanden, die verordneten Einschränkungen mussten auch immer wieder erneuert, modifiziert und gegen große Widerstände durchgesetzt werden. Lange Zeit waren Abweichungen von den Vorgaben nicht skandalös, sondern der geduldete Regelfall. Trotzdem gab es in der Geschichte der Kirche immer wieder Männer und Frauen, die um des Himmelreiches willen freiwillig auf die Ehe verzichteten, weil sie überzeugt waren, Christus auf diese Weise authentischer nachfolgen zu können. Diese Form der Nachfolge darf aber nicht mit einem wie auch immer ausgestalteten Zölibatsgesetz für Priester verwechselt werden.

4.

VORCHRISTLICHE URSPRÜNGE

Die Vorstellung von der kultischen Reinheit des Priesters
stammt aus der jüdischen und heidnischen Antike
und ist nicht mehr zeitgemäß.

Das Motiv der kultischen Reinheit spielte fast fünfzehnhundert
Jahre lang eine entscheidende Rolle bei der Begründung des
priesterlichen Zölibats. Dahinter steht die Vorstellung, der
Priester könne die Feier der Eucharistie als Heiliges Opfer nur
mit «reinen Händen» würdig vollziehen.[1] Wer den heiligen Leib
Christi und den Kelch mit seinem kostbaren Blut anfasst, der
kann dies nur wie Christus im Abendmahlssaal mit «heiligen
und ehrwürdigen Händen» tun, wie es im Römischen Hochgebet der Heiligen Messe heißt.[2] Er darf keinesfalls «befleckt»
sein. Als Hauptquelle jeder kultischen Verunreinigung galt aber
alles, was irgendwie mit Sexualität zusammenhängt, vom Geschlechtsverkehr selbst und den dabei entstehenden «Säften»
über das Menstruationsblut der Frau und die Pollution – die
«Besudelung» des Mannes durch einen unwillkürlichen Samenerguss im Schlaf – bis hin zum Kuss, zur Umarmung, zur bloßen Berührung oder auch nur zur Nähe einer Frau, einer Tochter Evas, durch die nach klassisch theologischer Vorstellung die
Sünde in die Welt gekommen ist.

    Diese Vorstellung ist offensichtlich archaisch und – wie Ar-
nold Angenendt gezeigt hat – mit dem Christentum aufgrund
seines «ethischen Religionsverständnisses», das «die naturge-
gebenen Sexualvorgänge und Sexualstoffe als ‹natürlich› und damit wertneutral» betrachtete, eigentlich nicht kompatibel.[3] Ein

kultisches Reinheitsdenken ist auch den Evangelien fremd, wie sich exemplarisch in einem Streitgespräch Jesu über Reinheit und Unreinheit mit den Pharisäern und Schriftgelehrten zeigt. Ausgangspunkt ist der Vorwurf, die Jünger Jesu äßen mit unreinen Händen, weil sie sich vor der Mahlzeit nicht die Hände waschen. Dadurch sehen die Pharisäer die Reinheitsvorschriften der Väter missachtet. Jesu Position ist klar: «Nicht das, was durch den Mund in den Menschen hineinkommt, macht ihn unrein», sondern alles, «was aus dem Herzen kommt, das macht ihn unrein. Denn aus dem Herzen kommen böse Gedanken, Mord, Ehebruch, Unzucht, Diebstahl, falsche Zeugenaussagen und Verleumdung.»[4] Reinheit ist für Jesus im Gegensatz zu seinen Widersachern kein kultischer Begriff, der sich an Äußerlichkeiten festmachen lässt, etwa an der Berührung einer Leiche, am Essen bestimmter Speisen, am Ansprechen eines Tabus, an der Berührung einer menstruierenden oder gebärenden Frau. Reinheit ist für ihn vielmehr eine Frage der Herzensgesinnung und grundsätzlichen sittlichen Einstellung, also eine ethische Kategorie.

Dazu kommt, dass das frühe Christentum ein kultisches Opfer überhaupt nicht kannte und daher auch keine kultisch reinen Opferpriester brauchte. Vielmehr brachen die Mitglieder der christlichen Gemeinden «in ihren Häusern das Brot und hielten miteinander Mahl in Freude und Einfalt des Herzens».[5] Außerdem entwickelte sich das kirchliche Amt erst in einem länger dauernden Prozess zu dem, was wir heute darunter verstehen. Die frühe Kirche, überzeugt von der unmittelbar bevorstehenden Wiederkunft des Herrn, brauchte keine festen, auf Dauer angelegten Strukturen. Wanderprediger und Charismatiker genügten.

Im Laufe der Zeit bildeten sich dann, als die Naherwartung mehr und mehr zurücktrat und die Christen sich in dieser Welt einrichteten, ganz unterschiedliche kollektive Formen der Gemeindeleitung heraus. Die Amtsträger nannte man an manchen Orten Älteste (Presbyter), an anderen Aufseher (Episkopen), an wieder anderen Diener (Diakone). Nicht selten vermischten sich die Bezeichnungen auch. Erst während des zweiten Jahrhunderts setzte sich dann der Monepiskopat durch, es gab also nur noch jeweils einen Bischof als Leiter einer Gemeinde, der auch die Feier der Eucharistie mehr und mehr in seine Hand nahm. Das Amt des Priesters blieb dagegen in den ersten drei Jahrhunderten relativ «farblos», weil man es im Grunde nicht wirklich brauchte. Der Bischof feierte das Abendmahl, unterstützt von Diakonen, die Presbyter waren allenfalls ein ehrenamtlicher Ältestenrat, der den Bischof in der Gemeindeleitung unterstützte, aber ursprünglich kaum größere liturgische Funktion gehabt haben dürfte. Erst als das Christentum im Zuge der Völkerwanderungen den Sprung in agrarisch geprägte Gesellschaften antrat, die keine Stadtkultur kannten, tauchen in den Quellen Priester als vom Bischof beauftragte Sakramentenspender im ländlichen Raum auf. Dennoch gilt: «Insgesamt bleibt das Presbyteramt das unschärfste in frühkirchlicher Zeit.»[6]

Parallel zu dieser Entwicklung wandelte sich nach und nach das Verständnis von Eucharistie: Aus dem Mahl Jesu und seiner Vergegenwärtigung beim Brotbrechen wurde schließlich ein kultisches Opfer.[7] Damit kamen auch die dem Christentum ursprünglich fremden Kriterien für die reine und makellose Darbringung des Opfers wieder verstärkt in den Blick. Aus dem Presbyter als erfahrenem Ältesten wurde der Sacerdos im Sinne des Opferpriesters. Die Kompetenz des bis dahin selbstverständlich verheirateten Bischofs oder Presbyters, der das Brot brach, wurde in zunehmenden Maß infrage gestellt.

Für die Normierung der kultischen Reinheit standen dem frühen Christentum zwei Quellen zur Verfügung. Zum einen die ausführlichen Reinheitsvorschriften der jüdischen Tora, die als Teil des Alten Testaments in die christliche Bibel übernommen wurde. Im Buch Levitikus, dem priesterlichen Gesetzbuch des Alten Testaments, wird ausführlich über «Ausfluss aus dem Körper» gehandelt, der Mann und Frau unrein macht. Beim Mann handelt es sich in erster Linie um den Samenerguss, bei der Frau um das Menstruationsblut. «Hat eine Frau Blutfluss ... soll sie sieben Tage unrein sein.» Wer sie oder irgendeinen Gegenstand, mit dem sie Kontakt hatte, berührt, wird ebenfalls unrein.[8]

Zum anderen kannte aber auch die heidnische Antike die «Ineinssetzung von körperlich-geschlechtlicher Verunreinigung mit kultischer Befleckung».[9] Priester im Tempel mussten an den Tagen, an denen sie kultische Funktionen ausübten, «einen bestimmten Grad der *hagneía* [Reinheit] erreichen». Dazu gehörte «außer dem Vermeiden von Geschlechtsverkehr und Kontakt mit einer Wöchnerin oder einem Trauerhaus, auch das Einhalten von Speiseverboten, mehrtägiges Fasten, Gebrauch bestimmter, ungewöhnlicher Speisen».[10]

Weder in der jüdischen noch in der paganen Antike führte aber die Forderung nach kultischer Reinheit zu einem prinzipiellen Eheverbot oder einem absoluten Verzicht auf Sexualität. Eine prominente Ausnahme stellen die Vestalinnen im antiken Rom dar. Sechs Jungfrauen, die im Alter von sechs bis zehn Jahren für eine dreißigjährige Dienstzeit berufen wurden, dienten im Tempel der Göttin Vesta als Hüterinnen des Ewigen Feuers, das als Symbol für den Fortbestand des römischen Staates galt, und der heiligen Quelle der Nymphe Egeria.[11] Mit diesem Dienst der Vestalin war absolute sexuelle Enthaltsamkeit verbunden, weswegen der Verlust der Jungfräulichkeit mit dem Tod bestraft wurde. Meist wurde eine gefallene Vestalin lebendig begraben.

Sonst war aber nur eine zeitweise sexuelle Enthaltsamkeit verlangt, und diese war auch nur eine Bedingung in einem umfassenderen Katalog von Reinheitsvorschriften. Im Christentum wurde kultische Reinheit jedoch so gut wie ausschließlich auf sexuelle Reinheit reduziert. So stellte etwa Papst Damasus I. in einem Schreiben an die Bischöfe in Gallien, das in etwa aus dem Jahr 375 stammt, die Behauptung auf, dass die geschlechtliche Vereinigung von Mann und Frau auch in der Ehe als «Pollutio», also «Beschmutzung», anzusehen sei, die die «sanctitudo corporis», die Heiligkeit des Körpers, zerstöre und es einem Priester unmöglich mache, in der Messe ein gottgefälliges Opfer darzubringen.[12] In diesem Zusammenhang spielen auch die Bußbücher, die seit dem sechsten Jahrhundert in Irland entstanden, eine entscheidende Rolle. Sie interpretierten die rein ethisch gemeinten Vorschriften des Neuen Testamentes im kultischen Sinn um.[13]

In der westlichen Kirche wurde dieses kultische Reinheitsideal immer weiter ausgefaltet und geradezu hymnisch gefeiert, während in der östlichen Kirche, auch vor der Kirchenspaltung von 1054, verheiratete Priester weiter als die Regel galten. Diese unterschiedliche Auffassung über den Zölibat hat die Kircheneinheit über viele Jahrhunderte nicht bedroht, was für die wahre Katholizität und Weite der Kirche spricht. Aber im Zuge des Reformpapsttums wurden die verheirateten Priester der Ostkirche zum bevorzugten Objekt der Häme römischer Zölibatsenthusiasten. So spottete etwa Kardinal Humbert von Silva Candida, gestorben 1061, über einen jungen orthodoxen Pfarrer: «So also sieht das Größere und Vollkommenere aus, dass der junge Ehemann, soeben von fleischlicher Lust erschöpft, am Altar Christi dient und mit seinen vom unbefleckten Leib [Christi] geheiligten Händen sogleich wieder seine Frau umarmt?» Sein vernichtendes Urteil lautete: «Das ist nicht das Zeichen für den wahren Glauben, sondern eine Erfindung Satans.»[14]

Bezeichnenderweise war die kultische Reinheit auch die entscheidende Begründung für die Zölibatsbestimmungen des Zweiten Laterankonzils im Jahr 1139. «Damit sich das Gesetz der Enthaltsamkeit und die gottgefällige Reinheit» weiter ausbreiten können, haben sich alle Kleriker, die es «wagen, mit Frauen zusammenzuleben», sofort von ihnen zu trennen.[15] Auch wenn diese Vorschrift in Mittelalter und Früher Neuzeit oft genug nicht eingehalten wurde, konnte sich die Behauptung, reine Hände seien für den priesterlichen Dienst notwendig, auf lange Sicht vor allem deshalb durchsetzen, weil die Propaganda

der Zölibatsverteidiger bei einer Vielzahl der einfachen Gläubigen auf fruchtbaren Boden fiel: «Die Sakramente eines Priesters,
der in Unkeuschheit lebt, sind ungültig, die Hostie, die er weiht,
ist nichts als Brot, seine Taufe und seine Absolution sind wert-
los.»[16] Das widersprach zwar der offiziellen Sakramentenlehre
der katholischen Kirche, wurde im hohen Mittelalter vielen
Gläubigen aber erfolgreich eingeredet.

Im weiteren Laufe der Kirchengeschichte wurde der Dienst
der reinen Hände immer wieder infrage gestellt, im Humanis-
mus genauso wie während der Reformation. Wer das Abendmahl nicht mehr als Opfer verstand, brauchte auch keinen reinen Opferpriester mehr. Obwohl die kultische Reinheit immer
wieder propagiert wurde, gab es bis zum Beginn der Neuzeit
zahlreiche Pfarrer, die in eheähnlichen Verhältnissen lebten.
Entscheidend war, dass die Mehrzahl der Gläubigen offensichtlich keinen Anstoß daran nahm und insbesondere die
Spendung der Sakramente und vor allem die Feier der Heiligen
Messe durch einen solchen «unreinen» Priester nicht als ungültig empfand.

Erst im neunzehnten Jahrhundert kam es zu einer neuen, bis
dahin nicht dagewesenen Konjunktur der kultischen Reinheit,
die jetzt zumeist unter dem Schlagwort der Virginität, also der
Jungfräulichkeit, abgehandelt wurde. Im *Wetzer und Welte's
Kirchenlexikon*, dem Vorläufer des *Lexikons für Theologie und
Kirche*, hört sich das dann so an: Das Prinzip des Zölibats «liegt
aber in der Virginität der Kirche selbst; die jungfräuliche Kirche
will auch ein jungfräuliches Priesterthum haben. Während das
jüdische und heidnische Priesterthum wesentlich auf der fleischlichen Generation beruhte, hat der jungfräuliche, von der Jung-
frau geborene Hohepriester Christus die Kirche, die sein jungfräulicher Leib geworden ist, gegründet und in ihr an die Stelle
der fleischlichen die jungfräuliche Generation des Priesterthums
durch die Weihe gesetzt. In diesem Princip und in ihm allein ist
die eigentliche Basis aller Cölibatsgesetze zu suchen.» Der Verfasser des Artikels, der Münchener Kirchenrechtler George

Phillips, verstieg sich sogar zu der Behauptung, die «Virginität» gehöre «zur Natur des christlichen Priesterthums». Die «jungfräuliche Reinheit» verstehe sich beim christlichen Priestertum von selbst, «da dieses täglich, vom Aufgang bis zum Niedergang, Christum als unblutiges Opfer darbringt».[17]

Eine derartige Überhöhung des Ideals des jungfräulich reinen Priesters hatte es in der Geschichte der Kirche bis dahin nicht gegeben. Die Behauptung von George Phillips, die kultische Reinheit gehöre unverzichtbar zum Wesen des Priestertums, ist durch die Tradition der Kirche nicht gedeckt. Diese «Invention of Tradition» mit ihren Übersteigerungen ist typisch für den Katholizismus des neunzehnten Jahrhunderts, der sich nach der Katastrophe der Französischen Revolution neu erfinden musste.[18] Je säkularer die Welt wurde, desto heiliger musste die Kirche sein. Je größer die Bedeutung sexueller Selbstverwirklichung für die Menschen der Welt wurde, desto reiner mussten die Kirchendiener werden. Je mehr die «Ehe für alle» zum Schlagwort der modernen Gesellschaft wurde – in der agrarisch geprägten, vormodernen Gesellschaft hatten fast nur besitzende Bauern, Bürger und Adlige heiraten können[19] –, desto jungfräulicher inszenierte sich die Kirche als Gegengesellschaft.

Diese Linie wurde auch im zwanzigsten Jahrhundert weiterverfolgt, vor allem in Lehrschreiben der Päpste. So sprach Pius XI. im Jahr 1935 – ganz neuplatonisch argumentierend – davon, da Gott Geist sei, erscheine es angemessen, dass «jeder, der sich seinem Dienste widmet und weiht, sich auch ... ‹von seinem Leibe freimache».[20] Und Pius XII. schärfte 1954 den Priestern ein, stets «rein, unbefleckt und keusch» zu sein, «wie es Dienern Christi und Spendern der göttlichen Geheimnisse ziemt».[21] Die Spender der «göttlichen Geheimnisse» enthalten sich Pius XII. zufolge deshalb «ganz der Ehe», weil «sie dem Altar dienen».[22]

Die kultische Reinheit als Begründung für den Zwangszölibat wird heute explizit kaum noch vertreten. Das ist auch nicht mehr möglich, weil das automatisch zu einer neuen Abwertung der Ehe als Lebensform und Sakrament führen würde. Aber implizit schimmert der Glanz der kultischen Reinheit immer noch in manchen Äußerungen von Päpsten, Bischöfen und traditionalistischen Laien durch. Dabei hat die Kongregation für das katholische Bildungswesen in ihren «Leitgedanken für die Erziehung zum priesterlichen Zölibat» vom 11. April 1974 dieses Konzept als Begründung für die Verpflichtung zur Ehelosigkeit ausdrücklich zurückgewiesen und festgestellt: «Nicht zu ihren Gründen gehören die Idee der ‹rituellen Reinheit› oder der Gedanke, man könne nur auf dem Wege des Zölibats zur Selbstheiligung gelangen.»[23]

Damit schließt sich der Kreis zum Neuen Testament. Die katholische Kirche ist dort wieder angekommen, wovon sie ausgegangen ist, denn «dass die geschlechtliche Vereinigung von Mann und Frau in der Ehe kultunfähig oder kultunwürdig mache, entspringt nicht eigentlich neutestamentlichen Quellen … und ist heute nicht mehr nachvollziehbar», wie der Bonner Altkirchenhistoriker Ernst Dassmann klargestellt hat.[24]

Man darf aber nicht übersehen: Das Konzept der reinen Hände bezog sich nicht nur auf den Spender der Eucharistie, sondern auch auf die Empfänger. Sexualität machte nicht nur den Priester unrein, sondern auch die Gläubigen. Deshalb durften sie bis zur Liturgiereform des Zweiten Vatikanischen Konzils bei der Kommunion die Hostie auch nicht selbst in die Hand nehmen, sondern bekamen sie durch die reinen Hände des Priesters auf die Zunge gelegt. Deshalb durften Frauen grundsätzlich den Altarraum nicht betreten, sie hätten den sakralen Bereich verunreinigt. Deshalb galt viele Stunden vor dem Empfang der Heiligen Kommunion ein strenges Nüchternheitsgebot, der Verzehr anderer Speisen machte unrein und damit unfähig zum Empfang der heiligen Speise.

Diese Vorschriften für die kultische Reinheit der Empfänger der Eucharistie sind seit dem Konzil «für jedermann ersichtlich außer Kraft gesetzt»:[25] Statt der Mund- gibt es jetzt auch die Handkommunion, Frauen wirken selbstverständlich als Mesnerinnen, Frauen und Männer als Kommunionhelferinnen und Kommunionhelfer, das Nüchternheitsgebot wurde zumindest abgemildert, und nicht zuletzt dienen verheiratete Diakone in der Liturgie. Ein geweihter Mann, der aus dem Bett seiner Ehefrau kommt, kann damit selbstverständlich seinen Dienst am Altar tun. Dadurch ist das Prinzip der reinen Hände grundsätzlich aufgegeben worden. Wenn es aber für die Empfänger und Austeiler der Kommunion nicht mehr gilt, warum sollte es dann für den Priester weiter gelten? Der Kreis zurück zum Neuen Testament sollte auch hier geschlossen werden. Was nicht eigentlich neutestamentlichen Ursprungs ist, sondern aus fremden Quellen übernommen wurde, kann wieder verschwinden. Zur würdigen Feier der Eucharistie sind sexuell enthaltsame Priester nicht nötig.

5.

JESUS WAR KEIN STOIKER

Das Ideal des asketischen Priesters geht auf antike
Vorstellungen von einem philosophischen Leben zurück
und entspricht nicht dem Vorbild Jesu.

Askese gehörte seit der Zeitenwende zum guten Tun weiter
Kreise des Imperium Romanum. Wer ein wirklicher Stoiker sein
wollte und etwas auf sich hielt, der musste ein Asket sein. Ein
ganzes Set von Tugenden wurde von ihm erwartet: «Wie wichtig
ist es doch, sich bei Delikatessen und ähnlichen Speisen vorzu-
stellen, dass dies die Leiche eines Fisches, dies die Leiche eines
Vogels oder Schweines ist, und wiederum, dass der Falerner der
Saft einer Traube ist und das Purpurgewand die Wolle eines
Schafes mit Blut einer Muschel benetzt. Und bei den geschlechtlichen Dingen das Reiben an der Scheide und die mit Krampf
verbundene Ausscheidung von Schleim. Wie wichtig sind doch
diese Vorstellungen, die an die Gegenstände selbst heranreichen
und durch sie hindurchgehen, so dass man sieht, von welcher
Art sie denn eigentlich sind.»[1]

Der römische Kaiser Marc Aurel brachte damit einige Grund-
ansichten der stoischen Philosophie, der er sich selbst verpflichtet
wusste, treffend auf den Punkt. Alle Affekte waren gering zu
schätzen, insbesondere die fleischlichen Genüsse wurden geradezu lächerlich gemacht. Denn sie hinderten den Menschen daran, frei von Leidenschaften, selbstgenügsam und unerschütter-
lich zu werden. Daher war Affektkontrolle eines der Hauptziele
einiger einflussreicher philosophischer Schulen der Antike. Die
Beschäftigung mit Philosophie erscheint deshalb «in erster Linie
als Therapie der Leidenschaften».[2]

Peter Brown fasste dieses moralisch-asketische Ideal der
Spätantike so zusammen: «Ein Mann, der sich im Übermaß
mit seinem Körper beschäftigte, war ein würdeloser Anblick.
Es war ganz einfach ‹ein Zeichen eines unedlen Charakters›,
wenn man zu lange damit verbrachte, zu essen, zu trinken, den
Körper zu entleeren und Geschlechtsverkehr auszuüben. Von
Seiten eines vornehmen Griechen hätte kein Urteil vernichten-
der sein können.»[3] Sogar der Begriff der Askese stammt, worauf Ernst Troeltsch hingewiesen hat, aus der Philosophie selbst.
Er bedeutet «die systematische Tugend- und Willenserziehung
in ihrer Ähnlichkeit mit der militärischen und sportlichen Dis-
ziplinierung des Körpers und Willens».[4]

Eine asketische Lebensweise als «freiwilliger Verzicht auf
grundsätzlich erlaubte Lebenshaltungen» sollte zu einer «höheren Form des religiösen Lebens» führen.[5] Mit Henry Chadwick
kann man festhalten, dass zwei Grundsätze das Leben der Gebildeten im außerchristlichen Raum in der Spätantike bestimmten: «1. Wer die Liebe eines Gottes genießt, muss auf die Liebe
von Sterblichen verzichten; 2. Geschlechtsverkehr befleckt, und
Befleckung bedeutet die Gegenwart böser Geister.»[6] Anders als
heute hatte praktische Philosophie in der Antike zumeist einen
metaphysischen Bezugspunkt: Der durch Askese frei gewor-
dene menschliche Geist tendierte von selbst zu einer vertieften
Gottesbeziehung.

Der Inkulturationsprozess des frühen Christentums in ein
von diesem Ideal bestimmtes Milieu wurde von entscheidender
Bedeutung für die spätere Begründung des priesterlichen Zölibats. Denn die prinzipielle Leibfeindlichkeit und der grundsätzliche Dualismus von Leib und Seele waren sowohl dem Judentum als auch dem Jesus der Evangelien im Grunde genommen
fremd. «Moralische Askese spielte für *Jesus*, im Gegensatz zu
Johannes dem Täufer … keine wesentliche Rolle.»[7] Im Gegenteil: Seine Gegner beschuldigten Jesus eines ausschweifenden
Lebensstils, und die Pharisäer nannten ihn ausdrücklich einen
Fresser und Weinsäufer.[8]

Je mehr sich aber das Christentum in Auseinandersetzung mit den spätantiken philosophischen Konzeptionen als religiös und moralisch überlegen erweisen wollte, desto mehr sah es sich gezwungen, rigorose ethisch-asketische Vorstellungen der paganen Spätantike zu rezipieren. Im Zuge der Christianisierung der gebildeten Griechen und Römer kam es als Komplementärbewegung auch zu einer Hellenisierung des Christentums. Jetzt galt es zu zeigen: Wir Christen können es mit euch Heiden, was Askese angeht, allemal aufnehmen. Wir haben die wahre Philosophie, die eure Konzepte weit übertrifft, deshalb können wir auch bei der Abtötung des Leibes und vor allem beim Verzicht auf Sexualität viel rigoroser sein als ihr. Gerade im Bereich des Geschlechtstriebs bewährt sich wahre Willensstärke und ethische Konsequenz, denn «dass sich der wahre Philosoph auch der Sexualität enthalten müsse, war eine weithin gültige Forderung der Antike».[9]

Als «Ergebnis des unlösbaren und nicht mehr rückgängig zu machenden Verschmelzungsprozesses von Antike und Christentum» wurde die «alte Münze» der vorchristlichen Askese «umgeprägt und zu neuem Gebrauch bereitgestellt». Das Feld asketischer Praxis war beispielsweise durch die Stoa klar abgesteckt: «Nahrung, Kleidung, Erholung, Lebensgenuss, Besitz, Geschlechtsleben. Diese Bereiche bleiben die eigentliche asketische Domäne. Hier kann das Christentum quantitativ nichts Neues einbringen. Es ändert nur das Motiv solchen Tuns.»[10] Allerdings konzentrierte sich das asketische Ideal im Christentum immer stärker auf das Thema der Keuschheit.

Erste Spuren einer Übernahme philosophisch-ethisch motivierter Askesekonzepte lassen sich zwar schon in den Briefen des Apostels Paulus finden, ein platonischer oder gar gnostischer Leib-Seele-Dualismus ist dem Völkerapostel aber fremd. Seit dem zweiten Jahrhundert jedoch propagierten vor allem gnostische Gruppen im Christentum ein prinzipielles Eheverbot. Sie behaupteten, man könne durch strikte Askese und völlige Abtötung des Fleisches eine höhere und bessere religiöse Erkenntnis erwerben, und lehnten daher die gesamte materielle Welt schlicht als gottlos ab. Solchen «heuchlerischen Lügnern», die vom christlichen Glauben abgefallen seien, setzte bereits der erste Timotheusbrief eine eindeutige, schöpfungstheologisch begründete Absage entgegen: «Sie verbieten die Heirat und fordern den Verzicht auf bestimmte Speisen, die Gott doch dazu geschaffen hat, dass die, die zum Glauben und zur Erkenntnis der Wahrheit gelangt sind, sie mit Danksagung zu sich nehmen. Denn alles, was Gott geschaffen hat, ist gut.»[11]

Trotzdem ließ sich nicht verhindern, dass sich in der frühen Kirche Vorstellungen von ethischer Reinheit und asketischer Hochleistung kontinuierlich durchsetzten. So sahen etwa Clemens von Alexandrien und Origenes in der Gnosis die ideale Verwirklichung des Christentums.[12] Dieser asketische Anspruch galt prinzipiell für alle Christenmenschen, von einem besonderen ethischen Rigorismus für Amtsträger ist nicht die Rede. Je mehr aber die Naherwartung zurücktrat, je mehr sich die Wiederkunft Christi verzögerte, je mehr sich die Christen in dieser Welt einrichteten und das Christentum nach der Zeit der Verfolgungen im vierten Jahrhundert schließlich sogar zur Staatsreligion des Imperium Romanum wurde, desto weniger ließen sich diese asketischen Ideale noch innerhalb der immer größer werdenden durchorganisierten christlichen Gemeinden verwirklichen.

Deshalb kam es zu einem Auszug der Asketen aus den Gemeinden. Sie gingen im wahrsten Sinn des Wortes in die Wüste, um dort die Absage an die Welt wirklich radikal leben zu können. Das christliche Mönchtum als organisierte Askese entstand. Seit Ende des dritten Jahrhunderts entwickelten sich zwei Formen: Die Eremiten wollten nach dem Vorbild des Antonius, gestorben 356, allein auf sich gestellt radikal asketisch leben, während sich die Zönobiten, nach dem Beispiel des Pachomius, gestorben 346, in klösterlichen Gemeinschaften zusammenschlossen. Zu den asketischen Leistungen, die von beiden Gruppen gefordert wurden, gehörte ganz selbstverständlich der Verzicht auf jedwede sexuelle Aktivität.

Johannes Kassian, einer der bedeutendsten Theoretiker des frühchristlichen Mönchtums, der 435 starb, brachte die Motivation der Asketen treffend auf den Punkt, wenn er schrieb, «der Mönch müsse vor allem den Bischof und die Frau fliehen».[13] Die größten Gefahren für den ethischen Rigorismus, wie ihn die radikale Nachfolge Christi nach Meinung der Asketen forderte, gingen von der Korrumpierung durch das kirchliche System und von der Versuchung durch die Sexualität aus. Es entwickelte sich eine Zweistufenethik, die zwischen organisierten Asketen und organisierten Gemeindechristen unterschied. Die Ersteren setzten das ethische Ideal der asketischen Reinheit um, während die Ottonormalchristen dies in ihrem täglichen Leben nicht schaffen konnten.

Entscheidend ist aber die konsequente Weigerung der christlichen Mönche, sich in das kirchliche Ämter- und Gemeindesystem integrieren zu lassen. Vor allem lehnten sie es ursprünglich mit Nachdruck ab, die Priesterweihe zu empfangen. Insofern waren diese Asketen allesamt «Laien». Eine Verbindung von Zölibat als asketisch-ethischer Leistung und Priestertum als Dienst in einer Gemeinde war hier also ausdrücklich nicht gegeben. Christlich verstandene asketische Reinheit hatte ihren Ursprung im Mönchtum, Keuschheit war – neben Armut und Gehorsam – eines der drei Gelübde, das Nonnen und Mönche freiwillig ablegten.

Im gallischen und iroschottischen Mönchtum zeigt sich sogar eine deutliche Tendenz, die auf eine Unvereinbarkeit von Askese und kirchlichem Amt hinauslief. Die Pfarrer und Bischöfe waren Teil der Welt, «Weltpriester» eben. Sie waren wie ihre Gemeinden nicht zur asketischen Vollkommenheit berufen. Zu dieser waren nach der verbreiteten Vorstellung nur Mönche und Nonnen in der Lage, die durch radikale Christusnachfolge sogar quasi sakramentale Vollmachten erwerben konnten.

So berichtet etwa Sulpicius Severus in seinem *Leben des heiligen Martinus von Tours* mehrfach von Heilungen und Sündenvergebungen durch ihn. In radikaler Nachfolge Jesu Christi hatte sich der Mönch durch Askese und Gebet die Kompetenz dazu erworben. Die Vollmacht stammte also nicht aus der Bischofsweihe, die der heilige Martin von Tours erst viel später erhielt. Wie sein Biograph in den *Dialogi* weiter berichtet, stand ihm nach seiner Weihe zum Priester und Bischof «während seiner bischöflichen Amtsverwaltung keineswegs die gleiche Wunderkraft zu Gebot …, über die er früher … verfügen konnte».[14]

Diese Aussage des Sulpicius Severus über den Mönch und Asketen Martin steckt voller Sprengkraft. Denn die Geschichte der organisierten Askese zeigt, dass das asketische Ideal der Reinheit eben gerade nicht mit der Weihe verbunden war und dass sich Vollmachten nicht nur aus der Weihe, sondern auch aus der Qualität und asketischen Radikalität der Nachfolge ableiten lassen. Während es für das heutige Amtsverständnis außer Frage steht, dass seelsorgerliche Vollmachten wie die Sündenvergebung durch die Weihe übertragen werden, scheint zumindest Sulpicius Severus die Ordination in diesem Zusammenhang äußerst kritisch zu sehen, wenn er feststellt, dass Martins Heilskompetenz nach seiner Weihe geschwächt war. Das kann entweder an der Weihe selbst liegen, die den Status des Laien-Mönches aufhebt und mit den asketischen Anforderungen nicht vereinbar ist, oder an den mit der Weihe verbundenen Amtspflichten und Repräsentationsaufgaben, die Martin von Tours daran gehindert haben könnten, ausreichend Zeit für Askese und Gebet aufzubringen. Martin von Tours ist in dieser Hinsicht keineswegs eine Ausnahme, die sprichwörtlich die Regel bestätigt. Im Gegenteil: Er war der Prototyp eines vorbildlichen Mönchs und Asketen.

Nach dem Ende der Christenverfolgungen im Römischen Reich übernahmen die Asketinnen und Asketen weitgehend die Funktion der Märtyrer. Zu einem Blutzeugen, der für sein unerschütterliches Bekenntnis zum Tod verurteilt worden war, hätte man am Tag vor dessen Hinrichtung gehen und ihn um Sündenvergebung bitten können. Jemandem, der Christus im Leiden sogar bis in den Tod folgte, wurde allgemein zugetraut, bei seinem Eintritt in den Himmel Vergebung für sich und andere bei Gott erreichen zu können. Damit aber auch Mönchen und Nonnen vergleichbare Fähigkeiten wie den Märtyrern zugesprochen werden konnten, mussten sie in ihrer Askese besonders bedingungslos sein und diese bis zu einem unblutigen Martyrium steigern. Sie wurden nicht selten mit einem Gefäß verglichen, das insbesondere durch Askese und Gebet mit «göttlicher Kraft» gefüllt wird. Je intensiver jemand Christus nachfolgt, desto mehr füllt sich dieses Gefäß mit Gnade. Diesen Überfluss können der Asket und die Asketin anderen Christen weitergeben, um Sünden zu vergeben, Krankheiten zu heilen oder andere Wunder zu tun. Und solche asketischen Höchstleistungen konnten Frauen ebenso wie Männer erbringen.

Auf besonders fruchtbaren Boden fiel die Idee der radikalen Askese in Irland, wo im Frühmittelalter ein neues Konzept von Buße erfunden wurde. Es ist in der Forschung umstritten, ob dort ein geweihter Priester notwendig war, um das Sündenbekenntnis entgegenzunehmen. Es scheint aber einiges dafür zu sprechen, dass vor allem die in Irland einflussreichen Mönche und Nonnen, insbesondere Äbte und Äbtissinnen, als Beichtväter und Beichtmütter tätig waren. Offenbar erwarb man die Vollmacht zur Sündenvergebung nicht durch eine objektive Weihegnade, die unabhängig vom Leben des Spenders funktionierte, sondern durch die subjektive Qualität der Nachfolge Christi, auch und gerade durch vollkommene sexuelle Enthaltsamkeit.

Der Blick auf Martin von Tours und das iroschottische Mönchtum zeigt jedenfalls, dass es in der katholischen Kirche jenseits der sakramentalen Vollmachten, die durch die Weihe zu Priestern und Bischöfen übertragen werden, Vollmachten gab, die durch die Radikalität der Askese in der Nachfolge Christi erworben wurden und jene mitunter sogar übertrafen.[15]

Die Vorstellung der *asketischen Enthaltsamkeit* als ethischer Leistung, die über die spätantike Philosophie in das Christentum eingedrungen war und ihren Platz vor allem in der organisierten Askese des Mönchtums gefunden hatte, vermischte sich im Laufe des dritten und vierten Jahrhunderts mit dem Thema der *kultischen Reinheit*. Die ethische Leistung der Beherrschung des Sexualtriebs, die ursprünglich nur ein Teil eines größeren Komplexes asketischer Bemühungen war, wurde mehr und mehr isoliert und einem eindeutig kultischen Zweck unterworfen. Die einschlägigen kirchlichen Dokumente begründen ihre asketische Forderung nach dem Zölibat für Weltpriester denn auch vor allem mit der kultischen Reinheit.

So verurteilte Papst Siricius 385 nicht nur Mönche und Nonnen, die in den Klöstern «Unzucht» getrieben und Kinder gezeugt hätten und damit ihrem asketischen Ideal untreu geworden seien. Vielmehr wandte er dieses Kriterium auch auf Weltpriester und Diakone an, die «lange Zeit nach ihrer Weihe sowohl von ihren eigenen Frauen als auch in schändlichem Beischlaf Nachkommen gezeugt» hätten. Durch ihre «schändlichen Begierden» schlössen sie sich selbst von den «ehrwürdigen Geheimnissen» aus.[16]

Ein wesentlicher Impuls, der asketische Enthaltsamkeit immer mehr als notwendige Bedingung für das Priestertum erscheinen ließ, ist mit der weiteren Entwicklungsgeschichte des Mönchtums verbunden, und das in doppelter Weise: Einerseits strebten immer mehr Mitglieder von Ordensgemeinschaften, die als Asketen ohnehin das Gelübde der Keuschheit abgelegt hatten, aber Laien waren, nach dem Sakrament der Priesterweihe. Es kam zu einer Klerikalisierung der organisierten Askese. Der Mönchspriester wurde mehr und mehr zur Regel. Es ist sicher kein Zufall, dass die Reformpäpste des elften und zwölften Jahrhunderts, die den Zölibat allen Priestern einzuschärfen versuchten, einen mönchischen Hintergrund hatten, allen voran Gregor VII., der aus der cluniazensischen Klosterreform kam. Hier wurde ein für Mönche selbstverständliches und freiwillig übernommenes Gelübde in ein Zwangsgesetz für alle Weltgeistlichen umgestaltet.[17]

Andererseits stiegen aber auch die Anforderungen der Gläubigen an die Priester, wie man wiederum am Beispiel der weiteren Entwicklung des iroschottischen Mönchtums zeigen kann. Als sich nämlich immer mehr die Überzeugung durchsetzte, die sakramentale Lossprechung in der Beichte könne doch nur von einem geweihten Priester erfolgen, verlangten die Pönitenten von diesem die gleiche asketische Leistung wie von Mönchen und Nonnen. Obwohl ein Sakrament rein theologisch gesehen *ex opere operato,* also unabhängig vom Gnadenstand des Spenders, wirksam ist, wollten die Gläubigen auf Nummer sicher gehen und suchten nur noch solche Beichtväter auf, die asketische Reinheit mit Priesterweihe verbanden: Sündenvergebung doppelt abgesichert. «Der zum Priester geweihte Mönch ist offenbar ein noch besserer Mittler, weil alle seine amtliche Tätigkeit durch seine persönliche Heiligkeit gestützt ist; aber den Ausschlag gibt doch die persönliche Heiligkeit.»[18]

Wie Georg Denzler gezeigt hat, wurde diese Argumentation im Verlauf der Kirchengeschichte permanent wiederholt, bis hin zu einer Aussage des ultramontanen Mainzer Dogmatikers Johann Baptist Heinrich, der sich 1850 dazu verstieg, die Geistlichen als «Stellvertreter des incarnierten Wortes» zu feiern, welche «die Welt und das Fleisch verurtheilen und das übernatürliche Leben und die Herrlichkeit des Geistes predigen sollen».[19] Hier feierten das asketische Ideal und der Leib-Seele-Dualismus der antiken Neuplatoniker fröhliche Urständ. Nur setzte Heinrich den spätantiken enthaltsamen Philosophen jetzt mit dem zölibatären Priester gleich.

Diese Begründung des Zölibats kann aber nur überzeugen, solange die «zeitbedingten antiken Denkvoraussetzungen» einer Philosophie der Askese gelten. «Sobald sie nicht mehr vom Allgemeinbewusstsein der Gläubigen getragen und unter völlig veränderten Lebensbedingungen vielleicht nicht einmal mehr verstanden wird, muss sie erneut durchdacht und erhellt werden.» Gelingt dies nicht, wird das Zölibatsgesetz, das eine asketische Leistung verlangt, «zu einer drückenden Last für die Kirche».[20]

6.

ÖKONOMISCHE WURZELN

Die Ehelosigkeit stellte im Mittelalter und in der Frühen Neuzeit
sicher, dass Geistliche die ihnen unterstellten Kirchengüter
nicht an ihre Kinder vererben konnten.

Kultische Reinheit, asketische Enthaltsamkeit in der Nachfolge
Jesu Christi, Freiheit für die Seelsorge durch Verzicht auf Bindung an eine Partnerin und Ehelosigkeit als Geschenk Gottes
oder Charisma: diese Begründungen für den priesterlichen Zölibat sind im öffentlichen Diskurs und kollektiven Gedächtnis
mehr oder weniger präsent. Dagegen sorgt ein weiterer Grund
oft für große Überraschung: ökonomische Interessen. Die
Sicherung der Kirchengüter war sogar einer der Hauptgründe
für die allgemeine Einführung des Zölibatsgesetzes in der lateinischen Kirche.

Mit dem von Jesus vorgelebten Armutsideal, der – wie die
Evangelien berichten – keinen Platz hatte, wohin er sein Haupt
hätte legen können, hat diese Konzentration auf ökonomische
Fragen freilich wenig zu tun. Sie entspricht auch nicht dem
Leben der Mitglieder der Urgemeinde in Jerusalem, von denen
es in der Apostelgeschichte heißt: «Sie verkauften Hab und Gut
und gaben allen davon, jedem so viel, wie er nötig hatte.»[1]

Diese Einstellung änderte sich radikal, als die Zeit der Christenverfolgungen vorbei war und die Kirche im vierten Jahrhundert im Imperium Romanum schließlich sogar zur Staatskirche
wurde. Nun entwickelte sie sich zu einer mächtigen Institution,
die umfangreichen Besitz und zahlreiche Herrschaftsrechte an-
häufte. Nach dem Ende des Weströmischen Reichs übernahm

die Kirche allmählich wichtige Funktionen als Ordnungsmacht. Immer mehr Grund und Boden fiel dabei faktisch an die Kirche, auch wenn man für viele Grundstücke zunächst keinen Rechtstitel besaß. Im Fälschen von Besitzurkunden kannten sich die päpstliche Kanzlei und klösterliche Schreibstuben bestens aus. Auf die Fälschung der sogenannten Konstantinischen Schenkung, nach der Kaiser Konstantin Papst Silvester die weltliche Herrschaft über Rom, Italien und das westliche Imperium Romanum übergeben hatte, fielen am Ende sogar die Karolinger um Pippin herein.

Seit Ende des vierten Jahrhunderts unterlag kirchliches Vermögen, vor allem Grundbesitz, obendrein keiner staatlichen Besteuerung mehr.[2] Dieses Privileg blieb in vielen europäischen Ländern bis zum Ende der Frühen Neuzeit in Kraft. Nicht selten war ein Drittel des Grund und Bodens eines Landes in kirchlichem Besitz. Immer wieder wurde über den immensen Wert der Grundstücke der «toten Hand» geklagt, die dem wirtschaftlichen Kreislauf entzogen waren. Bereits in der Reformationszeit kam es zu ersten Säkularisationen, also Enteignungen von Kirchengut. Aber erst die Französische Revolution von 1789 und die ihr folgende große Säkularisationswelle in verschiedenen Ländern beendeten diese Situation und verstaatlichten das kirchliche Vermögen grundsätzlich. Nur die Pfarrpfründen, also die landwirtschaftlichen Güter und Gebäude, die zur Finanzierung der Seelsorge vor Ort dienten, blieben in Deutschland von der Vermögenssäkularisation durch den Reichsdeputationshauptschluss von 1803, mit dem das Alte Reich aufgelöst wurde, ausgenommen.[3]

Natürlich machte der wachsende Reichtum auch eine Karriere in der Kirche immer lukrativer. Kirchliche Amtsträger verfügten durch ihre Pfründen über hohes Prestige und Ansehen. Aber damit war zugleich ein Problem verbunden: Die Institution Kirche musste um jeden Preis verhindern, dass Amtsinhaber kirchliches Vermögen, vor allem aber Grund und Boden, ihren Familien zuschusterten. Dies ließ sich zu Lebzeiten von Päpsten, Bischöfen und Pfarrern nur schwer unterbinden, wie die Geschichte der Renaissancepäpste vor Augen führt. Insbesondere Alexander VI. sorgte sich geradezu rührend um seine Kinder – die Borgia sind hier aber nur die Spitze des Eisberges.[4]

Viel wichtiger als dieser sogenannte Nepotismus zu Lebzeiten der Amtsträger und die Versorgung der Familie aus kirchlichem Besitz war das Thema der Vererbbarkeit von Pfründen. Wenn Priester-, Bischofs- und Papstkinder Kirchengut, über das deren Vater verfügt hatte, erben und auch ganz anderen, nichtkirchlichen Zwecken zuführen konnten, dann lief die Kirche Gefahr, dieses endgültig zu verlieren. Wenn ein Bischofs- oder Pfarrerssohn aber nicht nur dessen Benefizium, also die Pfründe, erbte, sondern auch das mit diesem verbundene Offizium, also die Aufgabe oder das Amt, das aus den Erträgen des Benefiziums finanziert wurde, gab es zwar noch ein gewisses amtsrechtliches, aber zumindest kein besitzrechtliches Problem mehr.

Denn das Kirchengut wurde weiterhin seinem ursprünglichen Zweck entsprechend eingesetzt: Es finanzierte Seelsorge. Daher gab es schon früh Bischofs- und Priesterdynastien. Das bezeugt beispielsweise eine Quelle zum sogenannten Osterfeststreit zwischen Bischof Polykrates von Ephesus und Bischof Viktor von Rom vom Ende des zweiten Jahrhunderts. Polykrates plädierte dafür, Ostern immer am 14. Nisan und nicht am ersten Sonntag nach dem ersten Frühlingsvollmond, wie die römische Kirche es anstrebte, zu feiern. Dabei berief sich der Bischof auf die Tradition «meiner Verwandten, von denen einige auch meine Vorgänger waren. Sieben meiner Verwandten waren nämlich Bischöfe, und ich bin der achte.»[5]

Der Vererbung von Kirchengut an Klerikerkinder suchten verschiedene Synoden, aber auch die staatliche Gesetzgebung seit dem sechsten Jahrhundert immer wieder einen Riegel vorzuschieben. Dabei gingen die Beschlüsse ganz selbstverständlich von der Existenz von Töchtern und Söhnen von Priestern und Bischöfen aus. So untersagte die Synode von Toledo 531 den Geistlichen «jede testamentarische oder erbrechtliche Verfügung», auch und gerade zugunsten ihrer Kinder. Die Synode von Sevilla 592 ging sogar noch einen Schritt weiter und versuchte, Priesterkinder prinzipiell vom Erbe ihrer Väter auszuschließen, indem es diese Nachkommen für illegitim und damit für rechtlich erbunfähig erklärte.[6]

Auf der Synode von Pavia 1022 beklagte sich Papst Benedikt VIII. bitter, die Kirche sei verarmt, weil immer mehr Pfarrer ihre Pfründen an ihre Kinder vererbten. «Und weil sie sonst nichts haben, bringen diese üblen Väter für ihre ebenso üblen Kinder immer mehr Güter, immer mehr Patrimonien und alles, was sie vom Kirchenbesitz an sich reißen können, auf die Seite.» Durch Priesterkinder als reiche Erben und die «unerlaubte Verwegenheit der Kleriker» sei die Kirche zur «Ärmsten der Armen» geworden und müsse betteln gehen. Deshalb erklärte der Papst die Söhne und Töchter von Priestern grundsätzlich zu Unfreien.[7]

Der Weg zum Zölibatsgesetz für Kleriker war von da aus nicht mehr weit. Denn die entscheidende Frage lautete: Wie kann man legitime Priesterkinder und damit die Existenz erbberechtigter Nachkommen im Klerikerstand am wirkungsvollsten verhindern? Die Antwort war klar und einleuchtend: Indem man der Zeugung solcher Kinder die Voraussetzung entzieht und Ehe und Priesteramt für unvereinbar erklärt.

Die Auseinandersetzungen des Investiturstreites gaben dem Reformpapsttum schließlich die Möglichkeiten in die Hand, entsprechende Bestimmungen einzuführen. Zwar gelang es den Päpsten nicht überall, die Mitwirkung von Laien bei der Einsetzung in kirchliche Ämter zu unterbinden. Sie mussten hier Kompromisse eingehen und den weltlichen Großen schließlich doch einigen Einfluss gewähren. Aber sie konnten eine zentrale Bedingung für die Übernahme eines kirchlichen Amtes durchsetzen, das Versprechen der Ehelosigkeit. Damit konnte es sowohl nach «kirchlichem» wie «staatlichem» Recht keine ehelichen und damit legitimen Priesterkinder mehr geben. Das Erbschaftsthema schien dadurch erledigt. Illegitime Bischofssprösslinge und Pfarrerskinder waren aus dieser Perspektive zu vernachlässigen. Sie konnten nicht erben und damit auch keinen Kirchenbesitz an sich bringen.

Dieses Gesetz wurde auf dem Zweiten Laterankonzil im Jahr 1139 zur gesamtkirchlichen Vorschrift. In Kanon 16 wird die Vererbung von kirchlichen Ämtern und Pfründen von Klerikern auf ihre Söhne ausdrücklich verboten: «Ohne Zweifel sind kirchliche Ämter nicht eine Sache des Blutes, sondern des Verdienstes. So akzeptiert[8] die Kirche Gottes niemanden als Nachfolger aufgrund eines Erbrechts oder leiblicher Abstammung, sondern sie verlangt für ihre Leitungs- und Verwaltungsaufgaben weise und fromme Personen. Deshalb gebieten wir mit apostolischer Autorität: Niemand darf Kirchen, Pfründen, Propsteien, Kaplaneien oder überhaupt kirchliche Ämter aufgrund eines Erbrechts für sich beanspruchen oder gar einfordern. Sollte dies ein Nichtsnutz oder Ehrgeizling dennoch versuchen, wird er entsprechend bestraft und verliert, was er beansprucht hat.»[9]

Ironie der Geschichte: Ausgerechnet die ökonomische Begründung des Zölibats, die dazu beitrug, dass er eine gesetzliche Verpflichtung wurde, sorgte auch dafür, dass vor allem die einfachen Landpfarrer den Zölibat praktisch nicht einhalten konnten. Denn die mittelalterliche und frühneuzeitliche Besoldung der Pfarrer erfolgte nicht wie heutzutage zentral auf der Basis einer allgemein erhobenen Kirchensteuer. Vielmehr war jeder Pfarrer gezwungen, sich selbst zu finanzieren. Dazu standen ihm in der Feudalstruktur und «mittelalterlichen Agrarordnung» im Grunde nur zwei Einnahmequellen zur Verfügung.[10]

Die eine waren die von den Gläubigen zu bezahlenden Stolgebühren, die im Grunde als Taxen für priesterliche Dienstleistungen anzusehen sind. Eine Taufe kostete genauso wie eine Trauung, eine Beerdigung mit Requiem ebenso wie eine Messe, die Angehörige für das Seelenheil ihrer Verstorbenen lesen lassen konnten.

Die andere und letztlich entscheidende Grundlage für die

wirtschaftliche Absicherung eines Pfarrers war aber seine Pfründe. Wer eine Pfarrei in einem Dorf errichten wollte, musste dazu zunächst ein sogenanntes Widemgut stiften, also ausreichend landwirtschaftliche Grundstücke, Äcker, Wiesen und Wald und einen Pfarrhof zur Verfügung stellen, der in erster Linie ein Bauernhof war. Der Pfarrer war Bauer, wie die ihm anvertrauten Schäfchen auch. Er musste vom Ertrag seiner Landwirtschaft leben. Ohne Familie war es aber kaum zu schaffen, Äcker und Wiesen zu bewirtschaften, das Vieh zu versorgen und Seelsorge zu betreiben. Schon deswegen hatten zahlreiche Landpfarrer, wie viele Visitationsberichte der Frühen Neuzeit belegen, Frau und Kinder, was von ihren Pfarreiangehörigen auch weitgehend akzeptiert wurde. Das engelgleiche asketische Ideal war unter «diesen Umweltbedingungen» einfach nicht zu leben, wie August Franzen festgestellt hat. «Man kann mit gutem Grund bezweifeln, ob das von der mittelalterlichen Agrarstruktur der Kirche getragene und geprägte Priesterbild des bäuerlichen Pfarrers geeignet gewesen ist, den ... Typ des asketisch enthaltsamen Pfarrers ..., der ganz seiner hohen geistigen Aufgabe hingegeben war, zu tragen.»[11]

Für das Fürstbistum Münster beispielsweise ergab eine Auswertung der Visitationsprotokolle aus den Jahren 1571 und 1573, dass knapp sechzig Prozent der Pfarrer eheähnliche Verhältnisse unterhielten und nicht selten mehrere Kinder hatten. «Aus dem Konkubinat entwickelte sich ein Familiensystem, das dem des bäuerlichen oder kleinstädtischen Umfeldes sehr ähnelte.» Wenn es in der Weihematrikel hieß, ein Priester sei «unehelich geboren», dann handelte es sich meistens um den Sohn eines Priesters, der nicht selten «von seinem Vater direkt die Pfarrstelle übernommen oder mindestens quasi-erblich dessen Beruf ergriffen» hatte.[12]

Durch den Aufbau von Pfarrersdynastien, in denen oft über viele Generationen hinweg jeweils der Priestersohn seinem Vater als Pfarrer auf einer bestimmten Pfründe beziehungsweise Pfarrei folgte, wurde immerhin der Verschleuderung oder Zweckentfremdung des Kirchengutes vorgebeugt, wie vom kirchlichen Gesetzgeber gewünscht. Allerdings in ganz anderer Weise als ursprünglich intendiert. Der Pfarrhof blieb bei der Familie des Pfarrers, sein Sohn «erbte» diesen zwar faktisch, aber er diente weiter seinem Stiftungszweck, der Finanzierung der Seelsorge in einer bestimmten Pfarrei. Darüber hinaus entstanden regelrechte Netzwerke von Priesterfamilien, um zum Beispiel Pfarrerstöchter mit Pfarrerssöhnen zu liieren und so zu versorgen. Im Niederstift Münster, das das Emsland und das Oldenburger Münsterland umfasste, konnte am Beispiel der Priesterdynastie Dey gezeigt werden, dass allein in den einhundertzwanzig Jahren von 1500 bis 1620 rund zwanzig Söhne, Lebensgefährten von Priestertöchtern, Brüder und Neffen der Familie durchgehend vier Pfarreien des Dekanats Vechta in ihrer Hand halten konnten.[13]

Max Weber hatte also Recht, wenn er in «der Vermeidung des faktischen Erblichwerdens der Pfründe» einen entscheidenden Faktor für die Einführung des Zölibats für die «Religionsvirtuosen» festmachte.[14] Die Gefahr der Vererbung von Kirchenbesitz an Pfarrerskinder besteht heute jedoch nicht mehr. Die zentrale Besoldung der Pfarrer aus der Kirchensteuer in Deutschland und die Tatsache, dass heutzutage die meisten Pfarreien über gar keine Pfründe in Form von Landbesitz mehr verfügen, machen diese einstmals zentrale Begründung für die Ehelosigkeit der Priester schlicht obsolet.[15] Ein Hauptargument für den Zölibat ist damit einfach in sich zusammengebrochen. Die Kirche sah sich deshalb veranlasst, neue spiritualisierte Begründungen zu finden. Wer Argumentationen wechseln muss wie andere Hemden, der hat schlechte Karten.

7.

FLAGGE ZEIGEN IM GLAUBENSSTREIT

Der Zölibat diente im konfessionellen Zeitalter
zur Abgrenzung von den Protestanten.

Das Jahr 1525 gilt als «Kulminationsjahr» in Martin Luthers
Leben und in der Geschichte der frühen Reformation:[1] Erstens
zerstritt sich Luther mit Erasmus von Rotterdam über den freien
Willen und verlor damit einen frühen reformkatholischen Un-
terstützer. Zweitens brach er endgültig mit dem Bauernführer
Thomas Müntzer, der in diesem Jahr hingerichtet wurde, und
mit dem «linken Flügel» der Reformation. Drittens forderte
Luther im Bauernkrieg die Fürsten zum grenzenlosen «Stechen,
Schlagen und Würgen» der Bauern auf, die sich für ihre sozialen
Forderungen auf das Evangelium berufen hatten. Viertens sah
das Jahr 1525 ein Ereignis, das für die Geschichte des Zölibats
von großer Bedeutung werden sollte. Der Augustinermönch
Luther heiratete die Nonne Katharina von Bora. Nicht nur sein
Mitstreiter Philipp Melanchthon war über diesen Schritt befrem-
det. Für viele Christen war Luthers Verhalten schlicht «skandalös».[2] Der offene Zölibatsbruch des Reformators war eine Steil-
vorlage für polemische Holzschnitte des «geilen» Luther und
entsprechende Pamphlete und Streitschriften.

Im Grunde lag Luthers Eheschließung aber in der Konsequenz seines theologischen Denkens. So hatte er sich bereits in
seiner Programmschrift *An den christlichen Adel deutscher
Nation* von 1520 eindeutig gegen den Zölibat der Pfarrer und
das Keuschheitsgelübde der Mönche und Nonnen ausgesprochen. Dabei ging der Reformator von der existentiellen Notlage

vieler Pfarrer aus: «Wir sehen auch, wie die Priesterschaft gefallen und mancher arme Pfaff, mit Weib und Kind überladen, sein Gewissen beschwert, und dennoch niemand etwas dazu tut, ihnen zu helfen.» Er sah im Zölibat schlicht einen Widerspruch zur biblischen Botschaft und verlangte deshalb: «Wer sich hinfort weihen lässet …, dass er dem Bischof in keinem Wege gelobe, Keuschheit zu halten und halt ihm entgegen, dass er solch Gelübde zu fordern gar keine Gewalt hat und ist eine teufelisch Tyrannei, solches zu fordern.» Und weiter: Es gibt manch «frommen Pfarrer», an dessen seelsorgerlicher Tätigkeit niemand etwas kritisieren könne, der aber eine Frau habe. Da aber «beide so gesinnet sind in ihres Herzens Grund, dass sie gerne wollten immer beieinander bleiben in rechter ehelicher Treue, wenn sie nur das könnten mit gutem Gewissen tun, obgleich sie die Schande müssen öffentlich tragen; die zwei sind gewiss vor Gott ehelich».[3]

Im folgenden Jahr kam Luther auf das Thema Ordensgelübde und Ehelosigkeit der Priester zurück und sprach von diesem «miserablen Zölibat junger Männer und Mädchen», der ihm tagtäglich «solche Scheußlichkeiten» offenbare, «dass meinen Ohren nun nichts verhasster klingt als der Name Nonne, Mönch und Priester. Die Ehe erachte ich als ein Paradies, auch wenn sie schwerste Entbehrungen mit sich bringt.»[4]

Der Zwang zum Zölibat widersprach nach Luthers Ansicht eindeutig der Freiheit des Evangeliums. In seiner Schrift *De captivitate Babylonica* über die Sakramente las er schon 1520 aus den Kriterienkatalogen des ersten Timotheusbriefes für Bischöfe und Priester – sie müssten «eines Weibes Mann» sein – sogar ein «direktes göttliches Heirats*gebot*» für alle Kleriker heraus. Das Weihesakrament nannte er eine willkürliche Erfindung der Päpste, die aus «dem schlichten urchristlichen Presbyter den Amtspriester» und aus «dem verheirateten Wortverkünder den zölibatären Opferpriester» gemacht habe.[5]

Die Auswirkungen der Polemik Luthers und anderer Reformatoren gegen den Zölibat waren dramatisch. Es kam zu einer wahren Heiratswelle im Klerus, und die Möglichkeit einer Eheschließung sollte für die weitere Geschichte der Kirchenspaltung schon deswegen eine entscheidende Rolle spielen, weil zahlreiche Pfarrer sich vor allem deshalb der Reformation anschlossen. Die Priesterehe wurde zum konfessionellen Unterscheidungskriterium schlechthin, das die Diskussion um Trennung und Einheit der christlichen Kirchen das ganze sechzehnte Jahrhundert und weit darüber hinaus entscheidend bestimmen sollte.

Ein weiteres wichtiges Unterscheidungsmerkmal war der Laienkelch. Bei der Feier des Abendmahls wurde ursprünglich allen Gläubigen Brot und Wein als Leib und Blut Christi gereicht. Im Verlauf des dreizehnten Jahrhunderts setzte sich in der lateinischen Kirche jedoch immer mehr die Praxis durch, dass die Gläubigen lediglich die Hostie erhielten, während nur noch der Priester aus dem Kelch trank. Waren dafür ursprünglich pragmatische Gründe wie Weinmangel oder Ansteckungsgefahr angeführt worden, kam es im Laufe der Zeit immer mehr zu einer Theologisierung und Ideologisierung dieser Praxis, bis schließlich das Konstanzer Konzil 1415 ein grundsätzliches Verbot des Laienkelchs erließ. Wo Laien weiterhin aus dem Abendmahlskelch trinken durften, sah man nach den Auseinandersetzungen mit Jan Hus und seinen Anhängern Ketzerei am Werk. Der Laienkelch wurde dadurch im Jahrhundert unmittelbar vor der Reformation mehr und mehr zum Marker für Häresie.[6] Deshalb gerieten auch die Reformatoren, die das Abendmahl in Anlehnung an die Praxis Jesu wieder unter beiderlei Gestalten reichten, umgehend in den Verdacht, verkappte Hussiten und Häretiker zu sein.

Ähnlich schwer wog die Priesterehe. Schon auf dem Nürnberger Reichstag von 1522/23, rund ein Jahr nach dem Wormser Edikt und dem Bann gegen Luther, lehnten die Stände die Aufforderung Roms ab, gegen verheiratete Priester vorzugehen. Die Kirche selbst war an dem Konflikt nicht schuldlos, «denn einerseits verbot sie den Konkubinat und stellte die Übertretung des Zölibatsgesetzes unter erhebliche Geldstrafen, andererseits duldete sie ihn, wenn die Geldbußen bezahlt wurden; so legalisierte sie ihn geradezu in der Praxis».[7]

Von entscheidender Bedeutung für das Thema Priesterehe wurde der Augsburger Reichstag von 1530, auf dem ein letzter ernsthafter Versuch zur Überwindung der sich abzeichnenden Kirchenspaltung unternommen wurde. Dazu legten die evangelischen Reichsstände dem Kaiser eine ausführliche Bekenntnisschrift vor, die sogenannte *Confessio Augustana*, die ihren Glauben und ihre Vorstellungen von der Kirchenorganisation zusammenfasste. In Artikel 23, der «Vom Ehestand der Priester» handelt, wird mit Argumenten aus der Heiligen Schrift die Abschaffung des Zölibats verlangt: Da Gottes Schöpfungsordnung die Ehe für Mann und Frau vorsieht, darf dem Priester die Heirat nicht verweigert werden. Falls die Gefahr der «Unzucht» droht, kann der Priester in seinem Gewissen sogar zum Abschluss einer Ehe verpflichtet sein, wie die *Confessio* mit Hinweis auf die Argumentation des Apostels Paulus im ersten Korintherbrief feststellt.[8]

Die Pastoralbriefe gingen ohnehin ausdrücklich von verheirateten Bischöfen und Priestern aus, die eben «einer Frau Mann» sein sollten. «Wie aber kein menschliches Gesetz Gottes Gebot ungültig machen oder ändern kann, so kann auch kein Gelübde Gottes Gebot ändern.» Es fehlte nicht ein kurzer historischer Hinweis, dass es das Zölibatsgesetz erst seit dem zwölften Jahrhundert gebe, es aber in der Praxis kaum eingehalten worden sei. «Es sind auch in Deutschland erst vor 400 Jahren die Priester vom Ehestand mit Gewalt zum Gelübde der Keuschheit genötigt worden, und sie haben sich dem alle widersetzt, und zwar so entschieden und konsequent», dass der Erzbischof von Mainz, der die päpstliche Anordnung verkünden sollte, fast umgebracht worden wäre. «Wie sollte denn auch der Ehestand der Priester und Geistlichen der allgemeinen christlichen Kirche schaden, gerade der Priester und anderer, die der Kirche dienen sollen?» – diese rhetorische Frage stellte die *Confessio Augustana* genüsslich.[9]

Man erwartete in Augsburg heftige theologische Streitge-
spräche zwischen Protestanten und Katholiken, die Gräben
schienen unüberwindbar, doch kam es zu einer Überraschung.
Philipp Melanchthon, der Sprecher der evangelischen Stände
und einer der Hauptverfasser der Bekenntnisschrift, erklärte
dem Päpstlichen Legaten Lorenzo Campegio, die Protestanten
seien bereit, der römischen Kirche zu gehorchen, wenn diese
«Kleinigkeiten» wie Priesterehe und Laienkelch erlauben
würde. Denn «wir haben kein Dogma, das von der römischen
Kirche abweicht» und «verehren auch ehrfürchtig die Autorität
des Papstes».[10]

Campegio erkannte die Chance sofort. Mit zwei Zugeständ-
nissen auf disziplinärer Ebene, Kleinigkeiten in der Tat im Vergleich zu den großen theologischen Streitthemen wie der Recht-
fertigungslehre, könnten die Katholiken zu einem geringen
Preis die Kirchenspaltung abwenden. Auch Kaiser Karl V. war
vom Angebot Melanchthons angetan und bat ihn, seine Zuge-
ständnisse schriftlich niederzulegen. Dazu war dieser gerne
bereit. Alles schien auf eine Aufhebung des Pflichtzölibats für
Priester und die Gewährung des Laienkelchs hinauszulaufen, da
traf aus Rom eine eindeutig negative Antwort ein. An dieser
«intransigenten Haltung der Kurie» auf einem Nebenkriegs-
schauplatz ist die Wiederherstellung der Kircheneinheit in
Augsburg letztlich gescheitert.[11]

Karl V. drohte dem Papst nach dem Fehlschlag des Augsburger Reichstags, ein ökumenisches Konzil einzuberufen. Weil
Clemens VII. ein solches fürchtete wie der Teufel das Weih-
wasser, bat er Kardinal Thomas Cajetan um ein Gutachten zum
Thema Kircheneinheit, um den Kaiser und die Reformer innerhalb der Römischen Kurie zu beruhigen. Cajetan hatte bereits
1518 Luther in Augsburg verhört und gehörte zum Reform-
flügel in Rom. Bei der Priesterehe kam der Kardinal zu dem
Schluss, man solle den deutschen Pfarrern erlauben, Frauen zu
haben, wie man es bereits den Griechen zugestanden habe.[12] Cajetan führte damit geschickt einen historischen Präzedenzfall an,

bei dem die Päpste schon einmal grundsätzlich von ihrem Dispensrecht Gebrauch gemacht hatten. Er konnte sich mit dieser entgegenkommenden Position aber bei den Hardlinern in Rom nicht durchsetzen. Andere Kardinäle waren der Ansicht, nur ein allgemeines Konzil könne die Frage verbindlich beantworten. Und weil es ein solches Konzil ihrer Ansicht nach nie geben würde, bedeutete das: Man wollte das Thema aussitzen. Darin hatte man schließlich Erfahrung.

Tatsächlich kam das vom Kaiser und den deutschen Ständen gewünschte Konzil nicht zustande, weil die Päpste immer neue Vorwände fanden, es zu verzögern. Daher erwogen mehrere Landesherren und auch der Kaiser selbst immer wieder, Priesterehe und Laienkelch im Reich oder wenigstens in einzelnen deutschen katholisch gebliebenen Territorien eigenmächtig zu erlauben.

Ein anschauliches Beispiel für diese Bemühungen ist Herzog Wilhelm V. von Jülich-Kleve-Berg, der von einem Reformkatholizismus im Sinne des Erasmus von Rotterdam geprägt war. In einem Gutachten vom 15. Dezember 1540 ließ er seine Berater festhalten, er wünsche zwar, dass «alle Priester ... enthaltsam lebten und frei vom Joch der Ehe wären», bat wegen des grassierenden Priestermangels und des weit verbreiteten Konkubinats jedoch Papst und Kurie um großzügige Dispens vom Zölibatsgesetz für die katholischen Priester in seinem Herzogtum. Schließlich sei «in der Urkirche und noch heute in der Ostkirche gemäß der Lehre des [heiligen] Paulus eine ehrenwerte Ehe» für Pfarrer nicht verboten.[13]

Als Rom seine Bitten wiederholt ablehnte, gewährte Wilhelm V. von sich aus den Laienkelch und gestattete einzelnen katholischen Pfarrern die Eheschließung. An der Hochzeitsfeier seines Hofkaplans Gerhard Vels im Jahr 1558 nahm der Herzog sogar höchstpersönlich teil. «Laienkelch und Priesterehe» sah er «als so urkatholische Angelegenheiten» an, dass er glaubte, sich diesen «nicht länger verschließen» zu können.[14]

Endlich beschäftigte sich auch das Konzil von Trient,[15] das erst nach langer Verzögerung 1545 zustande gekommen war, in seiner dritten und letzten Sitzungsperiode mit dem Thema Zölibat. Ferdinand I., Kaiser des Heiligen Römischen Reichs, eigentlich ein überzeugter Anhänger der Ehelosigkeit der Priester, war aus kirchenpolitischen Gründen in dieser Frage zum Nachgeben bereit. In einem «Reformlibell» vom 6. Juni 1562 plädierte er für Priesterehe und Laienkelch und verlangte auch die Zulassung bereits verheirateter, gelehrter und frommer Männer zur Priesterweihe.[16] Das Konzil war aber schon in der Frage der Kelchkommunion so zerstritten, dass man in der 22. Sitzung vom 17. September 1562 beschloss, die Entscheidung dem Papst zu überlassen.[17] Tatsächlich genehmigte Pius IV. 1564 den Laienkelch für die deutschen Kirchenprovinzen – eine Erlaubnis, die Gregor XIII. zwei Jahrzehnte später wieder zurückziehen sollte.[18]

Die Zölibatsfrage wurde in Trient jedoch trotz mehrfacher Bitten des Kaisers nicht weiter diskutiert, da eine Einigung nicht absehbar war.[19] Und die Päpste waren in diesem Punkt, anders als beim Laienkelch, zu keinem Entgegenkommen bereit. Pius V. behauptete in einem Breve aus dem Jahr 1568 sogar, das «dauernde mit ehelicher Treue und Hingabe durchgeführte Zusammenleben eines Priesters mit einer Frau» sei für den Niedergang des kirchlichen und sittlichen Lebens überhaupt verantwortlich und stelle eine «ungeheure Belastung» für die einfachen Gläubigen in dessen Pfarrei dar.[20]

Die Visitationsprotokolle dieser Zeit belegen das genaue Gegenteil. Die Bischöfe und katholischen Landesherren wollten die Zustände in ihren Diözesen kennenlernen und schickten deshalb Kommissare in jede einzelne Pfarrei, die das Leben vor Ort und das Verhalten der Pfarrer präzise aufzeichnen sollten. Den Visitationen zufolge lebten beispielsweise im Bistum Freising im Jahr 1560 von 418 überprüften Pfarrern 154 offen mit einer Frau zusammen und hatten auch Kinder, 76 hatten eine Konkubine, aber keine Kinder, bei 165 fehlt eine Angabe zu diesem Thema. Das Zusammenleben mit einer Frau wurde von den

Pfarreiangehörigen und den Pfarrern selbst als Selbstverständlichkeit angesehen. Manch ausgezeichnete Seelsorger galten zugleich als ausgesprochen gute Familienväter. So heißt es etwa im Visitationsbericht über den Pfarrer von Emmering bei Fürstenfeldbruck: «Wirt durch die nachbarschafft seer gelobt seines wandels halber. Hat ain Köchin, dabai zwai Kindt.» Und sein Kollege in Jetzendorf erhielt das Zeugnis: «Pfarrer helt sich aines briesterlichen wandels. Hat ain Köchin, siben Kinder.»[21]

Das gläubige Volk nahm – anders als von Rom behauptet – kaum Anstoß an der gelebten Priesterehe, die außerdem durch die Dispenspraxis der Bischöfe weitgehend legitimiert war. Wer als Pfarrer für Frau und Kinder regelmäßig die verlangten Absolutionstaxen zahlte, erhielt ebenso regelmäßig die oberhirtliche Erlaubnis, mit ihnen weiterhin zusammenzuleben. Das Konkubinat wurde dadurch im Grunde genommen kirchlich legalisiert und kommerzialisiert. Wer als Pfarrer diese Gebühren sparen wollte, der trat häufig allein schon aus diesem Grund zum Protestantismus über. Dogmatische Motive für die Konversion lassen sich bei den Landpfarrern am Ende des sechzehnten Jahrhunderts dagegen kaum feststellen.[22]

Das Ideal des «tridentinischen» Pfarrers, der gut ausgebildet war, möglichst studiert hatte, wenigstens jedoch eine Grundausstattung der neuen liturgischen Bücher wie Katechismus, Brevier und Messbuch besaß, sich seiner vom Konzil gesteigerten besonderen sakramentalen Würde bewusst war, die konsekrierte Hostie im Sinne der Transsubstantiationslehre mit der nötigen Ehrfurcht behandelte, moralisch vorbildlich lebte und vor allem das Gebot der Ehelosigkeit ernst nahm, konnte sich in vielen Gebieten des Heiligen Römischen Reichs Deutscher Nation erst mit einer Phasenverschiebung von hundert Jahren durchsetzen. Und erst nach dem Ende des Dreißigjährigen Krieges kam die Klerusreform auch im Sinne einer verstärkten Durchsetzung des Zölibatsgesetzes in Gang.[23]

Nach 1648 wurden Priesterehe und Laienkelch dann jedoch zum eindeutigen konfessionellen Marker.[24] Die Zeiten des kon-

fessionellen Synkretismus und einer entsprechenden Misch-
praxis sollten endgültig vorbei sein. Wo es Frauen und Kinder
im Pfarrhaus gab und wo den Gläubigen beim Abendmahl der
Kelch gereicht wurde, da war man evangelisch, wo dies nicht
der Fall war, hatte man einen katholischen Pfarrer und eine
ebensolche Gemeinde vor sich.

Insbesondere die Jesuiten sorgten für die Durchsetzung eines
veränderten Priesterbildes. Ihre Gymnasien und Universitäten
propagierten das Ideal des keuschen zölibatären Priesters, dessen wichtigste Aufgabe es war, mit seinen reinen Händen das
Heilige Messopfer darzubringen. Dadurch stand der Pfarrer
erstmals «in einer herausgehobenen Sonderstellung gegenüber
der Gemeinde». Er durfte nicht mehr der Bauer unter Bauern
sein, sondern war nun der Hochwürdige Herr, der Christus
repräsentierte und deshalb mit «Gelobt sei Jesus Christus» zu
grüßen war. Jetzt musste sich der zölibatäre Priester schon
durch die klerikale Kleidung, durch Soutane und Birett, von den
gewöhnlichen Laien unterscheiden. «Geistliche Regelverstöße
wie das Konkubinat und der ungeistliche äußere Habitus wurden mehr und mehr zurückgedrängt.»[25]

Als Erkennungszeichen des Katholischen gewann der Zölibat
im Laufe des neunzehnten Jahrhunderts, das nicht umsonst als
Zeitalter der zweiten Konfessionalisierung bezeichnet worden
ist, noch einmal an Gewicht.[26] Heute sieht der entscheidende
konfessionelle Identitätsmarker, pointiert formuliert, vielfach anders aus: Wo ein Pfarrhaus bewohnt ist und wo in einer Kirche
am Sonntag Gottesdienst gefeiert, Abendmahl gehalten und aus
dem Kelch getrunken wird, da sind Protestanten. Wo ein Pfarrhaus verwaist ist, die Kirche zum Kaufhaus oder Kulturtempel
umgewandelt ist und man den Pfarrer nur alle Schaltjahre zur
Feier der Eucharistie sieht, da waren einmal Katholiken.

Als Merkmal für Rechtgläubigkeit taugt der Zölibat heute, in
Zeiten gelebter Ökumene, nicht mehr. Er war es auch in der
Reformationsepoche für lange Zeit nicht, sondern wurde erst in
der antimodernen Aufladung der katholischen Kirche im Ver-

lauf der Neuzeit dazu gemacht. Diese Epoche der Kirchengeschichte ist aber endgültig vorbei. Die katholische Kirche hat
inzwischen den Laienkelch, der lange das zweite konfessionelle
Unterscheidungsmerkmal schlechthin gewesen ist, im Zuge der
Liturgiereform nach dem Zweiten Vatikanischen Konzil ohne
viel Federlesens erlaubt. Jetzt spricht auch nichts Konfessions-
geschichtliches mehr gegen die Zulassung der Priesterehe, in der
schon der entschieden katholische Herzog Wilhelm V. von
Jülich-Kleve-Berg aus guten Gründen ein katholisches Anliegen
gesehen hatte.

8.

AUCH PRIESTER HABEN MENSCHENRECHTE

Die Kritik am Zölibat als Verstoß gegen die Natur radikalisierte
die Zölibatsbefürworter seit der Aufklärung.

«Nachricht von einer höchst merkwürdigen Krankheit, welche
Herr Blanchet, Pfarrherr zu Cours, bey Reolle in Guyenne, sich
durch unverbrüchliche Enthaltsamkeit zugezogen.» So lautet
der Titel einer 1780 erschienenen Schrift, die typisch ist für die
Infragestellung des Zölibats in der damaligen Zeit. Blanchet be-
schreibt in dem autobiographischen Werkchen, wie sein Vater
ihn in Kindheit und Jugend massiv unter Druck setzte, Priester
zu werden. Er fühlte sich aber nie wirklich zum geistlichen Amt
berufen, weil er stets ein «heftiges Verlangen nach dem anderen
Geschlecht» in sich verspürte. Deshalb baute er sich nach der
Priesterweihe – wie Blanchet erst im Rückblick klar wurde –
zwei starke Schutzwälle gegen die sexuelle Versuchung auf: ein
überängstliches Gewissen und einen großen, penibel einzuhal-
tenden Abstand zu Frauen, denen er, um jeder Versuchung von
vornherein zu wehren, niemals auch nur in die Augen schaute.
Diese krampfhafte innere Verschanzung habe er – so musste
sich der Pfarrherr beschämt eingestehen – derartig übertrieben,
«dass sich der Organismus nicht einmal mehr während des
Schlafes Befreiung verschaffen durfte», also auch nächtliche
Pollutionen ausblieben. Dieser «Betrug an der Natur bewirkte
zunächst eine erhöhte sexuelle Reizbarkeit, dann folgten Wahn-
vorstellungen. Diese mündeten schließlich in eine zeitweilige
Verrücktheit, am Ende verbunden mit Halluzinationen.»
Schließlich half sich Blanchet, indem er mehrfach onanierte. Der

Pfarrherr glaubte, dass die Krankheit «von dem Überfluss und dem Aufkochen des Samens» verursacht war, und folgte wie *Émile* – eine Anspielung auf den großen Bildungsroman des pädagogischen Avantgardisten der Aufklärung Jean-Jacques Rousseau – «dem Trieb der Natur und ward gesund».[1]

Ein zentrales Argument aufgeklärter Philosophie gegen den Zölibat springt in Blanchets Text geradezu ins Auge: Der lebenslange Verzicht auf Sexualität ist gegen die Natur des Menschen und macht krank. Nur in der erotischen Begegnung mit der Frau wird der Mann zum Mann. Der Pfarrer von Cours schließt sich eng an die Polemik der Aufklärung gegen den Zölibat an, wie sie sich etwa in dem Artikel «Célibat» von Denis Diderot in der *Encyclopédie* von 1751 findet. Diderot behauptet mit Rückgriff auf die Sintfluterzählung der Bibel, dass Ehelosigkeit eine Sünde gegen die Natur ist, denn hätten die wenigen Menschen aus der Arche Noah das Gebot Gottes «Seid fruchtbar und mehret euch» nicht befolgt, wäre das Menschengeschlecht ausgestorben. Deshalb gab es laut Diderot bei allen Völkern strenge Gesetze gegen die Ehelosigkeit. Zölibat war demnach nur etwas für Sklaven und Eunuchen. Im Grunde gelte das auch für den Pflichtzölibat der katholischen Priester. Der einzige Unterschied zwischen dem vorzeitlichen und dem katholischen Zölibat bestehe, wie Diderot zynisch hinzufügt, darin, dass Letzterer «das Werk der Gnade und des Heiligen Geistes» sei.[2] Doch wie die Aufklärer argumentiert Blanchet nicht nur philosophisch, sondern auch naturwissenschaftlich: Nach der damaligen medizinischen Vorstellung widersprach der Zölibat dem «Körpermechanismus» und dem natürlichen «Säftekreislauf», zu dem als starker Naturtrieb die Sexualität gehört.[3]

Es verwundert nicht, dass die Aufklärung als dominierende geistige Strömung des achtzehnten Jahrhunderts mit der Autorität der katholischen Kirche und des Christentums auch den Zölibat prinzipiell infrage stellte.[4] Wer Argument über Autorität, Vernunft über Glauben, überprüfbares Wissen über bloß behauptete Traditionen stellte, dem musste der Zölibat ein

Dorn im Auge sein. Nicht umsonst hatte Immanuel Kant die Aufklärung als den «Ausgang des Menschen aus seiner selbst verschuldeten Unmündigkeit» vorzüglich in «Religionssachen» bestimmt und dazu aufgerufen, sich ohne Anleitung durch Fremde des eigenen Verstandes zu bedienen.[5] Der Aufklärung ging es darum, die Wirklichkeit vom Menschen und nicht mehr von Gott oder seiner Kirche her zu denken. Diese anthropologische Wende führte schließlich zur Erklärung der Menschenrechte in der amerikanischen Verfassung und der Französischen Revolution. Zu diesen universellen Rechten zählten viele Aufklärer auch das Recht auf Ehe, an der bis dahin nicht nur zölibatär lebende Priester und Mönche gehindert waren, sondern auch die Mehrzahl der Knechte und Mägde auf dem Land und die Gesellen in den Zünften der Stadt, denen ein ausreichendes Vermögen fehlte, um eine Ehe schließen zu können. Die Aufklärung wollte die Erlösung des Menschen nicht irgendeinem christlichen Jenseits überlassen, sondern war von der Machbarkeit des Heils und des Glücks in dieser Welt überzeugt. Deshalb war aufgeklärtes Denken stets mit einem großen Fortschrittsoptimismus verbunden. Alles ist machbar, Mensch und Welt können in einen idealen Zustand versetzt werden, wenn man sich nur genügend anstrengt und die Hemmnisse des Fortschritts beseitigt.

Mit diesem optimistischen Menschenbild war ein neues naturwissenschaftliches Weltbild verbunden, das eine prinzipielle Beherrschbarkeit der Welt postulierte. Es ging darum, den Naturzustand des Menschen wiederzufinden und hinter den verschiedenen Religionen die ursprüngliche natürliche Religion zu entdecken. Damit war das Deutungsmonopol der Kirche für die Begründung von Herrschaft, für gesellschaftliches Zusammenleben und für das persönliche Heil des Einzelnen grundsätzlich infrage gestellt. Sofern man Gott nicht prinzipiell negierte, durfte er allenfalls ein Nischendasein führen als eine Art Uhrmacher, der das Getriebe der Welt schafft und in Gang hält, aber nicht mehr durch Wunder oder Offenbarungen verändernd eingreift. Wenn man überhaupt noch einen Priester brauchte, dann als Bürger im Kollar und Volkserzieher, nicht mehr als Heilsvermittler und Sakramentenspender.

Selbstverständlich war eine radikale Aufklärung, die die Existenz Gottes leugnete und die Notwendigkeit der Kirche prinzipiell ablehnte, mit dem katholischen Glauben nicht vereinbar. Zahlreiche katholische Theologen und Priester waren aber überzeugt, dass die Kirche die Anfragen der Aufklärung ernst nehmen müsse.[6] Die Wahrheit von Glaubenssätzen und Kirchengeboten sollte nicht weiter autoritär behauptet, sondern vernünftig begründet werden. Denn hatte nicht schon Anselm von Canterbury im elften Jahrhundert mit seiner berühmten Formel vom «Glauben, der nach Einsicht sucht» – *Fides quaerens intellectum* – deutlich gemacht, dass der christliche Glaube aus sich heraus nach dem Verstehen fragt?

Jenseits der dogmatischen Wahrheiten, wie sie sich im Glaubensbekenntnis fanden, sollten alle anderen kirchlichen Vorschriften und Gebräuche auf den Prüfstand gestellt werden, um künftig nur noch das beizubehalten, was plausibel zu begründen war. Von entscheidender Bedeutung sollte die Nützlichkeit christlicher Traditionen und kirchlicher Vorschriften sein. War sie nicht gegeben, musste man diese ändern. In diesem Sinne gab es tatsächlich eine katholische Aufklärung, die ihren Höhepunkt allerdings erst in den Jahren zwischen 1780 und 1830 erreichte. Zu ihren zentralen Themen gehörte, was angesichts der angeführten Prämissen nicht zu verwundern braucht, die Forderung nach der Abschaffung des Zwangszölibats.[7]

Bis ins achtzehnte Jahrhundert brachten die Kritiker Argumente aus Schrift und Tradition gegen den Zölibat in Stellung und blieben damit mehr oder weniger innerkirchlichen Argumentationsmustern verhaftet. Das änderte sich mit der Philosophie der Aufklärung grundlegend, denn für diese zählten nur Vernunft und Argument. Interessanterweise wurden die von außen vorgebrachten Gründe gegen die verpflichtende Ehelosigkeit der Priester von den katholischen Aufklärern im Innern der Kirche weitgehend übernommen. Im Grunde stellten die Aufklärer vier prinzipielle Anfragen an den Zölibat.[8]

Erstens zogen sie seine Vernünftigkeit in Zweifel. Sie waren davon überzeugt, dass eheloses Leben die jungen Priester zu einer Hörigkeit gegenüber kirchlichen Autoritäten und Vorgesetzten zwinge, die zu einer «geistigen Unselbständigkeit» führe. Außerdem widerspreche es der Vernunft, begabte junge Männer dem Reproduktionsprozess der Gesellschaft zu entziehen, was zu einer negativen Auslese führen könne. Für die traditionelle Begründung des Zölibats, der Dienst am Altar erfordere eine besondere Reinheit, konnten die Aufklärer keine plausiblen Gründe finden. Zudem werde der geistliche Volkserzieher durch Ehe und Familie, wie das Beispiel evangelischer Pfarrer zeige, nicht an seiner Bildungsarbeit gehindert.

Die zweite Anfrage hängt mit dem egalitären Staatsdenken der Aufklärung zusammen, wie es sich vor allem in der Französischen Revolution zeigt. Ein eigener geistlicher Stand, der von der übrigen Gesellschaft durch das Unterscheidungsmerkmal Zölibat getrennt ist, verhindert eine bürgerliche Gesellschaft, die durch Gleichheit und Brüderlichkeit gekennzeichnet ist. Ähnliche Konsequenzen können aus einem Kirchenbild nach dem Ideal der Jerusalemer Urgemeinde, in der alle Christen eine Gemeinschaft bildeten und alles gemeinsam hatten, gezogen werden. Dieses Kirchenbild schien den katholischen Aufklärern mit einem modernen egalitären Gesellschaftsideal durchaus vereinbar zu sein. Man befürchtete außerdem, dass die durch den Pflichtzölibat ausgegrenzten Kleriker der Reaktion und Konterrevolution zuneigen könnten.

Drittens hieß es, der Zölibat widerspreche schlicht der Natur des Menschen. Dabei ging es nicht nur um die Unterdrückung des individuellen Sexualtriebs wie bei Blanchet, sondern auch um einen grundsätzlichen Verstoß gegen das Naturrecht. Hier konnten sich die katholischen Aufklärer geschickt auf den Schöpfungsauftrag Gottes im Buch Genesis berufen, der dem aufgeklärten Postulat entsprach, und die kirchliche Obrigkeit

mit ihren eigenen Waffen schlagen. Denn auch die katholische
Kirche argumentierte mit der Natur, genauer: mit dem Naturrecht. Sie stellte es als göttliches, unveränderliches Gebot dar,
dass jeder sexuelle Akt offen für die Zeugung von Kindern sein
müsse. Wenn aber Gott von allen Menschen verlangt, fruchtbar zu sein, darf kein kirchliches Gesetz dem unveränderlichen
Naturrecht widersprechen.

Viertens schließlich, und das ist das Hauptargument, widerspreche der Zölibat den Menschenrechten. So verglich Friedrich
Wilhelm Carové den Zölibat mit «körperliche[r] und geistige[r]
Sklaverei».[9] Es sei zutiefst inhuman, einer Gruppe von Indivi-
duen ihr natürliches Recht auf Sexualität und Ehe prinzipiell
vorzuenthalten. Das war die entscheidende moralische Anfrage
an die verordnete Ehelosigkeit der Kleriker. Das Verbot hindere
die Priester daran, zu sittlich gereiften, aufgeklärten Menschen
zu werden. Wer naturwidrig und unmenschlich leben müsse, so
griffen die katholischen Aufklärer dieses Argument auf, könne
auch kein Vorbild im Glauben sein.

Es blieb nicht bei einer theoretischen Bestreitung des Zölibatsgesetzes. Mit der Emser Punktation vom 25. August 1786
verteidigten die deutschen Erzbischöfe die Rechte der Bischöfe
gegen eine Überdehnung des päpstlichen Primats und machten
deutlich, dass auch ihnen die Kompetenz zustehe, vom Zölibatsgesetz zu dispensieren – nicht dem Papst allein.[10] Im Zuge
der Französischen Revolution erklärte die von der Nationalversammlung verabschiedete Zivilkonstitution des Klerus vom
24. August 1790, die in der Kirche als integrativer Bestandteil
des neuen revolutionären Staates angesehen wurde, kein Mensch
dürfe daran gehindert werden, eine Ehe einzugehen. Die Priester wurden sogar ausdrücklich aufgefordert, sich zu verheiraten
und dadurch ihre Loyalität zum Staat zum Ausdruck zu bringen. Wer am Zölibat festhielt, setzte sich dem Verdacht aus,
«dem neuen System feindlich gesinnt zu sein. Tausende von
Priestern schlossen die Ehe und brachen damit das kirchliche
Zölibatsgesetz.»[11]

Wie nicht anders zu erwarten, verwarf Papst Pius VI. die Zivilkonstitution als mit der Lehre der Kirche nicht vereinbar. Es kam zu einer tiefgreifenden Spaltung der französischen Kirche in Anhänger und Gegner der Zivilkonstitution, die Napoleon unbedingt überwinden musste, wollte er seine Herrschaft stabilisieren. Pius VII. war 1801 immerhin bereit, die Ehen von Priestern nachträglich kirchenrechtlich zu legalisieren. Sie mussten allerdings auf die Ausübung ihrer priesterlichen Funktionen verzichten.[12]

Der Konstanzer Generalvikar Ignaz Heinrich von Wessenberg, der als aufgeklärter Kirchenreformer galt, dispensierte 1810 eigenmächtig Priester vom Zölibatsgebot. Fabrizio Sceberas Testaferrata, der Nuntius von Luzern, kritisierte ihn dafür heftig. Wessenberg konterte mit einem Hinweis auf den Apostel Paulus: Es sei besser, eine Ehe zu schließen als vor Begierde zu brennen. Sein Bischof Karl Theodor von Dalberg, der Primas des von Napoleon dominierten Rheinbündnisses, hatte ihn zu diesem Schritt ausdrücklich legitimiert, weil «das Recht in Kirchengesetzen aus hinlänglichen Ursachen zu dispensieren ... in der ursprünglichen Gewalt der Bischöfe» liegt.[13] Dieses Vorgehen dürfte einer der Gründe dafür sein, warum Dalberg und Wessenberg in Rom in tiefen Misskredit gerieten. Der Konstanzer Generalvikar fand seinen Namen sogar auf dem *Index der verbotenen Bücher* wieder, und seine Wahl zum Bischof von Freiburg und Rottenburg wurde verhindert.[14]

Das Thema «Aufhebung des Zölibats» war nach dem Scheitern der Französischen Revolution und dem Ende Napoleons keinesfalls vom Tisch, sondern erlebte gerade in Deutschland sowohl in der wissenschaftlichen Theologie als auch bei den Pfarrern in der Praxis in den Zwanziger- und Dreißigerjahren des neunzehnten Jahrhunderts eine neue Blüte, wie zahlreiche Publikationen und öffentliche Debatten zeigen.[15] Absolut typisch für die wissenschaftliche Position eines katholischen Aufklärers dieser Jahre ist eine Rezension, die 1820 anonym in der *Theologischen Quartalschrift* in Tübingen erschien und eindeutig

Johann Baptist Hirscher zuzuordnen ist.[16] Der junge Pastoral-
und Moraltheologe schrieb: «Sind es nicht Wenige, welche im
eigentlichen Sinne zur Virginität berufen sind; welchen es aus
besonderer Gabe und Führung gelungen, sich den göttlichen
Dingen mit ausschließender Liebe, unmittelbar und frei zuzu-
wenden, und *über* dem Geschlechtsverhältnisse zu stehen? ...
Die ganze große Masse der übrigen Geistlichen ist zur Virginität
nicht berufen; und ohne moralischen Segen schleppt sie am
Joche des Zölibates. Wisst ihr, wie viele von ihnen Ehre und
Gemütsruhe; wisst ihr, wie viele Glauben und Gewissen; wisst
ihr, wie viele das zeitliche und ewige Leben verlieren, indem sie
sich fleischlich vergehen? – Und von den übrigen, die sich enthalten; wisst ihr, wie viele dem frühgewohnten Müßiggange, der
Gemüts- und Sittenrauhigkeit, dem Trunke, der Spielsucht, der
Verbauerung und Filzigkeit und so weiter anheimfallen? ... So
ist denn ein gewaltiger Unterschied zwischen einem Zölibatär
und einem guten Menschen. ... Wenn man also der Virginität
unter gewissen Verhältnissen auch die größte Hochachtung
zollt, so lässt sie sich unter anderen Umständen dagegen nicht
erwarten. Wo man sie erzwingen will, erhält man nur die Gri-
masse derselben oder auch nicht einmal diese. ... Dagegen wird
die Ehe für viele Geistliche allezeit und wenigst in unseren
Tagen bei weitem für die Mehrzahl als sittlich zuträglich erach-
tet werden müssen. Die Ehe hat überhaupt einen so wohltätigen
Einfluss auf die Erziehung der Menschen zur Religiosität und
Moralität, dass keine andere Welteinrichtung in dieser Beziehung neben sie gestellt werden kann.»[17]

Der zuständige Rottenburger Bischof Johann Baptist von
Keller war entsetzt. Der württembergische Staat hatte die Ausbildung seiner Theologen gerade drei Jahre zuvor, 1817, vom
katholischen Ellwangen in das rein protestantische Tübingen ver-
legt. Hier gab es außer den Priesteramtskandidaten überhaupt
keine Katholiken. Dieses Umfeld war ohnehin zölibatsgefähr-
dend. Wenn die jungen Studenten jetzt bei ihrem Professor Hirscher auch noch diese massive Infragestellung des Zölibats hören

mussten, war die Katastrophe aus Kellers Sicht perfekt. Der Bischof malte in einer anonymen Denkschrift in den düstersten Farben aus, was bei einer Begegnung seiner angehenden Priester mit evangelischen Stadtstudenten in einer Kneipe geschehen könnte: Dann würden auch «Gespräche von dem für katholische Geistliche bestehenden Zölibatsgebote entstehen. Mit Spott von jener Seite und mit erwecktem Reize für die Kandidaten des katholischen geistlichen Standes auf der anderen Seite zur Unzufriedenheit. Oh welch nachteilige Einflüsse werden Gespräche, Spöttereien und andere Reizungen auf das ohnehin noch weiche Gemüt dieser Zöglinge haben.»[18]

Tatsächlich hatten Hirschers Gedanken weitreichende Wirkungen. Seine Schüler äußerten sich im nächsten Jahrzehnt immer wieder in Flugschriften gegen den Zölibat. 1830 kam es in Ehingen an der Donau zur Gründung eines Antizölibatsvereins, dem mit über hundert Priestern mehr als fünfzehn Prozent des damaligen Rottenburger Klerus beitraten. Nur mit Hilfe des württembergischen Staates konnte der Bischof die Bewegung schließlich unterdrücken.[19] Auch die Erzdiözese Freiburg erlebte einen «Zölibatssturm».[20] Und in der Frankfurter Paulskirche kam es 1848 zu einem immerhin von einhundertzehn Abgeordneten unterstützten Antrag, die Nationalversammlung solle mit Rom wegen einer «Aufhebung des Zölibatsgesetzes» in Verhandlungen eintreten. Damit sollte «einem tausendjährigen Zwang, wodurch eine ganze Klasse von Staatsbürgern eines natürlichen Rechtes beraubt wird, und den das öffentliche Urteil längst als eine Beleidigung des Natur- und Sittengesetzes gerichtet hat, ein Ende gemacht werden».[21] Der Antrag löste heftige Proteste katholischer Abgeordneter aus, die darin einen unerlaubten Eingriff in die Freiheit und innere Autonomie der Kirche erblickten.

Hirschers Rezension führte mittelfristig auch zu theologischen Gegenreaktionen, die, gespeist aus der idealisierten Mittelalterbegeisterung der Romantik, ein Kirchenbild entwarfen, das bereits wenige Jahrzehnte später in einem neuscholastischgegenaufklärerischen Kirchenkonzept zur vollen Entfaltung kommen sollte. Wesentlich verantwortlich für diese Wende war ausgerechnet ein anderer Tübinger, der junge Kirchenhistoriker Johann Adam Möhler, seit 1822 als Kollege Hirschers tätig, der im Zölibat und vor allem in seiner Verwirklichung im Mönchtum das Ideal der Kirche schlechthin sah. Die Positionen seiner «aufgeklärten» Lehrer und Kollegen rückten für ihn in die Nähe der Häresie. Seiner Ansicht nach hatten diese die Argumente gegen den Zölibat aus nichtchristlichen Quellen übernommen. Nur das «Prinzip der Einsamkeit» und das der «Ehelosigkeit» ermöglichten die «ungeteilte Zuwendung zu Gott».[22] Der Zölibat war für Möhler nichts, was sekundär zum Priestertum hinzugetreten wäre, Virginität stellte für ihn vielmehr «etwas Ursprüngliches mit innerer Würde» dar.[23] Der junge Kirchenhistoriker brachte außerdem die Hochschätzung der priesterlichen Ehelosigkeit und des Papsttums in eine enge Verbindung: «Verteidiger des Zölibats» müssten «zu Apologeten des Primates» werden und die «Freunde des Primates zu Sachwaltern des Zölibates».[24] Dieses Junktim sollte für die weitere Geschichte von zentraler Bedeutung werden. Denn wer künftig, aus welchen Gründen auch immer, den Zölibat zur Diskussion stellte, dem wurde umgehend auch die Kirchlichkeit abgesprochen.

Umgekehrt wurde die Verteidigung der priesterlichen Ehelosigkeit zum Symbol der Papsttreue und Rechtgläubigkeit, wie Äußerungen der Päpste des neunzehnten und zwanzigsten Jahrhunderts zeigen.[25] So geißelte Gregor XVI. 1832 die «überaus schändliche[n] Verschwörung gegen die priesterliche Ehelosigkeit» und appellierte an das Kirchenvolk: «Ihr wisst, dass sie immer gehässiger wird. Nicht wenige selbst aus dem geistlichen Stande machten darin gemeinsame Sache mit den verderblichsten Philosophen unserer Zeit. Würdelos und pflichtvergessen, hingerissen von den Lockungen der Weltlüste» gingen sie sogar so weit, die Abschaffung dieses Gesetzes zu fordern.[26] Pius IX. verdammte 1846 in seiner Antrittsenzyklika mit fast identischen Worten die «überaus schändliche Verschwörung gegen den heiligen Zölibat der Kleriker», die von Gegnern der Kirche und von Priestern im Innern der Kirche in einer unheiligen Allianz ins Werk gesetzt worden sei. Die Geistlichen sah der Papst den «Verlockungen der bösen Lust erlegen», weil sie ihre «eigentliche Würde schändlich vergessen».[27] Und Pius X. nannte 1908 in einer Ermahnung an den Klerus die heilige Keuschheit eine «auserlesene Zierde unseres Standes», die alle Priester zeit ihres Lebens unversehrt bewahren sollten. «Ihr Glanz macht den Priester den Engeln ähnlich, sichert ihm die Hochachtung der Gläubigen und verleiht seinem Wirken übernatürliche Segenskraft.»[28]

Was die Päpste im Inneren zum unüberbietbaren positiven Identitätsmarker hochstilisierten, verdammten die «modernen» Gegner der katholischen Kirche von außen als absolut negatives Unterscheidungsmerkmal.[29] «Das Zölibat wurde als Vergewaltigung der menschlichen Natur dargestellt, das den Geistlichen körperliche und seelische Qualen bereitete, sie in den Wahnsinn trieb oder zu ‹perversen› Sexualpraktiken wie Onanie und Homosexualität, Pädophilie und Sodomie verleitete.»[30] Zölibatäre galten in antiklerikalen Kreisen als keine wirklichen Männer, als verweichlichte und feminisierte Typen, was sich auch in ihrer Anhänglichkeit an Rom und im fehlenden «männlichen» Widerstand gegen das Unfehlbarkeitsdogma zeige.[31]

Mit den innerkirchlichen Umbrüchen durch das Zweite Vatikanische Konzil und mit den Protestbewegungen der Sechziger- und Siebzigerjahre erhielt die Kritik am Zölibatsgesetz noch einmal neuen Aufschwung. Sie wurde seit den 1990er-Jahren zu einem bestimmenden Thema der Initiativen «Kirche von unten», «Wir sind Kirche» und des «Kirchenvolks-Begehrens».[32] Doch diese innerkirchliche Kritik am Zölibat konnte die seit dem neunzehnten Jahrhundert fest zementierte Identifikation von zölibatär und katholisch bisher kaum erschüttern, so wenig plausibel diese auch sein mag.

9.

SPRUNG IN ANDERE SPHÄREN

Weil andere Begründungen nicht mehr zogen,
überhöhte Paul VI. den Zölibat spirituell.

«Oh, wie groß ist der Priester! … Wenn er sich selbst verstünde, würde er sterben. Gott gehorcht ihm: Er spricht zwei Sätze aus, und auf sein Wort hin steigt der Herr vom Himmel herab und schließt sich in eine kleine Hostie ein … Ohne das Sakrament der Weihe hätten wir den Herrn nicht. Wer hat ihn da in den Tabernakel gesetzt? Der Priester. Wer hat Eure Seele beim ersten Eintritt in das Leben aufgenommen? Der Priester. Wer nährt sie, um ihr die Kraft zu geben, ihre Pilgerschaft zu vollenden? Der Priester. Wer wird sie darauf vorbereiten, vor Gott zu erscheinen, indem er sie zum letzten Mal im Blut Jesu Christi wäscht? Der Priester, immer der Priester. Und wenn diese Seele stirbt, wer wird sie auferwecken, wer wird ihr die Ruhe und den Frieden geben? Wieder der Priester … Nach Gott ist der Priester alles! … Erst im Himmel wird er sich selbst recht verstehen.»[1]

Diese Formulierungen stammen von Jean-Baptiste-Marie Vianney, geboren 1786 in der Nähe von Lyon, im Südosten Frankreichs. Eigentlich hätte er gar nicht Priester werden können. Denn wegen «mangelhafter Vorbildung und schwachen Talents» schaffte der Bauernknecht die notwendigen theologischen Examina nur mit allergrößter Mühe.[2] Deshalb wurde er von seinem Bischof nach der Priesterweihe auch «nur» in eine Zweihundertseelengemeinde geschickt, nach Ars bei Lyon, wo er nicht viel falsch machen konnte. Dort sollte er wider alle Erwartung als «heiliger Pfarrer von Ars» zum Ziel einer neuen Wallfahrtsbewegung werden. Tatsächlich erhob Papst Pius XI. Vianney 1925 zur Ehre der Altäre.

Eine solche pathetische Selbststilisierung ist selbst für das Priesterbild des neunzehnten Jahrhunderts, das sich in Auseinandersetzung mit den Angriffen der Aufklärung, der Moderne und des Kulturkampfes behaupten musste, ungewöhnlich. Aber es dürfte für sich sprechen, dass Benedikt XVI. ausgerechnet dieses Zitat den rund 415 000 Priestern der katholischen Weltkirche in Erinnerung rief, als er aus Anlass des hundertfünfzigsten Todesjahres des Pfarrers von Ars 2009 ein «Jahr des Priesters» ausrief. Der Papst fügte immerhin hinzu: «Diese Aussagen, die aus dem priesterlichen Herzen eines heiligen Priesters hervorgegangen sind, mögen übertrieben erscheinen. Doch in ihnen offenbart sich die außerordentliche Achtung, die er dem Sakrament des Priestertums entgegenbrachte.»[3]

Diese extreme spirituelle Überhöhung und Quasi-Vergottung des Priesters ist typisch für die Verteidiger des Zölibatsgesetzes in der katholischen Kirche seit der zweiten Hälfte des neunzehnten Jahrhunderts und erreichte ausgerechnet nach dem Zweiten Vatikanischen Konzil noch einmal einen neuen Höhepunkt. Weil es für den Pflichtzölibat weder eine eindeutige biblische Anordnung noch einen klaren Befund in der Tradition der Kirche gibt, war man gezwungen, immer neue Begründungen zu finden. Aber auch all diese brachen seit dem Ende der Pianischen Epoche – damit ist das Jahrhundert vom Amtsantritt Pius' IX. 1846 bis zum Tod Pius' XII. im Jahr 1958 gemeint – endgültig in sich zusammen und sind auch heute nicht mehr plausibel. Sie erweisen sich als zeitbedingte Argumente, die heute keine Durchschlagskraft mehr haben.

Diesen Plausibilitätsverlust hat schon die Schriftstellerin und engagierte Katholikin Ida Friederike Görres in ihren vielgelesenen *Laiengedanken zum Zölibat* aus dem Jahr 1962 beschrieben. Vor dem Gesamtbild, das sich aus einer historischen Analyse ergebe, müsse «die Forderung des Zölibats an Sinn und Gewicht verlieren». Als einzigen Ausweg, um den Zölibat zu retten, bleibt laut Görres nur der Abschied von den bisherigen Begründungen übrig. Im Klappentext des Bändchens wird sogar noch zugespitzter gefragt: «Muss der Zölibat darum mit der Überwindung jener historischen Voraussetzungen selber vergehen?» Ida Friederike Görres ist nicht dieser Meinung. Statt der üblichen historisch gewachsenen Motive fordert sie eine anthropologisch-theologische Begründung: Es sei «das *Menschenbild*, das durch den Zölibat bedingt ist und ihn bedingt, ein Bild eigener und nicht vergleichbarer Art: des jungfräulichen Priesters Jesus Christus». Diese Konzentration auf den Herrn mache die Priester zu einer «*eschatologischen Vorhut*» der Kirche.[4]

Ganz ähnlich argumentiert Paul VI. in seiner Enzyklika «Sacerdotalis caelibatus» mit dem Untertitel «Über den priesterlichen Zölibat», die am 24. Juni 1967 verkündet wurde, bezeichnenderweise am Festtag Johannes' des Täufers und somit am Namenstag des heiligen Pfarrers von Ars. Bis heute gilt diese Enzyklika als die entscheidende Äußerung des ordentlichen päpstlichen Lehramts zum Thema aus jüngerer Zeit.

Zunächst nennt der Papst offen die wichtigsten Einwände gegen die Zölibatsverpflichtung der Priester: Es gebe keinen Beleg in der Heiligen Schrift, keinen christlichen Ursprung der kultischen Reinheit und kein Junktim der Charismen von Keuschheit und Priestertum; ferner herrsche in vielen Teilen der Kirche ein großer Priestermangel, und der Zölibat widerspreche der Natur des Menschen.[5] Paul VI. lässt sich aber nicht auf eine kritische Auseinandersetzung oder gar eine Widerlegung dieser Argumente ein, die wissenschaftlich auch nicht hätte gelingen können. Stattdessen wechselt der Papst einfach die Ebenen, und das gleich in doppelter Weise: Einerseits geht er vom Sprachstil der Argumentation in den der Verkündigung über, andererseits räumt er bezüglich der Inhalte die bisherigen historisch gewachsenen klassischen Begründungen für das Zölibatsgesetz stillschweigend ab und begibt sich ganz auf die spirituelle Ebene. Paul VI. erklärt, er ergreife «gerne die von der Vorsehung Gottes gebotene Gelegenheit», noch einmal die Gründe für den

Zölibat in einer Weise zu erläutern, die «der Geisteshaltung der Menschen unserer Zeit entspricht».[6] Dazu führt er drei spirituelle Begründungen für den Zölibat ein: eine christologische, eine ekklesiologische und eine eschatologische.

Für Paul VI. kann der Zölibat nur von Jesus Christus her – eben christologisch – verstanden werden, von «dem Ewigen Hohenpriester, der das Priesteramt eingesetzt hat, damit seine Diener wahrhaft an seinem, dem einzigen Priestertum teilhaben. Der Diener Christi und Verwalter der Mysterien Gottes hat daher in ihm auch das unmittelbare Urbild und höchste Ideal seines Lebens.»[7] Wen Christus in seine Nachfolge um des Himmelreiches willen beruft, «den drängt zur Erwählung der Jungfräulichkeit als einer erstrebenswerten Lebensform das Mysterium des neuen Lebens in Christus».[8] Der Zölibat ermögliche eine immer größere Angleichung an die Form der Liebe und das Opfer Christi. «Diese Sicht scheint uns so tief und fruchtbar an theoretischen und praktischen Wahrheiten zu sein.»[9]

Aus der theologischen Vorstellung, dass die Kirche der mystische Leib Christi ist, entwickelt Paul VI. dann eine ekklesiologische Begründung für den Zölibat. So wie Christus, der «ewige Priester seinen Leib, die Kirche, geliebt und sich ganz für sie hingegeben hat»,[10] so müsse sich auch der Priester «in voller, durch die Ganzhingabe leichter erlangter Freiheit dem Dienste Christi und seines Mystischen Leibes» weihen.[11] Ihren Höhepunkt erreicht dieses Opfer in der Feier der Eucharistie. «Der Priester, der ja in der Person Christi handelt, wird inniger mit der dargebrachten Opfergabe verbunden, indem er sein ganzes Leben, das die Zeichen des Versöhnungsopfers an sich trägt, auf dem Altar darbringt.»[12]

Schließlich ist der Zölibat – wie bei Görres – für den Papst vor allem ein eschatologisches Zeichen, in dem die künftige Herrlichkeit des Himmels schon in dieser Welt erfahrbar wird. Der sexuell absolut enthaltsam lebende Priester wird sogar mit den Engeln im Himmel verglichen. Paul VI. zitiert hier das

Matthäusevangelium: «Bei der Auferstehung heiraten sie nicht, noch werden sie verheiratet, sie werden vielmehr sein wie die Engel im Himmel.»[13] Die menschliche Gesellschaft, die ganz auf das Diesseits konzentriert sei, und «allzu oft durch fleischliche Begierden verwirrt» werde, brauche dieses endzeitliche Zeichen, in dem die «Gegenwart der letzten Heilszeit auf Erden mit der Entstehung einer neuen Welt» vorweggenommen und so für die Menschen erfahrbar werde. So sei der Zölibat ein «besonderes Zeichen der himmlischen Güter».[14]

Eine kritische Haltung zu den spirituellen Begründungen des Zölibatsgesetzes durch Paul VI. nahmen vierundachtzig Theologieprofessoren aus Deutschland, Österreich und der Schweiz in einem *Memorandum* vom 6. Februar 1970 ein. Unter ihnen waren die bedeutendsten Vertreter der damaligen Theologengeneration, Richard Egenter, Walter Kasper, Karl Rahner und Joseph Ratzinger. Die Professoren warfen dem Papst vor, seine Zölibatsenzyklika gehe in vielem hinter die Theologie des Zweiten Vatikanischen Konzils zurück und spreche entscheidende Themen gar nicht an. Vor allem zeigten sie sich verwundert darüber, dass Papst und Bischöfe den Zölibat immer wieder einschärfen zu müssen glaubten, obwohl dieser doch, wie sie nicht müde werden zu betonen, eine derartig großartige Gnadengabe Gottes, geradezu ein Zeichen des Himmels sei. Wer das wie Paul VI. tue, scheine «wenig Glauben an die Kraft dieser Empfehlung des Evangeliums und die Gnade Gottes zu haben, von der er dann an anderer Stelle wieder behauptet, *sie* – also nicht das bloße ‹Gesetz› – wirke diese Gnadengabe Christi». Die deutschen Bischöfe, die einer wirklich offenen Diskussion des Themas bis dahin ausgewichen waren, wurden aufgefordert, «für eine ernsthafte Überprüfung der Zölibatsgesetzgebung» einzutreten. Denn zumindest der deutsche Episkopat würde sonst den Eindruck erwecken, «er glaube gar nicht wirklich an die innere Kraft der evangelischen Empfehlung des ehelosen Lebens, um des Himmelreiches willen, sondern nur an die Macht einer formalen Autorität».[15]

Dennoch gingen die Nachfolger Pauls VI. und auch die Mehrheit der katholischen Bischöfe den Weg der spirituellen Überhöhung der Ehelosigkeit der Priester konsequent weiter. Insbesondere Johannes Paul II. sah im Priester aufgrund seines zölibatären Lebens ein «lebendiges und transparentes Abbild des Priesters Christus» und kam zu dem Schluss: «Jeder Priester vertritt ... Christus.»[16] Bei Karol Wojtyła kam zusätzlich eine besondere mariologische Dimension hinzu; in Maria und ihrer Verbindung von biologischer Mutterschaft und Jungfräulichkeit sah er ein ideales Vorbild für die Priester des ausgehenden zwanzigsten Jahrhunderts. In seinem ersten Gründonnerstagsschreiben an die Priester der Welt vom 8. April 1979 formulierte er einen hohen Anspruch: «Jene, die eine ‹Laisierung› des priesterlichen Lebens fordern und deren verschiedene Ausdrucksformen begrüßen, werden uns ganz gewiss im Stich lassen, wenn wir der Versuchung erliegen. Wir würden dann aufhören, gefragt und populär zu sein. ... Gefragt ist letztlich von den Menschen immer nur jener Priester, der sich seines Priestertums im vollen Sinn bewusst ist: der tief gläubige Priester, der mutig seinen Glauben bekennt, der eifrig betet, ... der dient und in seinem Leben das Programm der Seligpreisungen verwirklicht ...»[17]

Die Theologin Uta Ranke-Heinemann hat dies als eine der «dürftigsten Begründungen» für den Zölibat überhaupt bezeichnet: «Wenn das der Sinn der zölibatären Lebensweise ist, ‹gefragt und populär zu sein›, mit anderen Worten: sich interessant zu machen, dann ist es an der Zeit, den Bankrott dieses Systems zu erklären.» Damit sei der Zölibat «zu einer Fiktion geworden, auch die päpstliche künstliche Beatmung wird den Patienten nicht retten».[18]

Und so darf bezweifelt werden, ob diese Begründungen für den Zölibat «der Geisteshaltung der Menschen» von 1967 wirklich entsprochen haben, wie Paul VI. behauptete, und ob sie ihnen heute entsprechen.[19] Jedenfalls haben sie nicht dazu geführt, dass es zu einem neuen Boom der Priesterberufungen kam, ganz im Gegenteil: Die Priesterseminare wurden immer leerer. Die spirituellen Höhenflüge konnten auch nicht verhindern, dass Tausende Priester ihr Amt aufgaben. Sie vermochten die bereits nach dem Zweiten Weltkrieg einsetzende Erosion des katholischen Milieus nicht aufzuhalten – oder, um es diskursanalytisch zu formulieren: Es gab für die Äußerungen Pauls VI. schlicht keinen katholischen Verstehensraum mehr.[20] Und die Gläubigen, die nach der Lehre des Zweiten Vatikanums durch die Sakramente der Taufe und Firmung Anteil am priesterlichen, prophetischen und königlichen Amt Christi haben, fallen ohnehin unter den Tisch.[21]

10.

ES GEHT AUCH OHNE ZÖLIBAT

In den katholischen Ostkirchen gibt es selbstverständlich
verheiratete katholische Priester.

«Katholischer Kaplan mit Kind.» So titelten die *Westfälischen
Nachrichten* am 17. September 2009 über einen neuen Priester in
der Seelsorgeeinheit Sankt Johannes in Altenberge im Münsterland. «Stephan Sharkos Tochter ist zehn Monate alt. Sie hat den
Umzug des neuen Kaplans der katholischen Seelsorgeeinheit
Sankt Johannes in Altenberge gelassen hingenommen. Für ihre
Eltern ist das anders. ‹Wir haben noch nicht alle Kisten ausge-
packt›, sagt der 31-Jährige, der ab sofort zum Team der beiden
Kirchengemeinden gehört. Aber so langsam kommt man an in
der Bauerschaft Hansell. Direkt neben der Pfarrkirche hat er
mit seiner Frau Maria eine Wohnung bezogen. Seit zwei Jahren
ist der Kaplan verheiratet, im vergangenen Mai wurde er zum
Priester geweiht. ‹Dass Priester heiraten, ist ganz normal bei
uns›, erklärt er. Er kommt aus der Ukraine, gehört zur ukrainischen griechisch-katholischen Kirche und will nun in Münster
promovieren. In seiner Heimat, so berichtet er, seien über
90 Prozent der Priester verheiratet. Nur wer Bischof werden
will, der muss auf Familie verzichten.»

Dass ein katholischer Priester Frau und Kind hat, ist im
katholischen Münsterland tatsächlich ungewöhnlich. Entsprechend groß waren die Unsicherheiten in der Bistumsleitung,
wie die Gläubigen darauf reagieren würden. Dabei hat Kaplan
Sharko völlig Recht, dass verheiratete Pfarrer in der katholischen Kirche ganz normal sind – jedenfalls in der ukrainischen

griechisch-katholischen Kirche, der er angehört. Und die Altenberger scheinen das ähnlich zu sehen. «Negative Erfahrungen habe ich noch keine gemacht, viele freuen sich», sagte Sharko den *Westfälischen Nachrichten*.[1]

Wenn die Priesterehe in der ukrainischen griechisch-katholischen Kirche die Regel ist, stellt sich sofort die Frage, warum sie dann nicht auch im Bistum Münster in der römisch-katholischen Kirche ganz selbstverständlich möglich ist. Die Antwort lässt sich nur über die genaue Bezeichnung der Kirche Kaplan Sharkos finden: Die ukrainische griechisch-katholische Kirche gehört zu den sogenannten mit Rom unierten orthodoxen Kirchen, die sich selber als katholische Ostkirchen bezeichnen und den Papst in Rom auch als ihr Oberhaupt anerkennen.

Ihren Ritus und einen großen Teil ihrer Geschichte teilt die ukrainische griechisch-katholische Kirche mit den orthodoxen Kirchen. Gemeinhin gilt das Jahr 1054 als Geburtsstunde der Orthodoxie, als es zur großen Kirchenspaltung zwischen der lateinischen Kirche des Westens mit ihrem Oberhaupt, dem römischen Papst, und der orthodoxen Kirche des Ostens, mit dem Patriarchen von Konstantinopel an der Spitze, kam. Dies wird aber der historischen Entwicklung mit ihrer Vielfalt von orthodoxen Kirchen nicht gerecht.[2] Es lassen sich vielmehr drei östliche Kirchenfamilien unterscheiden: die assyrischen Kirchen, die sich bereits vor dem Konzil von Ephesos 431 abgespalten hatten, die altorientalischen Kirchen, die das Konzil von Chalcedon 451 ablehnten und sich wiederum in eine koptische, westsyrische und armenische Orthodoxie differenzierten, und schließlich die byzantinische Orthodoxie mit einer Vielzahl selbständiger Kirchen, wie etwa der russischen oder serbischen Orthodoxie, die sich eben im Jahr 1054 von Rom trennten. Die Gründe für die Spaltungen waren sowohl politischer als auch theologischer Natur. So standen bei der Entstehung der ersten beiden orthodoxen Kirchenfamilien vor allem Fragen der Christologie im Vordergrund. Man stritt sich um das Verhältnis der menschlichen und der göttlichen Natur in der Person des einen Christus.

Es ist schon schwierig genug, halbwegs den Überblick über die vielfältigen orthodoxen beziehungsweise östlichen christlichen Kirchen, ihre Lehre und liturgische Praxis zu behalten. Immerhin verbindet sie eines: Sie stehen nicht in Kirchengemeinschaft mit der römisch-katholischen Kirche. Noch komplizierter wird die ganze Sache dadurch, dass es in fast jeder dieser rund zwei Dutzend orthodoxen Kirchen im Verlauf der Kirchengeschichte wiederholt Versuche gab, die Einheit mit der römischen Kirche wiederherzustellen. Allerdings hat keine einzige dieser orthodoxen Kirchen eine vollständige «Union» mit Rom vollzogen, so dass es jeweils zu neuen Spaltungen gekommen ist. Ein zumeist kleinerer Teil wurde zum Beispiel koptisch-katholisch und verband sich mit Rom, der größere Teil blieb koptisch-orthodox und damit von Rom getrennt. So war es auch im Fall der 1596 entstandenen griechisch-katholischen Kirche der Ukraine, der Kaplan Sharko angehört. Auch hier blieb die überwiegende Mehrzahl der Gemeinden ukrainisch-orthodox. Diese unterstanden bis 2018 dem Patriarchat in Moskau, erst 2019 wurde eine eigenständige ukrainische Kirche errichtet.

Die einzige Bedingung, die Rom für die Herstellung der vollen Kirchengemeinschaft an die unierten Ostkirchen stellte, war die Akzeptanz des Primats des Papstes und der Richtigkeit der römischen Lehre. Im Gegenzug durften die unierten Kirchen «ihre Gebräuche und Gewohnheiten behalten».[3] Dazu gehörten nicht nur die Form ihrer Liturgie und die Organisationsstruktur der Kirche, sondern eben auch die Existenz verheirateter Priester. Das Zweite Vatikanische Konzil hat dies in seinem Dekret «Orientalium ecclesiarum» über die katholischen Ostkirchen vom 21. November 1964 noch einmal feierlich bestätigt, wenn es schreibt, dass diese «ihre rechtmäßigen liturgischen Bräuche und die ihnen eigene Ordnung bewahren dürfen und müssen».[4] Und im Dekret über den Dienst und das Leben der Priester ist ausdrücklich von «hochverdienten Priestern im Ehestand» in den katholischen Ostkirchen die Rede. Das Konzil bekräftigte ausdrücklich, nicht die Absicht zu haben, diese rechtmäßige Ordnung zu ändern und auch von den Priestern der katholischen Ostkirchen den Zölibat zu verlangen.[5]

Die für alle orthodoxen Kirchen – gleichgültig, ob sie mit Rom uniert sind oder nicht – bis heute verbindliche Ordnung der Priesterehe geht auf das Konzil von Konstantinopel von 691 zurück, das unter dem Namen Trullanum II. in die Geschichte eingegangen ist. Es gilt in den orthodoxen Kirchen, anders als in der römischen Westkirche, als allgemein verbindliches Ökumenisches Konzil. Der oströmische Kaiser Justinian II. berief die Synode in den Trullos ein, den mit einer gewölbten Kuppel versehenen Sitzungssaal seines Kaiserpalastes in Byzanz, um die Bedeutung «Neuroms» gegenüber dem Papst in «Altrom» stärker zur Geltung zu bringen. Schon durch diese Ortswahl sollte die große Bedeutung des Kaisers für die Kirche inszeniert werden. Im Vordergrund des Konzils standen Fragen der Liturgie und der Kirchendisziplin. Dabei ging es vor allem um Traditionen, die sich in der westlichen Kirche anders entwickelt hatten als in den östlichen Kirchen. Der amtierende Papst Sergius I. lehnte daher die Unterzeichnung und Bestätigung der Kanones ab, erst Johannes VIII. war 878 schließlich bereit, sie zu akzeptieren.[6] Einige der wichtigsten Beschlüsse des Konzils bezogen sich auf die Vereinbarkeit von Ehe und Priestertum.

Kanon 12 verlangt von jedem verheirateten Priester, der sich um ein Bischofsamt bewarb, die Trennung von seiner Ehefrau, die in der Regel in ein Kloster eintreten musste.[7] In dieser Bestimmung wurde eine Vorschrift des *Codex Justinianus* von 535 wieder aufgenommen, in der es heißt: «Es ist angemessen, für das Bischofsamt Männer auszuwählen und zu weihen, die weder Kinder noch Enkel haben. Es ist nämlich unmöglich, dass jemand sich den Aufgaben des täglichen Lebens widmet, insbesondere den Kindern die Zuwendung zukommen lässt, die sie von ihren Eltern erwarten dürfen, und zugleich seinen ganzen Eifer und seine ganze Geisteskraft der göttlichen Liturgie und den Dingen der Kirche zuwendet. Außerdem: Während einige

Leute in ihrer Hoffnung auf Gott und um ihrer Rettung willen zu den hochheiligen Kirchen laufen und ihre Habe für die Benachteiligten, Armen und für andere frommen Zwecke hingeben, ist es gänzlich unangebracht, dass die Bischöfe sich dieser Dinge zu eigenen Gunsten oder zugunsten ihrer Familie und Kinder bedienen. Da nun der Bischof nicht durch seine natürliche Zuneigung zu eigenen Kindern innerlich gebunden, sondern geistlicher Vater aller Gläubigen sein soll, verbieten wir, dass jemand zum Bischof geweiht wird, der Kinder oder Kindeskinder hat.»[8]

In Kanon 13 geht das Trullanum ausführlich auf den Zölibat der Priester ein und bestimmt: «Obwohl wir wissen, dass in der römischen Kirche der Kanon gilt, dass die angehenden Diakone und Presbyter, um der Kirche würdig zu sein, das Versprechen ablegen, sich ihrer Frauen zu enthalten, so wollen wir doch, dem alten Kanon, der apostolischen Ordnung und Vollkommenheit folgend, die Ehe der Geistlichen als fortbestehend anerkennen, indem wir weder die Verbindung mit ihren Frauen auflösen noch ihnen in den entsprechenden Zeiten den ehelichen Verkehr untersagen.» Deshalb dürfe niemand von ihnen das Versprechen verlangen, dass sie sich ihrer «rechtmäßigen Frau entziehen» sollten, «damit wir nicht in die Lage kommen, die von Gott eingesetzte und durch seine Gegenwart geheiligte Ehe herabzumindern». Wer einen in gültiger Ehe lebenden Kleriker zur Trennung von seiner Ehefrau zwingen will, soll abgesetzt werden. Aber auch der Priester, der seine Frau «unter dem Vorwand der Frömmigkeit» verstoßen will, soll sein Amt verlieren.[9]

Über die Beurteilung des Trullanums ist in der Forschung ein heftiger Streit entbrannt. Die Verteidiger einer apostolischen Einsetzung des Zölibats bezeichnen die Beschlüsse des Konzils als «folgenschwere Neuerung» und sehen darin einen Kontinuitätsbruch.[10] Wie die lateinische Kirche habe auch der Osten bis ins siebte Jahrhundert an der Enthaltsamkeitsdisziplin des Klerus festgehalten. Allerdings fehlt für diese behauptete Kontinuität ein historischer Nachweis. Auch die Gründe, warum es im

Osten auf dem Trullanum zu einem «Abdriften von der Tradition im Westen» gekommen sein soll, die die Zölibatsverteidiger anführen, vermögen nicht zu überzeugen. Der Vorwurf, im Osten habe es «an Wachsamkeit und pastoraler Sorge um Geist und Leben des Klerus» gemangelt, weil er «weniger gut organisiert war als die lateinische Kirche», erscheint doch sehr pauschal.[11] Ihm ist die Tatsache entgegenzuhalten, dass die kaiserliche Gesetzgebung im Osten die kirchliche Disziplin bis ins Detail regelte und notfalls auch mit drastischen Strafen durchsetzte. Auch dass die arabischen, bulgarischen und slawischen Angriffe auf das Oströmische Reich in der Ostkirche «eine bedenkliche geistige und moralische Abwärtsentwicklung» zur Folge gehabt hätten,[12] wie die Zölibatsverteidiger behaupten, entbehrt nicht einer gewissen westlichen Überheblichkeit. Besonders bedauern sie, dass die Bestimmungen des Trullanums zu einer «Quasi-Pflichtheirat von Priestern und Diakonen» in den orthodoxen Kirchen und damit auch in den mit Rom unierten katholischen Ostkirchen geführt haben.[13]

Andere sehen die Beschlüsse des Zweiten Trullanum von 691 dagegen in einer Linie mit der Praxis der Kirche in den Pastoralbriefen und den vorangegangenen Jahrhunderten, die ganz selbstverständlich von verheirateten Priestern ausgehen. Lediglich die Dauer der sexuellen Enthaltsamkeit in der Ehe im Kontext liturgischer Handlungen, von der auch das Trullanum spricht, sei immer wieder ein Streitpunkt gewesen.[14] Georg Denzler unterstreicht ausdrücklich die Übereinstimmung der Beschlüsse von Konstantinopel 691 mit dem ersten Ökumenischen Konzil überhaupt, dem von Nicäa im Jahr 325, demzufolge «der bereits vor der Weihe verheiratete Presbyter eine normale Ehe führen dürfe und nur der Bischof zölibatär leben müsse». Weil das Trullanum im Westen nicht akzeptiert wurde, habe es in rechtlicher Hinsicht in der lateinischen Kirche und nicht im Osten einen Kontinuitätsbruch gegeben. Trotz der unterschiedlichen Zölibatsgesetzgebung in West und Ost «glichen sich doch die tatsächlichen Verhältnisse im Klerus weithin», die meisten Priester blieben verheiratet und hatten auch Kinder mit ihren Ehefrauen.[15]

Die orthodoxen Kirchen und die katholischen Ostkirchen sind bis heute bei den Bestimmungen von 691 geblieben. Die meisten Diözesanpriester sind verheiratet. Nach der Diakonenweihe ist allerdings keine Heirat mehr möglich. Auch eine zweite Ehe nach dem Tod der Ehefrau ist einem Priester oder Diakon nicht erlaubt. Die Bischöfe stammen dagegen meistens aus Klöstern, deren Mitglieder ohnehin das Gelübde der Keuschheit abgelegt haben. Verheiratete Weltpriester werden dagegen nicht mehr zu Bischöfen geweiht.

Rom hat vor allem während des Pontifikats Johannes Pauls II. immer wieder propagiert, die zölibatäre Lebensform der Priester sei heiliger und Christus angemessener als die verheiratete Lebensform, um so für mehr ehelose Priester auch in den katholischen Ostkirchen zu werben. In dem zentralen, von Johannes Paul II. herausgegebenen *Gesetzbuch der katholischen Ostkirchen* aus dem Jahr 1990 heißt es beispielsweise: «Der Zölibat der Kleriker, um des Himmelsreiches willen gewählt und dem Priestertum sehr angemessen, ist überall sehr hoch zu schätzen, wie es in der Tradition der Kirche ist; ebenso ist der Stand der verheirateten Kleriker, der in der Praxis der jungen Kirche und der orientalischen Kirchen durch die Jahrhunderte bestätigt ist, in Ehren zu halten.»[16]

Zwar hat die Forschung von einem «Parallelismus» der beiden Formen des Priestertums gesprochen, der in diesem Gesetzestext zum Ausdruck komme, und hervorgehoben, es sei gelungen, beide Traditionen in Kanon 373 zu integrieren.[17] Wenn dem so wäre, hätten die Formulierungen aber tatsächlich paralleler ausfallen und nicht nur für den Zölibat das Himmelreich beschworen werden müssen. Zudem hätte man in einem Codex für die Ostkirchen die Formulierungen genau umdrehen und zuerst von der Ehre der verheirateten Kleriker handeln müssen, die dort die Tradition auf ihrer Seite haben und mit über neunzig Prozent die klare Mehrheit darstellen. Immerhin wird

konzediert, dass die verheirateten Kleriker bei «der Führung
des Familienlebens und bei der Erziehung der Kinder» den
«übrigen Christgläubigen ein vortreffliches Beispiel geben»
könnten.[18] Auch soll darauf geachtet werden, dass die Besoldung verheirateter Pfarrer «für den Unterhalt ihrer Familie
ausreichen muss».[19] Und wenn ein verheirateter Kandidat um
die Diakonen- beziehungsweise Priesterweihe bittet, darf er
nur zugelassen werden, wenn auch eine «schriftlich gegebene
Zustimmung der Ehefrau» vorliegt.[20]

Die katholischen Ostkirchen sind gleichberechtigte Teil-
kirchen der katholischen Kirche. Ihre verheirateten Priester
verfügen über genau dieselben Kompetenzen und sakramentalen Vollmachten wie ihre zölibatär lebenden Kollegen des lateinischen Ritus. Wenn ein mit Rom unierter Pfarrer die Eucharistie feiert, wird Christus genauso real gegenwärtig wie bei
einem römisch-katholischen Priester. Der sexuelle Umgang
mit seiner Ehefrau macht ihn für die Feier der Sakramente keineswegs unrein und schränkt deren Wirkung in keiner Weise
ein.

Trotzdem haben die Päpste lange Zeit zu verhindern versucht, dass Priester der katholischen Ostkirchen im Bereich der
katholischen Westkirche liturgische Funktionen wahrnahmen.
Denn dadurch hätten die einfachen Gläubigen erfahren, dass es
ganz selbstverständlich gültig verheiratete katholische Priester
gibt, was der römischen Zölibatspropaganda im Weg gestanden
hätte. Das wurde zum ersten Mal Ende des neunzehnten Jahrhunderts in den USA zu einem Problem, als eine Reihe ruthe-
nisch-katholischer Priester aus dem Gebiet der heutigen Ukraine nach Amerika auswanderte, wo es kein eigenes ruthenisches
Bistum gab. Aus römischer Sicht entstand daher der «Skandal»
eines Nebeneinanders verheirateter und zölibatär lebender
katholischer Priester. Deshalb verbot der Papst generell die
Niederlassung ruthenischer Geistlicher in den USA, und die
Kongregation für die Orientalischen Kirchen untersagte in den
Jahren 1929 und 1930 den verheirateten Priestern aller katho-

lischen Ostkirchen in den Vereinigten Staaten ausdrücklich jedwede priesterliche Funktion.[21]

Durch die Vertreibungen und Migrationsbewegungen infolge des Zweiten Weltkrieges wurde das Problem noch einmal
verschärft und tauchte nun auch in Europa auf. Immer mehr
katholisch-unierte Geistliche aus dem Osten kamen in westliche
Gebiete, vor allem nach Polen und Deutschland. Hier gab es
weder eigene unierte Kirchengemeinden noch solche Bischöfe.
Da aber jeder Priester der Pflicht zur regelmäßigen Zelebration
der Heiligen Messe unterliegt, gelang es nur noch bedingt, ihren
liturgischen Dienst in katholischen Pfarreien zu verhindern.
Man versuchte allerdings, den Priesternachwuchs der katholischen Ostkirchen in diesen Gebieten zum Zölibat zu zwingen.
Weil es keine eigenen unierten Kirchenstrukturen und Bischöfe
im Westen gab, mussten die Priesteramtskandidaten dort einen
römisch-katholischen Bischof um die Weihe bitten, der dann auf
dem Zölibatsversprechen als Bedingung für die Spendung des
Weihesakraments beharrte. Diese Praxis ist endgültig erst durch
ein Dekret der Kongregation für die Orientalischen Kirchen
vom 14. Juni 2014 aufgegeben worden.[22]

Heute sind Priester verschiedener östlicher Riten, häufig
Ukrainer und Rumänen, ganz selbstverständlich in deutschen
Bistümern tätig, teils als Seelsorger in ihren eigenen Gemeinden, teils in römisch-katholischen Pfarreien, in denen sie dann
auch nach den Vorgaben des deutschen Messbuchs zelebrieren.
Von Problemen mit diesen verheirateten Pfarrern, ihren Frauen
und Kindern ist nichts bekannt geworden. Verheiratete Pfarrer
werden wie in Altenberge im katholischen Münsterland offenbar ganz selbstverständlich nicht nur akzeptiert, sondern sogar
geschätzt.[23]

Und so ist dem Patriarchen der melkitischen griechisch-
katholischen Kirche, Maximos IV. Saigh, nichts hinzuzufügen,
der auf dem Zweiten Vatikanischen Konzil, als eine Reihe west-
licher Konzilsväter die Erhabenheit des Zölibats hervorhob,
feststellte: «Wenn man jedoch die Schönheit des zölibatären

Priestertums hervorhebt, soll man nicht die parallele und gleichfalls apostolische Tradition eines Priestertums zerstören oder missachten, das die Bande der heiligen Ehe auf sich genommen hat.» Und im Hinblick auf die heftigen Auseinandersetzungen um die Aufhebung des Zölibatsgesetzes in der lateinischen Kirche bemerkte er lapidar: «Das Priestertum ist eher eine Funktion als ein Lebensstand. Es ist nicht an die persönliche Vervollkommnung gebunden, wie der Zölibat für Gott, sondern an den Nutzen der Kirche. Der Zölibat kann daher verschwinden, wenn es der Nutzen des kirchlichen Amtes erfordert. … Im Bedarfsfall muss nicht das Priestertum dem Zölibat, sondern der Zölibat dem Priestertum geopfert werden.»[24]

11.

IMMER MEHR AUSNAHMEN

Zum Katholizismus konvertierte verheiratete evangelische und anglikanische Pfarrer empfangen mit päpstlicher Dispens die Priesterweihe.

Was am 22. Dezember 1951 in der Mainzer Augustinerkirche geschah, galt weltweit als Sensation und brachte den internationalen Blätterwald gewaltig zum Rauschen. Sogar die Nachrichtensendungen im Radio berichteten darüber: Der Mainzer Bischof Albert Stohr spendete dem verheirateten, ehemals evangelischen und nun zum Katholizismus konvertierten Pfarrer Rudolf Goethe das Sakrament der Priesterweihe. Damit wurde zum ersten Mal seit der Kirchenspaltung infolge der Reformation aus einem protestantischen Seelsorger unter Beibehaltung seiner Ehe ein katholischer Priester.

Zahlreiche Katholiken waren entsetzt. Bischof Stohr erhielt eine ganze Reihe von Drohbriefen. So schrieb etwa eine Studienrätin aus Düsseldorf: «Wenn Sie den frechen Eindringling ins Heiligtum des Zölibats – wie er genannt wird – weihen, wird Gottes Fluch Sie treffen.» Und ein Amtmann aus Mainz wetterte: «Es ist ein Dolchstoß für alle Katholiken, die ihre Priester gerade wegen ihrer Ausnahmestellung (Zölibat) verehren und lieben, wenn ein im Ehestand lebender Pastor in den Priesterstand erhoben wird. ... Mit diesem Präzedenzfall, der geschaffen worden ist, soll der Beseitigung des Zölibats der Weg bereitet werden.» Der Wormser Probst am Dom, Martin Gremm, berichtete seinem Bischof von einer «Art Palastrevolution», die wegen der Weihe Goethes im Bistum drohe, manche Gläubige hätten sogar die Absetzung des Bischofs verlangt.[1]

Bischof Stohr und seine Mitarbeiter waren sich der Brisanz dieser Priesterweihe bewusst. Sie mussten sich einerseits gegen Vorwürfe katholischer Eiferer zur Wehr setzen und durften andererseits die protestantischen Kirchen nicht noch weiter gegen sich aufbringen, die befürchteten, die von Rom erteilte Erlaubnis zur Weihe eines ursprünglich evangelischen verheirateten Pfarrers sei Teil einer großangelegten Strategie, um Protestanten abzuwerben. Stohr musste Stellung beziehen und tat dies mit einer Presseerklärung: «Am 22. Dezember wird in der Seminarkirche zu Mainz Herr Rudolf Goethe … zum katholischen Priester geweiht. Herr Goethe war früher Pfarrer in der evangelischen Kirche und ist mit seiner Frau vor einigen Jahren zur katholischen Kirche übergetreten. Mit der Weiheerlaubnis ist auch die Weiterführung seiner Ehe gestattet. Papst Pius XII. hat sich auf Anregung deutscher Bischöfe zu dieser Regelung solcher Fälle entschlossen, sich aber die Entscheidung jedes einzelnen Falles persönlich vorbehalten. Voraussetzung bleibt dabei, dass es sich um die Weiterführung einer bereits vor dem Übertritt bestehenden Ehe handelt. Es liegt ein genauer Parallelfall vor zu der Behandlung der unierten Priester des Ostens. Auf diese Weise wird der persönlichen Sehnsucht dieser Männer zum Heiligtum Rechnung getragen, werden ihre besonderen Fähigkeiten und Erfahrungen für den Dienst der Wiedervereinigung im Glauben fruchtbar gemacht und zugleich die Gefahr lauter, lockender Propaganda vermieden, worauf der Papst bei der Zartheit der ganzen Angelegenheit größtes Gewicht legt.»[2]

Als der Augsburger Bischof Konrad Zdarsa Ende Oktober 2018 zwei verheiratete konvertierte evangelische Pfarrer, beide Familienväter, zu Priestern weihte, regte diese Nachricht niemand mehr groß auf – außer einige wenige Fundamentalisten, die im gleichen Atemzug auch die Autorität des Papstes bestritten.[3] Die Mitteilung schaffte es gerade noch in die Lokalpresse, Bistumszeitungen und auf das Internetportal *katholisch.de*.

Bischof Zdarsa versuchte in seiner Predigt, mögliche Auswirkungen dieser Weihe auf die derzeit laufende Diskussion über die prinzipielle Zulassung von Viri probati – von in Ehe, Familie und Beruf bewährten Männern – zur Priesterweihe herunterzuspielen, was aber nicht wirklich gelang. Er unterstrich dabei die Rechtmäßigkeit der Ordination: «Die Dispens von der priesterlichen Verpflichtung zur Ehelosigkeit wurde vom Heiligen Vater nach eingehender Prüfung und im Einklang mit dem Wesen des kirchlichen Gesetzes gemäß seiner schon in viel früherer Zeit geübten Anwendung gewährt.»[4]

In der Tat haben die Päpste seit 1951 weltweit bereits über dreihundert Mal vom Weihehindernis der Ehe dispensiert.[5] Und Paul VI. hob in seiner Enzyklika «Sacerdotalis caelibatus» vom 24. Juni 1967, in der er das Zölibatsgesetz einschärfte, ausdrücklich hervor, dass es erlaubt sei, «die besondere Situation der verheirateten Diener des Heiligtums zu beachten, die Kirchen oder christlichen Gemeinschaften angehören, welche noch von der katholischen Einheit getrennt sind, wenn diese nach der vollen Teilhabe an dieser Einheit und nach dem priesterlichen Dienst streben und nun zur Ausübung des Priesteramtes bestellt werden sollen».[6] So wurden etwa in den USA von 1982 bis 1989 siebenunddreißig verheiratete Priester der Episcopal Church[7] und 1987 ein methodistischer Pastor sowie zwei lutherische Pfarrer geweiht.[8] In Deutschland brachten vor allem die Pontifikate von Johannes Paul II. und Benedikt XVI. eine ganze Reihe von Zölibatsdispensen, etwa 1995 für Peter Gerloff, der im Dom zu Hildesheim die Priesterweihe empfing, 2003 für Robert Ploß, geweiht durch Bischof Gerhard Ludwig Müller von Regensburg, 2004 für Peter Moskopf, geweiht in Hamburg, und 2006 für Stefan Thiel, geweiht für das Bistum Dresden-Meißen. Weitere Fälle wären anzuführen.[9] Franziskus dispensierte 2018 neben den genannten Augsburger Pastoren auch den vormals evangelischen Pfarrer Hartmut Constien vom Zölibat.[10]

Einen Sonderfall bilden die wenigen altkatholischen Priester, die zur katholischen Kirche konvertiert sind. Deren Priesterweihe ist auch nach römisch-katholischem Verständnis gültig, weil die altkatholische Kirche durch ihren Anschluss an die im siebzehnten Jahrhundert aus dem Jansenismus hervorgegangene Utrechter katholische Kirche in gültiger apostolischer Sukzession steht und sich somit ihre Bischöfe in ununterbrochener Reihenfolge auf die Apostel zurückführen. Das ist für die katholische Ämterlehre ein entscheidendes Kriterium, das sich im Falle der altkatholischen Kirche, die aus dem Protest gegen die Verabschiedung des Unfehlbarkeitsdogmas auf dem Ersten Vatikanischen Konzil im Jahr 1870 hervorging, gegen die römisch-katholische Kirche selbst wendet. Man musste die altkatholischen Weihen zähneknirschend anerkennen, wollte man nicht die eigene Amtslegitimation grundsätzlich infrage stellen. Da bei den Altkatholiken die Zölibatsverpflichtung für Priester jedoch seit 1878 in Deutschland und seit 1923 in den Niederlanden aufgehoben ist, sind dort seither verheiratete, katholisch gültig geweihte Priester die Regel.[11]

Am bekanntesten dürfte der Fall von Otto Franzmann geworden sein, der 1964 in Bonn zum altkatholischen Priester geweiht worden war. Nach seiner Konversion zur römisch-katholischen Kirche 1971 erteilte Paul VI. dem Vater von zwei Söhnen 1973 die Dispens vom Zölibat. Anders als Konvertiten aus protestantischen Kirchen musste Franzmann nicht erneut geweiht werden. Der Limburger Bischof Wilhelm Kempf ernannte ihn zum Pfarrverwalter der Frankfurter Pfarrei Maria Hilf. Der Päpstliche Nuntius in Bonn, Corrado Bafile, kritisierte heftig, dass Franzmann auf diese Weise in der Gemeindeseelsorge eingesetzt wurde. Sogar Rücktrittsforderungen gegen Kempf wurden laut. Der Nuntius setzte sich jedoch nicht durch, Franzmann wurde später Pfarrer in Oestrich und sogar Dekan im Rheingau.[12]

Noch einmal anders stellt sich der Fall der Zölibatsdispens dar, die Benedikt XVI. 2008 dem Priester der tschechischen Untergrundkirche Jan Kofroň gewährte. Dieser hatte 1988 als verheirateter Mann im Geheimen die Priesterweihe empfangen, da die katholische Kirche in der Tschechoslowakei heftigen Ver-

folgungen ausgesetzt war. Als sich die katholische Untergrundkirche nach der Wende auflöste, wurden viele ihrer Priester
griechisch-katholisch, um ihren priesterlichen Dienst als Verheiratete fortführen zu können. Jan Kofroň war der Einzige, der
nicht konvertieren wollte. Schließlich war der Papst bereit, ihn
vom Zölibat zu dispensieren, aber nur unter der Bedingung,
dass er erneut zum Priester geweiht würde, weil Benedikt XVI.
Zweifel an der Gültigkeit der im Untergrund erfolgten Weihe
hatte. Obwohl es Kofroň schwerfiel, diese Bedingung zu akzeptieren, war er schließlich dazu bereit.[13]

Besondere Bedeutung kommt konvertierten anglikanischen
Pfarrern zu. Hier gab es zwei große Übertrittswellen zum Katholizismus, eine im Zuge des sogenannten Oxford Movement im
neunzehnten Jahrhundert und eine Ende des zwanzigsten und
Anfang des einundzwanzigsten Jahrhunderts im Zusammenhang
mit der Zulassung von Frauen zur Weihe in der anglikanischen
Kirche. Die römisch-katholische Bischofskonferenz von England
und Wales entwarf deshalb eigene Statuten zum Umgang mit
konvertierten anglikanischen Geistlichen, die um die Priesterweihe baten. Diese wurden am 2. Juni 1995 von der Römischen
Kongregation für die Glaubenslehre approbiert. Demnach hat
der zuständige Diözesanbischof ein Dossier über jeden Weihe-
kandidaten zusammenzustellen. Darin muss dessen Eignung zum
Priestertum festgestellt werden. Kriterien sind insbesondere die
Stabilität und Bewährtheit seiner Ehe, die Unterstützung des
Weihewunsches durch die Ehefrau, die möglichst ebenfalls konvertiert sein sollte, die volle Bejahung des katholischen Glaubens,
die allgemeine öffentliche Reputation und die moralische Inte-
grität. Dann ist zu klären, ob für die volle Kirchengemeinschaft
gegebenenfalls ergänzende theologische Studien in Dogmatik,
Moraltheologie, Sakramententheologie und Kirchenrecht notwendig sind. Ein weiterer Punkt ist die «Opportunität» der ge-
planten Weihe. Hier geht es unter anderem darum, die pastoralen
Bedürfnisse und einen eventuell vorhandenen Priestermangel in
der jeweiligen Diözese offenzulegen. Der Bischof soll dem Papst

in diesem Dossier außerdem mitteilen, wo und wie er den Kandidaten in der Seelsorge einzusetzen gedenkt; prinzipiell ist auch eine Investitur, also eine Einsetzung als Pfarrer möglich.[14]

Benedikt XVI. hat in der Apostolischen Konstitution «Anglicanorum coetibus» vom 9. November 2009 sogenannte Personalordinariate für die zur katholischen Kirche übertretenden Anglikaner errichtet, weil er eine größere Anzahl von Konversionen erwartete. Damit sollten möglichst alle Konvertiten in einer eigenen kirchlichen Einheit zusammengefasst werden, so wie beispielsweise alle Soldaten eines Landes unabhängig von ihrem Einsatzort einem Militärbischof unterstehen. In seiner Konstitution wiederholt der Papst zwar, dass in der Regel auch in dieser Personalprälatur nur zölibatäre Priester eingesetzt werden sollen, weist aber auf die grundsätzliche Möglichkeit der päpstlichen Dispens vom Zölibat für konvertierte Pfarrer hin.[15] Die Behauptung von Arturo Cattaneo, der Papst habe dadurch nur eine vorübergehende Lösung von begrenzter Dauer geschaffen, ist falsch, weil in dem Dokument von einer zeitlichen Befristung nicht die Rede ist.[16]

Ursprünglich sollten die konvertierten Priester nur in der außerordentlichen Seelsorge, also etwa im Krankenhaus, in Behinderteneinrichtungen oder für bestimmte soziale Gruppen eingesetzt werden. Diese Einschränkung ist inzwischen jedoch weitgehend entfallen. Sie können derweil auch in der ordentlichen Seelsorge tätig und als Pfarrer von Gemeinden investiert werden. Wie für die verheirateten Ständigen Diakone, die es seit dem Zweiten Vatikanischen Konzil in der katholischen Kirche wieder gibt, gilt jedoch auch für die verheirateten Priester, dass sie nicht wieder heiraten dürfen, nachdem ihre Frau gestorben ist. Die in den Fünfzigerjahren noch wiederholt geäußerte Ansicht, die Ehe verheirateter Priester dürfe aus Gründen der kultischen Reinheit nach der Weihe nicht mehr vollzogen werden, das heißt, es dürfe kein Geschlechtsverkehr mehr stattfinden, ist seit dem Zweiten Vatikanum grundsätzlich aufgegeben worden.[17]

Das Verfahren für eine Dispens vom Zölibat bei konvertierten Pastoren aus den evangelischen Kirchen und der anglikanischen Kirche erfolgt in der Regel in fünf Stufen. Nach dem Übertritt zur katholischen Kirche (1) bittet der zuständige Ortsbischof den Papst um die Dispens (2). Nach Prüfung dispensiert der Papst von der Zölibatsverpflichtung vor der Weihe (3), und die Kongregation für die Glaubenslehre erlässt ein entsprechendes Reskript zur Bewilligung der Ordination, also der Weihe (4). Schließlich weiht der Ortsbischof den ehemaligen Pastor zunächst zum Diakon und später zum Priester (5).

Aber was verbirgt sich eigentlich hinter dem Begriff Dispens? Eine Dispens ist «die Aufhebung der Verpflichtungskraft eines rein kirchlichen Gesetzes im Einzelfall durch Verwaltungsakt». Dadurch wird auf dem Wege des Gnadenakts eine «Ausnahme vom geltenden Recht» gewährt, auf die kein Rechtsanspruch besteht.[18] Ein solches Vorgehen ist im modernen Gesetzesrecht, dem das Kirchenrecht seit Verabschiedung des *Codex Iuris Canonici* von 1917 weitgehend folgt, nicht vorgesehen. Ein Gesetz gilt grundsätzlich, ein Rechtssatz besitzt allgemeine «Verpflichtungskraft».[19] Es zeigt sich, dass die Praxis der Dispens letztlich das legalistische System sprengt, man könnte auch sagen, dass sie ein letztes Überbleibsel aus dem vorkodifikarischen Kirchenrecht mit seinem dynamischen Fallrecht darstellt. Sie ist vielleicht am ehesten mit dem Recht des amerikanischen Präsidenten zu vergleichen, einen nach Recht und Gesetz zum Tod verurteilten Schwerverbrecher zu begnadigen.

Bis 1917 ging es im Kirchenrecht im Interesse des Seelenheils des einzelnen Gläubigen in erster Linie darum, jeder noch so komplexen Einzelsituation gerecht zu werden. Rechtsprechung und Kirchenrechtswissenschaft verfügten daher über viel Interpretationsspielraum, ihre Aufgabe wurde vor allem pastoral definiert. Da ein starres, ein für alle Mal gültiges Gesetzbuch mit generellen Regelungen nicht existierte, waren die Richter auf Einzelfallentscheidungen, die sehr divergent ausfallen konnten, und deren Sammlungen angewiesen. Die wichtigste dieser Sammlungen war das *Corpus Iuris Canonici*. Wer ein Lehrbuch des älteren Kirchenrechts vor 1917 aufschlägt, dem springt sofort die ungeheure Vielfalt der Lösungsmöglichkeiten ins Auge.[20]

Im Zuge der Kodifizierungswelle im staatlichen Recht im neunzehnten und beginnenden zwanzigsten Jahrhundert – vom Code Napoléon bis zum Bürgerlichen Gesetzbuch – legte auch die katholische Kirche 1917 erstmals ein einheitliches, weltweit geltendes, offizielles Gesetzbuch vor. Es dürfte unmittelbar einleuchten, dass das Kirchenrecht vorher wesentlich mehr Entscheidungsmöglichkeiten bot. Reste dieser Einzelfallgerechtigkeit sind im Dispenswesen der katholischen Kirche erhalten geblieben. Eine wirklich umfassende Geschichte der Dispense ist jedoch noch nicht geschrieben.

So kann beispielsweise seit 1975 jeder Pfarrer vom Ehehindernis der Konfessionsverschiedenheit dispensieren, wohingegen sich die Brautleute beim Ehehindernis der Religionsverschiedenheit an den Bischof zu wenden haben. Freilich ist klar, dass eine Dispens nur «bei rein kirchlichen Gesetzen» möglich ist, nicht aber bei Vorschriften des göttlichen Rechts.[21]

Der Tübinger Kirchenrechtler Richard Puza hat nachgewiesen, dass es bis zum *Codex Iuris Canonici* von 1917 das «Weihehindernis des *vir uxoratus*», des verheirateten Mannes, nicht gegeben hat. Vielmehr ging das *Corpus Iuris Canonici* davon aus, dass nur «Bigamisten, die die Ehe mit zwei oder mehr Frauen vollzogen haben», weiheunfähig sind. Diese Formulierung stand auch noch im ersten Entwurf für den *Codex*. Es wurde aber «das geltende Recht ändernd» beschlossen, künftig all diejenigen von der Weihe auszuschließen, die «eine gültige Ehe abgeschlossen haben». Der Sekretär der Reformkommission für den *Codex*, Kardinal Pietro Gasparri, wies in diesem Zusammenhang darauf hin, dass «die geltende Gesetzgebung zur Weihe verheirateter Männer sehr kompliziert» sei. In diesen Fällen müsse «man sich immer an den Heiligen Stuhl wenden», womit Gasparri auf die Möglichkeit der päpstlichen Dispens hinweist.[22]

Festzuhalten ist: Der Zölibat ist ein rein kirchliches Gesetz. Davon lässt sich dispensieren. Die Päpste haben von diesem Recht seit bald siebzig Jahren regelmäßig Gebrauch gemacht. Seither gibt es verheiratete konvertierte Priester in der römisch-katholischen Kirche. Gut: Auf Gnade allgemein und einen speziellen Gnadenakt im Besonderen gibt es keinen Rechtsanspruch, auch nicht in der katholischen Kirche. Doch warum gewähren Päpste die Gnade der Zölibatsdispens ausschließlich konvertierten «Häretikern» – um einmal die klassische römische Bezeichnung für Protestanten und Mitglieder anderer «kirchenähnlicher Gemeinschaften» zu verwenden – und nicht auch katholisch getauften verheirateten Männern? Ist die «persönliche Sehnsucht dieser Männer zum Heiligtum» etwa weniger wert, eine Angelegenheit von weniger «Zartheit»?

12.

NEUES ZUR SEXUALITÄT

Seit dem Zweiten Vatikanischen Konzil gilt die Ehe
als Abbild des Bundes zwischen Christus und seiner Kirche und
kann kein Hindernisgrund für den priesterlichen Dienst sein.

Nach dem Zeugnis der Evangelien kennt Jesus keine negative
Einstellung zur Ehe. Im Gegenteil: Beim Thema Ehescheidung
beruft er sich ausdrücklich auf Gottes Schöpfungsordnung. «Am
Anfang der Schöpfung hat Gott sie als Mann und Frau geschaffen. Darum wird der Mann Vater und Mutter verlassen (und sich
an seine Frau binden) und die zwei werden ein Fleisch sein. Sie
sind also nicht mehr zwei, sondern eins. Was aber Gott verbunden hat, das darf der Mensch nicht trennen.»[1] Ausgerechnet in
der sexuellen Komponente der Ehe spiegelt sich die Gottesebenbildlichkeit des Menschen wieder: Nur Mann *und* Frau sind
Abbild Gottes, nicht einer von beiden allein, weshalb auch Gott
nicht nur männlich oder nur weiblich ist. Daraus resultiert aber
auch die Unauflöslichkeit der Ehe. Die fleischliche Vereinigung
als Teil von Gottes Schöpfung kann nichts Unreines an sich
haben, denn sonst hätte sie kaum zum Ausgangspunkt einer
Aussage über die Gottesebenbildlichkeit werden können. Diese
Hochschätzung der Ehe wird auch im Gleichnis vom königi-
lichen Hochzeitsmahl deutlich, in dem Jesus das Reich Gottes im
Bild einer Eheschließung darstellt.[2] Und im Johannesevangelium
vergleicht Johannes der Täufer Jesus mit dem Bräutigam, während er sich selbst als Freund des Bräutigams bezeichnet.[3]
    Die positive Einstellung zu Sexualität und Ehe trat in der
katholischen Kirche seit dem dritten und vierten Jahrhundert

mehr und mehr in den Hintergrund, weil es zu einer verstärkten Begegnung mit der griechischen Philosophie kam, die sich anfanghaft schon in den Briefen des Apostels Paulus zeigt. Denn der Völkerapostel verkündete das Evangelium überwiegend in den griechischsprachigen Gemeinden des Mittelmeerraumes.

Diese Hellenisierung des Christentums war jedoch – auch wenn manche Dogmatiker anderes insinuieren – nur einer der zahlreichen notwendigen Inkulturationsprozesse in der Geschichte des Christentums. Im Zuge dieses Prozesses kam es zu zeitbedingten Veränderungen in der Lehre und Verfassung des Christentums, die aber nicht zu seinem überzeitlichen Wesen gehören.[4] Neue Zeiten und Umstände verlangten und verlangen immer neue Transformationen der christlichen Botschaft.

Vor allem die neuplatonische Philosophie mit ihrem Dualismus von Materie und Geist stand im Gegensatz zur ursprünglich positiven Einstellung des Christentums zur Leiblichkeit des Menschen, die in der Botschaft von der Auferstehung des Fleisches gipfelt. Jetzt war plötzlich nur noch der Geist gut, der Leib prinzipiell schlecht, nur Gedanken waren in der Lage, rein zu sein, während der Körper der Sünde verfangen war und sich als Gefängnis der Seele darstellte, dem man nach christlicher Deutung nur durch Abtötung des sündigen Fleisches entkommen konnte.

Vor allem unter dem Einfluss des im Jahr 430 gestorbenen Kirchenvaters Augustinus kam es zu einer grundsätzlichen Abwertung der Leiblichkeit des Menschen. Der heilige Augustinus sah jeden ehelichen Verkehr, selbst wenn er der Zeugung von Kindern diente, als Sünde an und erklärte ihn deshalb mit dem priesterlichen Dienst am Altar für unvereinbar.[5] In diesem Zusammenhang gehört auch Augustinus' Erbsündenlehre, nach der die Sünde Adams und Evas durch die Zeugung von Generation zu Generation weitervererbt wird. Schuld daran ist angeblich die «concupiscentia carnalis», die heftige fleischliche Begierde.[6]

Auch wenn man diesen manichäischen und deshalb im Grunde paganen Ursprung immer wieder zu kaschieren suchte, lief die kirchliche Lehre seither auf einen strikten Dualismus hinaus: Jungfräulichkeit und Keuschheit wurden als christliche Ideale hochgehalten, während Sexualität und sogar ehelicher Geschlechtsverkehr grundsätzlich als sündig verteufelt, aber um den Fortbestand der Menschheit zu sichern, notgedrungen akzeptiert wurden. Noch 1933 hieß es im katholischen *Lexikon für Theologie und Kirche:* «Jungfräulichkeit (virginitas) als *Tugend* besagt bei beiden Geschlechtern lebenslänglichen Verzicht aus sittlichen Beweggründen auf jegliche geschlechtliche Befriedigung. Die materielle, akzidentelle Seite der Jungfräulichkeit liegt in der leiblichen Unberührtheit, die durch jede frei gewollte volle Befriedigung des Geschlechtstriebes, auch den erlaubten Geschlechtsverkehr in der Ehe, unwiederbringlich verloren geht.» In der katholischen Kirche – so der Verfasser des Lexikonartikels Joseph Dillersberger – «wurde und wird der *Stand* der freiwilligen, gottgeweihten Jungfräulichkeit höher gewertet als der eheliche, obschon dieser durch ein Sakrament geweiht ist».[7]

Ganz ähnlich argumentierte der Freiburger Erzbischof Conrad Gröber in seinem für breitere katholische Kreise gedachten *Handbuch der religiösen Gegenwartsfragen,* in dem er im Jahr 1940 die Keuschheit als «edle Beherrschung des Geschlechtstriebes» bezeichnete und feststellte: «In dieser Tugend offenbaren der Geist und der sittliche Wille ihren Vorrang gegenüber dem Triebleben, das gerade auf diesem Gebiete sehr stark sein kann. Durch die Bemeisterung dieser mächtigen Naturkraft in der Tugend der Keuschheit beweist der Mensch, dass er über die bloße Tierheit emporragt, dass er zur Welt des Geistes und ins Gottesreich hinaufgehört.»[8]

Bereits das Konzil von Trient hatte in diesem Sinne die Position Martin Luthers, der die Ehe zwischen Mann und Frau eindeutig über Jungfräulichkeit und Zölibat gestellt hatte, mit allem Nachdruck verworfen. In Kanon 10 über das Sakrament der Ehe heißt es, ohne den Namen des Reformators ausdrücklich zu nennen: «Wenn jemand sagt, der Ehestand sei dem Stand

der Jungfräulichkeit oder dem des Zölibats vorzuziehen und es
sei nicht besser und seliger, in Jungfräulichkeit oder Zölibat zu
verharren als durch die Ehe gebunden zu sein, gelte das Anathem.»[9]

Aus diesen theologischen und lehramtlichen Vorgaben hat
das katholische Eherecht eine pessimistische Ehedoktrin entwickelt, die ihren Höhepunkt im *Codex Iuris Canonici* von
1917 fand und besonders in der Lehre von den Ehezwecken
deutlich wird. Demnach besteht der Hauptzweck der Ehe in der
Zeugung und Erziehung von Nachkommen. Jeder eheliche Akt
musste diesem Zweck untergeordnet werden. Als Nebenzwecke
nannte der *Codex* die geordnete Befriedigung des Geschlechtstriebes und die gegenseitige Unterstützung der Ehegatten.[10]
Neuere Kanonisten haben zu Recht darauf hingewiesen, dass
hinter dieser Ehezwecklehre «die von Augustinus unter mani-
chäischem Einfluss vertretene Auffassung» stehe, Sexualität in
der Ehe könne nur «durch besondere Ziele gerechtfertigt werden», unter denen das «der Zeugung und Erziehung von Nach-
kommenschaft als auschlaggebendes zu betrachten sei».[11] Aller
verharmlosenden Rhetorik zum Trotz bleibt doch der fade
Beigeschmack, dass «die Ehe etwas an sich Sündhaftes, Verwerf-
liches sei und nur als Konzession an die verderbte Menschen-
natur betrachtet werden könne und müsse».[12]

Diese negative Sicht der Ehe und die damit verbundene
Diffamierung der Sexualität als sündhaft hat das Zweite Vatikanische Konzil in seiner Ehelehre grundsätzlich überwunden.
Dabei hat es das katholische Eheverständnis von augustinisch-
neuplatonischen Elementen befreit und sich einem zeitgemäßen
und wieder mehr an der Bibel orientierten Menschenbild geöffnet. In seiner Pastoralkonstitution über die Kirche in der
Welt von heute «Gaudium et spes» vom 7. Dezember 1965 wird
die Ehe nicht mehr als Vertrag, sondern als Bund definiert, der
durch einen «personal freien Akt, in dem sich die Eheleute
gegenseitig schenken und annehmen», zustande kommt. Dabei
wird «Gott selbst» als «Urheber der Ehe» bezeichnet. Nach der

Lehre des Konzils bildet der Bund der Eheleute den Bund Gottes mit seinem Volk ab: So wird «echte eheliche Liebe in die göttliche Liebe aufgenommen». In einer ganz neuen Sprache werden Zärtlichkeit und eheliche Sexualität als wesentliche Elemente einer Ehe erstmals positiv gewürdigt. «Eine solche Liebe, die Menschliches und Göttliches in sich eint, führt die Gatten zur freien gegenseitigen Übereignung ihrer selbst, die sich in zarter Zuneigung und in der Tat bewährt, und durchdringt ihr ganzes Leben.» Gerade durch den sexuellen «eigentlichen Vollzug der Ehe» werde diese Liebe «in besonderer Weise ausgedrückt und verwirklicht». Und dann folgt ein bis dahin für ein kirchliches Lehrdokument unvorstellbarer Satz: «Jene Akte also, durch die die Eheleute innigst und lauter eins werden, sind von sittlicher Würde; sie bringen, wenn sie human vollzogen werden, jenes gegenseitige Übereignetsein zum Ausdruck und vertiefen es, durch das sich die Gatten gegenseitig in Freude und Dankbarkeit reich machen.» Zugleich wird, wie das Konzil ausdrücklich feststellt, «durch die gegenseitige und bedingungslose Liebe die gleiche personale Würde sowohl der Frau wie des Mannes anerkannt».[13]

Johannes Paul II. hat diese Hochschätzung der Ehe 1981 weitergeführt, indem er das Ehesakrament ausdrücklich als «Realsymbol des Heilsgeschehens» bezeichnete. «Die Eheleute haben daran als Eheleute Anteil, zu zweit, als Paar – so sehr, dass die erste und unmittelbare Wirkung der Ehe» eine «Darstellung des Geheimnisses der Menschwerdung Christi und seines Bundesgeheimnisses» ist.[14] Das kirchliche Gesetzbuch, der *Codex Iuris Canonici* von 1983, hat deshalb konsequenterweise die Ehezwecklehre aufgegeben und so versucht, das neue Verständnis des Zweiten Vatikanums in Kirchenrecht umzusetzen.[15] Auch in die Liturgie der kirchlichen Trauung sind entsprechende Formulierungen eingeflossen. Die für Trauungsmessen vorgesehene zweite Präfation lautet etwa: «Die eheliche Liebe hast du zu einem Zeichen dieses Bundes gemacht, um uns in diesem Sakrament das Wirken deiner Liebe zu bezeugen.»[16] Und im ersten Tagesgebet

heißt es: «Gott, unser Schöpfer und Vater, du hast die Ehe gehei-
ligt und durch sie den Bund zwischen Christus und seiner Kirche
dargestellt.»[17]

Solange die Ehe im Vergleich zur Jungfräulichkeit als etwas
Minderwertiges und allenfalls Geduldetes galt, solange Sexualität auch in der Ehe als unrein und schmutzig angesehen wurde
und nur als Notlösung für die geordnete Befriedigung des
Sexualtriebs erlaubt war, solange die «Keuschheit der Engel»
der «tierischen» Geschlechtlichkeit der Menschen diametral
entgegenstand, so lange konnte die Kirche mit guten Gründen
behaupten, die Ehe sei dem priesterlichen Dienst nicht angemessen beziehungsweise eheliche Sexualität und Priestertum
seien grundsätzlich unvereinbar.

Nachdem die katholische Kirche aber ihre Haltung zu Sexualität und Ehe seit dem Zweiten Vatikanischen Konzil grundsätzlich verändert hat, nachdem Ehe im Vergleich zur Jungfräulichkeit nicht mehr als minderwertig angesehen wird, nachdem
es zu einer ungeahnten Hochschätzung der Ehe als Realsymbol
und Abbild des Bundes Christi mit seiner Kirche gekommen ist,
kann das Sakrament der Ehe nicht mehr gegen das Sakrament
der Priesterweihe gestellt werden. Im Gegenteil: Ehe und Priestertum ergänzen sich in dieser neuen Sicht sogar auf wunderbare
Weise. Ehe macht nicht unfähig zum priesterlichen Dienst,
sondern sie befähigt als Realsymbol der Liebe Christi zu seiner
Kirche den Priester vielleicht sogar in besonderer Weise dazu, in
der Person Christi für die Kirche zu handeln.

13.

KEIN DOGMA

Die Lehre der katholischen Kirche ermöglicht jederzeit
die Aufhebung des Zölibats.

Die ehelose Lebensform ist zwar «in vielfacher Hinsicht dem
Priestertum angemessen», keineswegs aber «vom Wesen des
Priestertums selbst gefordert».[1] Diese Formulierungen stammen
aus dem Dekret über den Dienst und das Leben der Priester
«Presbyterorum ordinis», das das Zweite Vatikanische Konzil
am 7. Dezember 1965 mit 2390 Ja-Stimmen bei nur vier Nein-
Stimmen einmütig verabschiedet hat. Sie kommen auf den ersten Blick recht harmlos daher, haben es aber in sich. Denn
sie belegen, dass es von der Lehre der katholischen Kirche her
jederzeit möglich wäre, das verpflichtende Junktim von Priesteramt und Zölibat aufzuheben.

Der Zölibat gehörte zwar nicht zu den ganz großen Themen
wie Kirchenverfassung, Religionsfreiheit, Liturgiereform, Ökumene oder Verhältnis zu den Juden, durch die das Zweite Vatikanum einer breiteren Öffentlichkeit bekannt geworden ist, er war
aber von der Ankündigung des Konzils durch Johannes XXIII.
am 25. Januar 1959 bis zu seinem Abschluss durch Papst Paul VI.
am 8. Dezember 1965 «in allen Phasen des Konzils Gegenstand
heftigster Diskussionen». Bereits vor der feierlichen Eröffnung
am 11. Oktober 1962 war das Thema – wie der Jesuit und Kon-
zilstheologe Friedrich Wulf festgestellt hat – in mündlichen und
schriftlichen Äußerungen von Theologen, Beratern und Konzilsvätern fast allgegenwärtig, «sei es in Richtung einer Ablehnung
der allgemeinen Zölibatsverpflichtung, die so nicht mehr auf-

rechtzuerhalten sei, sei es aus der Erwägung, ob es wegen des zunehmenden Priestermangels (vor allem in den heißen Zonen) nicht angebracht sei, verheiratete Männer, die sich in Familie und Beruf wie auch im kirchlichen Leben bewährt hätten, zum Priestertum zuzulassen und den zölibatären (vollamtlichen) Priestern als Hilfe zur Seite zu stellen».[2]

Papst Johannes XXIII. und die Römische Kurie versuchten jedoch, diese Diskussionen von vorneherein zu unterbinden. Deshalb kommt der Zölibat im ersten von Rom vorbereiteten Entwurf zum Dekret über den Dienst der Priester auch so gut wie nicht vor. Man wollte von der bisherigen Praxis des Pflichtzölibats keine Abstriche machen. Das Konzil sollte das Thema möglichst überhaupt nicht anschneiden.

Als aber im Laufe der Konzilsberatungen die Frage des Ständigen Diakonats mehr und mehr in den Vordergrund trat, ließ sich auch das Thema Zölibat nicht länger umgehen. Denn die Diakonenweihe, die bislang stets nur als Durchgangsstation zur Priesterweihe betrachtet worden war, sollte «als eigene und beständige hierarchische Stufe» des kirchlichen Amtes «wiederhergestellt werden». Und «mit Zustimmung des Bischofs von Rom wird dieser Diakonat auch verheirateten Männern reiferen Alters erteilt werden können».[3] Damit gab es in der lateinischen Kirche wieder verheiratete Kleriker, wenn auch nur auf der untersten Stufe des dreifachen kirchlichen Amtes, das von den Diakonen über die Priester bis zu den Bischöfen reicht. Wenn man aber von der Einheit des dreigliedrigen Amtes ausgeht und von dem einen Sakrament der Weihe, das in drei Stufen entfaltet wird, wie das Konzil dies in seiner Kirchenkonstitution tut,[4] dann ist der Schritt zu verheirateten Klerikern von der dritten auf die zweite Stufe des kirchlichen Amtes und der Aufhebung des Zölibatsgesetzes für Priester nicht weit.

Die folgenden Entwürfe zum Dekret über die Priester versuchten dieser Herausforderung Rechnung zu tragen, indem sie den Zölibat als besondere «Gnadengabe» Gottes herausstellten, der zu einer «Höchstform des Menschseins» beitragen könne, durch die der Kleriker «dem Fleisch nach gestorben, dem Geist nach aber zu (neuem) Leben erweckt …, Christus zugesellt und gleichförmig wird, im (festen) Willen, nicht mehr unter dem Joch der Knechtschaft festgehalten zu werden, nachdem er mit der Freiheit, zu der Christus ihn befreit hat, beschenkt wurde».[5] Friedrich Wulf, der an den Beratungen über das Priesterdekret auf dem Konzil unmittelbar beteiligt war, ist unbedingt zuzustimmen, wenn er diese Formulierungen nicht nur als «enthusiastisch», sondern sogar als «fast supranaturalistisch» bezeichnet und beklagt, dass auf die «anthropologischen Voraussetzungen des Zölibats … mit keinem Wort eingegangen» werde. Ihm entfuhr dazu der Stoßseufzer: «Wie steht bei solchen Worten überhaupt die Ehe da!»[6]

Eine Reihe von Konzilsvätern war mit der Richtung, zu der die Entwürfe tendierten, überhaupt nicht einverstanden. Allein zum Thema Zölibat wurden 1300 Änderungsvorschläge eingereicht.[7] Das führte immerhin dazu, dass in den dritten Entwurf die Formulierung eingefügt wurde: «Mag der Zölibat vom Priestertum auch nicht absolut gefordert sein, wie daraus hervorgeht, dass es unter den Presbytern (und schon unter den ersten Aposteln) immer einige gab, und zwar hochverdiente Männer, die rechtmäßig verheiratet waren, so ist er ihm doch auf vielfache Weise angemessen.»[8]

Damit waren mehrere Bischöfe jedoch immer noch nicht zufrieden. Kardinal Augustin Bea, der Leiter des Sekretariates zur Förderung der Einheit der Christen, verlangte, im Dekret sollte zwischen zwei legitimen priesterlichen Lebensformen unterschieden werden: der des zölibatären und der des verheirateten Priesters. Beide seien im Text gleichberechtigt nebeneinander darzustellen, um dem Eindruck entgegenzutreten, «als bilde der verheiratete Priester einen Ausnahmefall».[9] Bea wollte damit vor allem die Praxis der mit Rom unierten, in voller Kirchen- und Sakramentsgemeinschaft mit der römisch-katholischen Kirche stehenden Kirchen des Ostens gewürdigt wissen, bei denen verheiratete Pfarrer die Regel darstellen.

Einige Bischöfe wollten in der letzten Konzilsphase im Herbst 1965 das Gesetz über den Zölibat für Priester auch für die westliche Kirche grundsätzlich infrage stellen, also für den Teil der römisch-katholischen Kirche, der anders als die Ostkirchen dem lateinischen Ritus folgt. Doch nun schritt Paul VI. massiv ein. Er verbot in einem Brief vom 11. Oktober den Konzilsvätern kurzerhand, über das Thema in der Konzilsaula auch nur zu reden. Der, um mit Klaus Schatz zu sprechen, «heißeste Kontroverspunkt» des Konzils, die Aufhebung des Zölibatsgesetzes für Priester, war damit durch eine päpstliche Intervention der Kompetenz des Konzils entzogen worden.[10] Das zeigt erneut, dass das Zweite Vatikanische Konzil am Ende eben doch ein monarchisches und gerade kein kollegiales und konziliares Konzil gewesen ist.

Damit konnte die Frage des Zölibats anders als etwa die der Liturgiereform auf dem Konzil nicht ausdiskutiert werden. Der einschlägige Abschnitt über die Verbindung von priesterlichem Amt und Zölibat im Dekret über die Priester ist daher im Letzten ein unfertiger Kompromiss, dem man seine lange Entstehungsgeschichte noch anmerkt. Immerhin hält der Text fest, dass «die vollkommene und ständige Enthaltsamkeit um des Himmelreiches willen ... nicht vom Wesen des Priestertums selbst gefordert» ist, «wie die Praxis der frühesten Kirche und die Tradition der Ostkirchen zeigen, wo es neben solchen, die aus gnadenhafter Berufung zusammen mit allen Bischöfen das ehelose Leben erwählen, auch hochverdiente Priester im Ehestand gibt».[11]

Eine entscheidende Formulierung ist in der Endfassung des Priesterdekrets auf jeden Fall viel klarer als in den vorhergegangenen Entwürfen. Vorher hieß es, der Zölibat der Priester sei «nicht absolut» verlangt. Jetzt heißt es: Er ist «vom Wesen des Priestertums selbst» her nicht gefordert. Das bedeutet: Der Zölibat gehört, wie aus dem lateinischen Original noch deutlicher wird als aus der deutschen Übersetzung, nicht zur «Natur» des Priestertums.[12] Damit handelt es sich bei der Zölibatsverpflichtung der Priester der Westkirche nur um ein bloßes, jederzeit änderbares Kirchengesetz, eine reine disziplinäre Bestimmung, nicht aber um einen bindenden Glaubenssatz oder gar ein Dogma, auch wenn das Konzil für die konkrete historische Situation im Jahr 1965 allen Priestern in der lateinischen Kirche den Zölibat als kirchliches Gesetz auferlegt.

Dies macht auch die ausdrückliche Hochschätzung der verheirateten Priester in den katholischen Ostkirchen deutlich, die auf die Intervention Kardinal Beas zurückgeht: «Wenn diese Heilige Synode dennoch den kirchlichen Zölibat empfiehlt, will sie in keiner Weise jene andere Ordnung ändern, die in den Ostkirchen rechtmäßig Geltung hat; vielmehr ermahnt sie voll Liebe diejenigen, die als Verheiratete das Priestertum empfingen, sie möchten in ihrer heiligen Berufung ausharren und weiterhin mit ganzer Hingabe ihr Leben für die ihnen anvertraute Herde einsetzen.»[13] Wer als Pfarrer der Ostkirche verheiratet ist, wird also nach Aussage des Konzils durch die Ehe nicht daran gehindert, sich mit vollem Einsatz um die ihm anvertrauten Schäfchen zu kümmern.

Natürlich haben Zölibatsverteidiger seit 1965 immer wieder versucht, diese Lehraussage eines ökumenischen Konzils zu unterlaufen und doch eine wesensmäßige Verbindung von Zölibat und Priesteramt zu behaupten. So zieht etwa der österreichische Kurienkardinal Alfons Maria Stickler eine zentrale Formulierung des Dekrets «Presbyterorum ordinis» in Zweifel, wenn er fragt, ob «die Gründe für den Zölibat tatsächlich nur für eine ‹Angemessenheit› sprechen, oder ob er nicht doch notwendig und unverzichtbar ist, ob nicht doch ein Junktim zwischen beiden besteht».[14] Genau dieses wesensmäßige Junktim zwischen Zölibat und Priestertum hatte das Zweite Vatikanische Konzil indes ausdrücklich negiert.

Selbst Johannes Paul II., der dem Zölibat eine christologische und spirituelle Begründung gab, definierte ihn nie in einer letztverbindlichen Entscheidung als zum Wesen des Priestertums gehörig. Damit blieb er ganz auf der Linie Pauls VI., der 1967 zwar das westkirchliche Kirchengesetz einer Verbindung von Priestertum und eheloser Lebensweise eingeschärft, aber die Bestimmungen von «Presbyterorum ordinis» noch einmal unterstrichen hat: «Tatsächlich ist nach der Lehre des Zweiten Ökumenischen Vatikanischen Konzils die Jungfräulichkeit ‹nicht vom Wesen des Priestertums gefordert, wie die Praxis der frühesten Kirche und die Tradition der Ostkirchen zeigt›.»[15]

Diese Berufung Johannes Pauls II. auf Paul VI. steht allerdings im Widerspruch zum *Codex Canonum Ecclesiarum Orientalium*, den der polnische Papst 1990 in Kraft setzte und in dem die priesterliche Würde verheirateter Priester feierlich bekräftigt wurde. Das veranlasste den in Florenz lehrenden und als progressiv geltenden Moraltheologen Basilio Petrà zu der Frage, wie man ein solches Priestertum rechtfertigen könne, wenn man den Zölibat lediglich auf die ontologischen Folgen der Priesterweihe stütze. Er hebt hervor, «dass katholische Kirche nicht Kirche des lateinischen Ritus bedeutet, und dass Katholizität und Latinität nicht identisch sind». Kurz: «Wenn man von der Lehre der katholischen Kirche in ihrer Einheit sprechen will, kann man nicht von der Position sprechen, die von der lateinischen Theologie und Disziplin vertreten wird.»[16]

Johannes Paul II., der «Subito Santo», hat sich sonst nicht gescheut, umstrittene Fragen dogmatisch zu beantworten und damit die Diskussion zu beenden. So schloss er die Möglichkeit der Priesterweihe für Frauen in seinem Apostolischen Schreiben «Ordinatio sacerdotalis» vom 22. Mai 1994 kategorisch aus: «Damit also jeder Zweifel bezüglich der bedeutenden Angelegenheit, die die göttliche Verfassung der Kirche selbst betrifft, beseitigt wird, erkläre ich kraft meines Amtes, die Brüder zu stärken …, dass die Kirche keinerlei Vollmacht hat, Frauen die Priesterweihe zu spenden, und dass sich alle Gläubigen der Kirche endgültig an diese Entscheidung zu halten haben.»[17]

Dazu zitierte Johannes Paul II. aus einem Brief Pauls VI. an den Erzbischof von Canterbury, Frederick Donald Coggan, vom 30. November 1975, den dieser aus Anlass der Zulassung

von Frauen zur Priesterweihe in der anglikanischen Kirche geschrieben hatte: Die Kirche hält demnach «daran fest, dass es
aus prinzipiellen Gründen nicht zulässig ist, Frauen zur Priesterweihe zuzulassen. Zu diesen Gründen gehören: das in der
Heiligen Schrift bezeugte Vorbild Christi, der nur Männer zu
Aposteln wählte, die konstante Praxis der Kirche, die in der aus-
schließlichen Wahl von Männern Christus nachahmte, und ihr
lebendiges Lehramt, das beharrlich daran festhält, dass der Ausschluss von Frauen vom Priesteramt in Übereinstimmung steht
mit Gottes Plan für seine Kirche.»[18]

Auch wenn Johannes Paul II. dadurch kein Dogma im Sinne
des Ersten Vatikanischen Konzils verkündet hat, so gilt seine
Äußerung zur Unmöglichkeit der Priesterweihe von Frauen
nach ihrer Interpretation durch die Kongregation für die Glaubenslehre dennoch als eine unfehlbare dogmatische Lehre.[19] In
der Tat nahm der Papst die beiden entscheidenden kirchlichen
Erkenntnisquellen Schrift und Tradition für seine Lehre in
Anspruch, auch wenn dies auf teilweise heftigen Widerspruch
gestoßen ist.

Zu einem solchen Schritt hat sich Johannes Paul II. im Hinblick auf ein verpflichtendes Junktim zwischen Ehelosigkeit und
Priestertum aber ausdrücklich nicht entschieden – und konnte es
auch nicht. Er hätte damit nicht nur ausdrücklich der Lehre eines
ökumenischen Konzils widersprechen müssen, das ausdrücklich
festgestellt hatte, dass der Zölibat nicht zum Wesen des Priestertums gehört. Er hätte auch die Tradition der Kirche gegen sich
gehabt, auf die das Zweite Vatikanische Konzil in doppelter Weise
rekurriert, wenn es sich auf die «Praxis der frühesten Kirche», in
der es selbstverständlich verheiratete Amtsträger, sogar Apostel
mit Ehefrauen gab, und die Tradition der katholischen Ostkirchen bezieht. Gegen die Tradition der Kirche kann man keine
verbindlichen Lehren und schon gar keine Dogmen formulieren.
Wer dies täte, machte sich selbst zum Häretiker.

Daher gilt immer noch unverkürzt, was Karl Rahner und
Herbert Vorgrimler 1966 in ihrer Einleitung zum Dekret des

Konzils über Dienst und Leben der Priester im *Kleinen Konzils-kompendium* geschrieben haben: Artikel 16 des Dekrets «Presbyterorum ordinis» enthalte «als lehramtliche Aussage mehrere wichtige Elemente: dass diese Enthaltsamkeit nicht vom Wesen des Priestertums selbst gefordert ist; dass das Leben im Zölibat dem Priestertum nur ‹angemessen› ist; dass es hochverdiente Priester im Ehestand gibt und dass auch diesen die *ganze* Hingabe ihres Lebens für die ihnen Anvertrauten möglich ist».[20]

Der priesterliche Zölibat ist also kein Dogma, das unveränderlich wäre, sondern ein bloßes Kirchengesetz, das jederzeit geändert werden kann. Er gehört nicht zum Wesen des Priestertums. Die Lehre der Kirche steht der Ehe von Priestern nicht im Weg. Es geht nicht darum, wegen des Priestermangels vorübergehend geweihte Ehemänner als «Lückenbüßer» zuzulassen und diese Option dann, wenn sich die Situation gebessert haben sollte, wieder abzuschaffen. Vielmehr ist das Ende des prinzipiellen Junktims von Priestertum und Zölibat möglich.[21]

14.

GEFÄHRLICHES VERSPRECHEN

Die verpflichtende Ehelosigkeit ist ein Risikofaktor im Hinblick auf den sexuellen Missbrauch durch Priester.

«In den bisher 41 Meldungen von Opfern wird ihm vorgeworfen, er habe im Rahmen der Jugendarbeit und insbesondere bei der Ausbildung zum Gruppenleiter den Kandidaten zunächst einen von ihm verfassten Fragebogen vorgelegt, in dem sehr intime Fragen nach dem sexuellen Verhalten gestellt wurden. Dazu gab es Abbildungen von nackten Körpern, bei deren Betrachten die Schüler erklären sollten, welche Gefühle insbesondere sexueller Art diese Bilder bei ihnen hervorriefen. Die Fragen mussten jeweils allein beantwortet werden.» So heißt es in dem Bericht zum Missbrauch am Berliner Canisius-Kolleg der Jesuiten über einen gewissen Pater Anton. Dieser habe außerdem «Einzelgespräche über Selbstbefriedigung und sexuelle Erfahrungen geführt» und «zur Kontrolle eventueller häuslicher Onanierpraktiken Kerzen verteilt …, die angezündet werden sollten, solange der Vorgang dauerte, über den Rest der Kerze wurde dann ein weiteres Gespräch geführt». Und weiter: «Die Opfer berichten, dass die Gespräche mit Pater Anton immer unter vier Augen stattfanden, dass sie sich auf seinen Schoß setzen mussten, dass man ihn auch habe anfassen müssen, dass man vor ihm onanieren musste, dass Pater Anton dabei auch selber sexuell erregt gewesen sei, dass das Ganze bei verschlossener Tür stattfand, dass die Schüler angehalten wurden, nicht darüber zu sprechen.»[1]

Das ist kein Einzelfall. Fast täglich berichten die Medien über den sexuellen Missbrauch von katholischen Priestern und

Ordensleuten an Kindern und Jugendlichen. Dazu sind jetzt auch zahlreiche Vergewaltigungen katholischer Ordensfrauen durch Priester und der Missbrauch von Seminaristen bekannt geworden. Egal, welche Zeitung man aufschlägt, ob in Deutschland, Australien, den USA oder Argentinien, immer wieder ist von Missbrauchsopfern, von Gerichtsverfahren gegen Priester und Bischöfe, von Vertuschung und Vernichtung einschlägiger Unterlagen die Rede. Bischöfe und Kardinäle sind zum Rücktritt gezwungen, entweder weil sie selbst sich des Missbrauchs schuldig gemacht oder einfach weggeschaut haben, wenn ihre Mitbrüder im geistlichen Amt von ihnen abhängige Minderjährige zu sexuellen Handlungen zwangen. Papst Franziskus selbst wird vorgeworfen, seine schützende Hand über Täter gehalten und sich zu spät des Problems angenommen zu haben.[2]

Die Studie «Sexueller Missbrauch an Minderjährigen durch katholische Priester, Diakone und männliche Ordensangehörige im Bereich der Deutschen Bischofskonferenz» (MHG-Studie), die von der Deutschen Bischofskonferenz in Auftrag gegeben und am 27. September 2018 in Fulda der Öffentlichkeit präsentiert wurde, zeigt drei Grundmuster priesterlicher Sexualstraftäter auf: den fixierten, den narzisstisch-soziopathischen und den regressiv-unreifen Typus.[3] Die meisten Täter sind dem «regressiv-unreifen» Typ zuzuordnen, der sich durch eine defizitäre persönliche und sexuelle Entwicklung auszeichnet. Es deutet einiges darauf hin, dass auch Pater Anton zu diesem Typ gehört. Die MHG-Studie bemerkt dazu: «Die Verpflichtung zum Zölibat könnte Angehörigen dieses Typus eine falsch verstandene Möglichkeit bieten, sich mit der eigenen sexuellen Identitätsbildung nicht hinreichend auseinandersetzen zu müssen. Dazu kommt, dass die Unfähigkeit von Personen dieses Typus, eine reife Partnerschaft einzugehen, im Fall der Priesterschaft sozial nicht weiter begründet werden muss.»[4]

Das gilt auch für die Täter des «fixierten Typus» mit tief verwurzelten «pädophilen Präferenzstörungen». Diesen böten gerade die priesterlichen Aufgaben «umfangreiche Kontaktmög-

lichkeiten zu Kindern und Jugendlichen», so die MHG-Studie.[5]
Zu beachten ist: Eine undifferenzierte Identifikation aller Täter
als Pädophile wird dem Problem nicht gerecht, denn aufgrund
der Hinweise in den ausgewerteten Akten und exemplarisch ge-
führter Interviews lassen sich der MHG-Studie zufolge nur ein
knappes Drittel der Täter dem pädophilen Typus zuordnen.[6] Die
Forschungsergebnisse zeigen auch deutlich: Der Zölibat erzeugt
keine Pädophilie, weil sich derartige Präferenzstörungen schon in
der Pubertät ausbilden.[7] Der Essener Kirchenhistoriker Hubertus Lutterbach sieht interessanterweise in der von Priestern verlangten kultischen Reinheit einen Grund für sexuellen Missbrauch. Kultische Reinheit sei ein «exklusives Merkmal», das
Priestern und Kindern gemeinsam sei. Es werde so zum «Ausdruck des geistlichen Bandes» zwischen ihnen und eröffne «so
etwas wie einen eigenen exklusiven sozialen Raum …, der dem
Zugriff und der Kontrolle anderer gesellschaftlicher Autoritäten
weitgehend unzugänglich» bleibe.[8]

Die Täter der dritten Gruppe, die sich «in stärkerem Maße
durch fehlendes Unrechtsbewusstsein und geringes Einfühlungs-
vermögen in die Situation der Betroffenen bei gleichzeitig eher
schwereren Tatbeständen auszeichnen», werden dem «narzisstisch-soziopathischen Muster» zugeordnet. In den meisten
Fällen handelt es sich um Mehrfachbeschuldigte. Sie werden als
vergleichsweise «durchsetzungsstark und dominant» bezeichnet.
«Charakteristisch ist eine emotional eher unreife, narzisstisch-
soziopathische Persönlichkeitsstruktur. Die Missbrauchshandlungen erscheinen vor dem Hintergrund der Interviews stärker
als in den anderen Gruppen durch die Amtsautorität der Beschuldigten begünstigt, die für die Herstellung von Tatgelegenheiten
ebenso wie für die Vertuschung von Übergriffen instrumentali-
siert wird.»[9] Bei diesem Typ herrscht keine einseitige sexuelle
Fixierung auf Kinder und Jugendliche vor, sondern es geht darum, durch das Ausspielen der eigenen Machtposition Lust zu
empfinden, andere zu erniedrigen und von der eigenen Person
abhängig zu machen.

Der «narzisstisch-soziopathische» Tätertyp lenkt mehr noch als die beiden anderen den Blick auf die Machtstrukturen in der katholischen Kirche, auf die herausgehobene Stellung des zölibatären Klerus und auf dessen beklagenswerten Zustand. Der Missbrauchsskandal hat die katholische Kirche in eine tiefe Glaubwürdigkeitskrise gestürzt.[10] Vielleicht sogar in die tiefste Krise ihrer Geschichte, zumindest seit der Reformation. Denn bei der Verkündigung des Glaubens kommt es entscheidend auf die Glaubwürdigkeit an. Nach katholischem Kirchenrecht sind die Priester, die in Persona Christi handeln, die einzigen Vermittler der göttlichen Gnadengaben. «Die Weihe hat sie so unvergleichlich Christus gleich gestaltet, dass nur sie das Volk Gottes als ‹Mittler zwischen Gott und den Menschen› belehren, kultisch versorgen und leiten können», schreibt der Bonner Kanonist Norbert Lüdecke und zitiert dabei den verstorbenen Kölner Kardinal Joachim Meisner. Er bringt diese «religiös fundierte Kultpotenz und Positionsmacht der ‹Gottesmänner›» ausdrücklich mit der strafbewehrten Verpflichtung zu «sexueller Totalabstinenz (Zölibat)» in Verbindung.[11]

Die vermeintlich aus der sexuellen Enthaltsamkeit resultierende Heiligkeit ist eine wesentliche Voraussetzung für die einmalige Stellung des Priesters in der katholischen Kirche. «Geweihten Männern als solchen gebührt Ehrfurcht, das heißt achtungsvolle Scheu und Respekt vor ihrer geistlichen Erhabenheit, sowie als Trägern von Jurisdiktion Gehorsam. … Rechtlich begründet die Ordination der einen die Subordination der anderen. … Die Kleriker bilden den Leitungs- oder Führungsstand, Laien den Gefolgschaftsstand.»[12]

Dieses Priesterbild kann sexuellen Missbrauch begünstigen, denn Täter fordern dabei auch religiösen Gehorsam ein oder drohen sogar mit dem Verlust des ewigen Seelenheils für den Fall, dass die Missbrauchten sich ihnen widersetzen.[13] Die Theologin Doris Wagner spricht treffend vom «spirituellen» oder «geistlichen Missbrauch, der Menschen biographisch und religiös unselbständig hält».[14] Ein Drittel der in der MHG-Studie befragten Betroffenen berichtete, der Täter habe mit einer Bestrafung durch Gott gedroht.[15] Priesterliche Missbrauchstäter fügen Menschen schlimmste seelische und körperliche Verletzungen zu, zerstören durch ihre Taten Biographien und werden dadurch zu «Slayers of the Soul», zu Seelenmördern.[16] Die Diskrepanz zwischen dem hehren Ideal des Priesters und den Taten, die dieses Ideal ermöglicht, könnte kaum größer sein.

Sexueller Missbrauch durch katholische Kleriker ist nicht nur ein Phänomen des zwanzigsten und einundzwanzigsten Jahrhunderts. Missbrauch in der Kirche hat eine Geschichte, die eng mit der Geschichte der herausgehobenen Sonderstellung der priesterlichen Lebensform und damit auch mit der Geschichte des Zölibats verbunden ist.[17] Allerdings macht es die begriffliche Unklarheit schwierig, das Phänomen über die Jahrhunderte zu verfolgen und aufzuarbeiten.[18] Missbrauch selbst ist ein moderner Begriff, der weder in den historischen Quellen noch in den einschlägigen theologischen Nachschlagewerken vorkommt.[19] Das, worum es geht, wird in den Quellen des neunzehnten Jahrhunderts fast immer mithilfe von Euphemismen verschleiert oder unter der Rubrik «Unzucht mit Minderjährigen» verhandelt, wobei darunter zumeist die Vergewaltigung von Mädchen durch Priester verstanden wird.[20]

Eine zweite Schwierigkeit für eine historische Aufarbeitung des Themas kommt hinzu: Solange es keine kritische außerkirchliche Öffentlichkeit gab und ein geschlossenes katholisches Milieu vorherrschte, war es für die Opfer nur selten möglich, sich Gehör zu verschaffen und die klerikalen Täter anzuzeigen. Noch in den Sechziger- und Siebzigerjahren des zwanzigsten Jahrhunderts war es für Kinder und Jugendliche schwierig, sich auch nur ihren Eltern anzuvertrauen. Das Recht auf sexuelle Unversehrtheit, etwa auch von Frauen – Stichwort Vergewaltigung in der Ehe –, und generell allgemeine Kinderrechte mussten politisch, juristisch und im Bewusstsein der Gesellschaft erst durchgesetzt werden.

Die unantastbare Autoritätsperson des Pfarrers in einer geschlossenen katholischen Welt stand einer Aufklärung der Fälle entgegen. Manchmal glaubten offenbar sogar Eltern eher dem Pfarrer als dem eigenen Kind. Unter diesen Umständen war es den Opfern kaum möglich, den Täter bei der kirchlichen Obrigkeit oder der Staatsanwaltschaft anzuzeigen.[21] Wenn solche Fälle überhaupt publik wurden, versuchten die zuständigen Bischöflichen Ordinariate, sie weitgehend intern zu regeln und zu verhindern, dass die Täter vor staatliche Gerichte gestellt wurden. Der *Codex Iuris Canonici* von 1917 und neu verhandelte Konkordate zeugen vom allgemeinen Widerwillen des Heiligen Stuhls, Priester der weltlichen Gerichtsbarkeit auszuliefern, selbst wenn diese schwere Verbrechen wie Kindesmissbrauch begangen hatten.[22]

In Mittelalter und Früher Neuzeit galt der sexuelle Missbrauch von männlichen Kindern und Jugendlichen als Todsünde der «Sodomie». Da unter diesen Begriff lange Zeit jede sexuelle Handlung subsumiert wurde, die als *contra naturam* galt – der Natur entsprach nach Ansicht der katholischen Moraltheologie nur der Beischlaf von Mann und Frau in der Ehe –, wird aus den Quellen nur selten eindeutig klar, worum es sich genau handelt. Es konnten sich dahinter Selbstbefriedigung, Samenergüsse im Schlaf, Geschlechtsverkehr in einer «widernatürlichen» Stellung, Beischlaf mit Tieren, gleichgeschlechtlicher Sex und eben Missbrauch von Minderjährigen verbergen. Diese Schwierigkeit mit den Begriffen wird in einem Dekret des Heiligen Offiziums vom 24. September 1665 deutlich. Die oberste römische Glaubensbehörde verurteilte darin eine Bestimmung für die Beichte: «Knabenliebe, Homosexualität *(sodomia)* und Unzucht mit Tieren sind Sünden derselben untersten Gattungsbestimmung; und deshalb genügt es, in der Beichte zu sagen, man habe sich eine Pollution verschafft.»[23] Dieser Satz sei Ausdruck einer zu großzügigen, «laxistischen» Beichtmoral.

In den Quellen der Römischen Inquisition ist bei homosexuellen Handlungen aller Art, die Kinder und Jugendliche einschließen, stets nur von «il pessimo» die Rede. Päderastische

Handlungen werden nie direkt beim Namen genannt, sondern einfach unter dem Oberbegriff «das Schlimmste, was man sich überhaupt vorstellen kann», eingeordnet. Der italienische Historiker Adriano Prosperi hat herausgearbeitet, dass «crimen pessimum» sich sowohl auf Homosexualität, also gleichgeschlechtliche Sexualität unter erwachsenen Männern, als auch auf sexuelle Handlungen «con bambini e animali», mit Kindern und Tieren, beziehen konnte.[24]

Als Täter kommen meist nur Männer in den Blick. Dies ist aber eine einseitige Perspektive, wie unter anderem das Beispiel der *Nonnen von Sant'Ambrogio* vor Augen führt. Auch Äbtissinnen und Nonnen, die das Keuschheitsgelübde abgelegt hatten, zwangen minderjährige Mädchen unter Androhung von Höllenqualen und unter Vorspiegelung, die Gottesmutter Maria wolle es so, zu sexuellen Handlungen.[25]

Die Studie von Irmtraud Götz von Olenhusen über abweichendes Verhalten des Klerus der Erzdiözese Freiburg im neunzehnten Jahrhundert zeigt, dass es der bischöflichen Verwaltung gelang, die überwiegende Zahl der Fälle unter den Teppich zu kehren. Die betroffenen Priester wurden nach einem Missbrauchsfall meistens mit einem Aufenthalt in einem erzbischöflichen Korrektionshaus, auch «Demeritenhaus» genannt, bestraft und dann in einer anderen Pfarrei wieder eingesetzt. So musste 1875 Pfarrverweser Karl Knöbel nach der Vergewaltigung eines dreizehnjährigen Mädchens in Hinterzarten zu einer dreiwöchigen «Rekollektion» ins Demeritenhaus Weiterdingen.[26]

Korrektionshäuser waren so etwas wie kirchliche Straf- und Besserungsanstalten, die in der Frühen Neuzeit für Kleriker die Rolle staatlicher Gefängnisse übernommen hatten, weil Geistliche bis zur Französischen Revolution nicht vor weltliche Gerichte gestellt werden durften. Im neunzehnten und zwanzigsten Jahrhundert wurde die Fiktion eines eigenständigen kirchlichen Strafvollzugs von der Kirche vielfach weiter aufrechterhalten, obwohl dieses klerikale Privileg nicht mehr galt. In der Regel wurde in diesen Häusern versucht, die Neigung zu

Verbrechen mit geistlichen Frömmigkeitsübungen wie Exerzitien, Fasten und Beten zu therapieren.[27]

Während sich Vergewaltigungen von Mädchen durch Priester oft innerkirchlich vertuschen ließen, kam Unzucht mit Jungen, in der auch die kirchliche Obrigkeit eine widernatürliche Form von Sexualität, eine Todsünde und ein Verbrechen sah, manchmal vor staatliche Gerichte. Der Priester und Lehrer an einem kirchlichen Internat Andreas Leuthner wurde, um ein Beispiel zu nennen, 1875 vor Gericht gestellt, weil er sich im Schlafsaal von den Jungen die Geschlechtsteile zeigen ließ und sie mit seinen Händen betastete, «um zu sehen, ob noch Spuren von Samenergießungen» vorhanden seien. Zu einer staatlichen Verurteilung kam es nicht, Leuthner wurde zwar suspendiert, aber einige Jahre später wieder rehabilitiert.[28]

Um abweichende Sexualität ging es auch in den «Sittlichkeitsprozessen», die im nationalsozialistischen Deutschland 1936 und 1937 gegen katholische Geistliche angestrengt wurden, wegen «Unzucht» unter Männern, aber auch wegen «Unzucht» mit Zöglingen.[29] Die Nationalsozialisten verfolgten dabei offensichtlich politisch-propagandistische Motive. Sie wollten die öffentliche Meinung gegen die katholische Kirche mobilisieren und deren gesellschaftlichen Einfluss zurückdrängen. Dieser Missbrauch des Missbrauchs (und der davon zu unterscheidenden Anklagen wegen Homosexualität) dürfte es in der Nachkriegszeit erschwert haben, berechtigte Vorwürfe gegen Priester und Ordensangehörige öffentlich zu erheben.

Die Problematik des Vertuschens, Verharmlosens und Verschweigens zeigt sich exemplarisch an einem Fall aus der Pfarrei Rosenberg in der Diözese Rottenburg vom Juni 1936. Pfarrer Franz Joannis wurde wegen fünfunddreißigfachen Missbrauchs vor dem Landgericht Ellwangen angeklagt. Die betroffenen Jugendlichen trauten sich aber «bei der überragenden Stellung des katholischen Pfarrers in einer Landgemeinde» nicht, öffentlich darüber zu sprechen, wie es in der Urteilsbegründung heißt. Sie wagten «im allgemeinen nicht, zuhause etwas zu sagen.

Wenn je etwas durchsickerte, so wurde es von den Eltern anscheinend nicht geglaubt.» Der für Joannis zuständige Dekan Johann Denkinger war extra nach Rottenburg gefahren, um den Bischof über den Fall zu informieren. Bischof Joannes Baptista Sproll versuchte Pfarrer Joannis vor staatlicher Verfolgung zu schützen, indem er ihn in die bischöfliche «Irrenanstalt» Rottenmünster einwies, und erklärte: «Schweigen ist vorerst das Beste.»[30] Joannis wurde zu acht Jahren Zuchthaus mit anschließender Sicherheitsverwahrung verurteilt und starb 1941 im Gefängnis Hohenasperg.

Erst durch den mutigen Schritt des Jesuitenpaters Klaus Mertes, der die Fälle am Canisius-Kolleg in Berlin Anfang 2010 öffentlich machte, wurde das Thema sexueller Missbrauch durch katholische Geistliche in Deutschland endgültig zu einem großen Medienthema. Allerdings hatte es weltweit bereits seit Anfang der 1980er-Jahre immer wieder Skandale gegeben: 1982 in Neufundland, 1984 in Louisiana, 1992 in Massachusetts, 1993 in Kalifornien, 1994 in Irland und Australien, 1995 in Österreich mit dem Fall des Wiener Kardinals Hans Hermann Groer, 1997 in Belgien, 2000 in Frankreich, 2001 in England, 2007 in Boston.[31] Doch erst 2010 begann die Deutsche Bischofskonferenz, sich mit dem Thema auseinanderzusetzen und die bis dato übliche Politik der Verharmlosung und Vertuschung wenigstens in Ansätzen aufzugeben. Die Angst vor einem Imageschaden für die Kirche und einer öffentlichen Diskussion über priesterliche Sexualität dürfte die Bischöfe zuvor daran gehindert haben. Jedenfalls legen Untersuchungen für die amerikanischen und kanadischen Bischöfe eine ähnliche Motivlage nahe.[32] «Was um jeden Preis geschützt werden sollte, war das sakramentale Amt, über das aus historisch-politischen Gründen die Identitätskonstruktion des Katholischen betrieben wird.»[33]

Denn über die Gründe nachzudenken, warum weltweit so viele Priester Minderjährige sexuell missbrauchen, und dies nicht selten als Wiederholungstäter, hätte bedeutet, offen über Sexualität, die kirchliche Sexualmoral und auch kirchliche Machtstrukturen zu sprechen.[34] Dazu gehören aber zweifellos auch der Zölibat und die Frage, ob die gesetzlich verpflichtende absolute sexuelle Enthaltsamkeit aller Priester nicht möglicherweise mit dem von dieser Personengruppe begangenen Missbrauch in einem Zusammenhang steht.

Die Arbeitsgemeinschaft deutscher Moraltheologen hat dazu im April 2010 in einer «Erklärung zur aktuellen Missbrauchsdiskussion» eine sehr abgewogene Stellungnahme abgegeben: «Als die zuständigen Fachleute für die theologische Ethik sehen sich die Moraltheologen besonders von der Behauptung beziehungsweise Vermutung eines Zusammenhanges zwischen den Missbrauchsfällen und der traditionellen kirchlichen Lehre über die Sexualität sowie der Lebensform des Zölibats herausgefordert. Auch wenn die Herstellung einer direkten Kausalität leicht zurückgewiesen werden kann, darf nicht übersehen werden, dass indirekte systemische Zusammenhänge sehr wohl bestehen. Insbesondere gilt es, dem Zusammenhang zwischen dem psychisch unreifen Bedürfnis nach Nähe, Bestätigung und sexueller Erfüllung einzelner Personen gegenüber Kindern und Jugendlichen und ermöglichenden, begünstigenden und das Schweigen sichernden Strukturen (Abhängigkeitsverhältnisse, Machtgefälle, Sakralisierung von Personen und Funktionen, Straf- und Belohnungsmonopole, etablierte Denk- und Sprachtopoi über das andere Geschlecht und anderes mehr) selbstkritisch nachzugehen.»[35]

Der *Codex Iuris Canonici*, das kirchliche Gesetzbuch von 1983, stellt interessanterweise einen ausdrücklichen Zusammenhang zwischen Zölibat und Missbrauch her. Denn für den kirchlichen Gesetzgeber ist sexueller Missbrauch nicht in erster Linie ein Verbrechen, das an Kindern und Jugendlichen begangen wird, sondern ein Vergehen gegen den Zölibat.[36] Daher findet sich diese Straftat nicht unter dem Titel 6 «Straftaten gegen Leben und Freiheit des Menschen», sondern unter dem Titel 5 «Straftaten gegen besondere Verpflichtungen» der Kleriker. In Kanon 1395 geht es um den Zölibatsbruch. Paragraph 1 bestraft

Geistliche, die in einem eheähnlichen Verhältnis leben, mit der Suspendierung. Und in Paragraph 2 heißt es dann: «Ein Kleriker, der sich auf andere Weise gegen das sechste Gebot des Dekalogs verfehlt hat, soll, jedenfalls wenn er die Straftat mit Gewalt, durch Drohungen, öffentlich oder an einem Minderjährigen unter sechzehn Jahren begangen hat, mit gerechten Strafen belegt werden, gegebenenfalls die Entlassung aus dem Klerikerstand nicht ausgenommen.»[37]

Aus diesen Formulierungen wird deutlich, dass das katholische Kirchenrecht das sechste Gebot, das in der Heiligen Schrift ursprünglich nur heißt «Du sollst nicht die Ehe brechen»[38] im Sinne einer klassischen Moraltheologie maßgeblich ausweitet und auf Sexualität grundsätzlich anwendet. So spricht der *Katechismus der katholischen Kirche* von einer Berufung aller Christen zur Keuschheit, die als «Schule der Selbstbeherrschung» gefeiert wird.[39] Zu den schweren Sünden, die gegen das sechste Gebot in diesem erweiterten Sinne verstoßen, gehören «Masturbation, Unzucht, Pornografie und homosexuelle Praktiken».[40]

Ein kausaler Zusammenhang zwischen Zölibatsverpflichtung und sexuellem Missbrauch ist statistisch schwer nachzuweisen, weil es an Vergleichsgruppen fehlt, die im Zölibat leben, ohne katholische Priester zu sein. Dennoch taucht das Thema in den einschlägigen Studien zum Missbrauch prominent auf. Die australische «Royal Commission into Institutional Responses to Child Sexual Abuse» kam 2017 zu dem Ergebnis, dass der Pflichtzölibat (für Kleriker) und das Keuschheitsgelübde (für Ordensangehörige) den sexuellen Missbrauch von Kindern begünstigen, vor allem, wenn weitere Risikofaktoren dazukommen.[41] Zwar habe nur eine Minderheit katholischer Kleriker Kinder sexuell missbraucht, doch es bestehe, so das Resultat der Studie, ein erhöhtes Risiko für sexuellen Missbrauch von Kindern, wenn im Zwangszölibat lebende Männer einen exklusiven Zugang zu Kindern in katholischen Einrichtungen hätten. Denn der Zölibat sei für viele Geistliche mit «emotionaler Isolation,

Einsamkeit, Depression und psychischen Erkrankungen» verbunden. Das Zölibatsgesetz könne zu «verschiedenen Formen psychosexueller Dysfunktion» beitragen, die ein anhaltendes Risiko für die Sicherheit von Kindern darstellten. Für viele Kleriker und Ordensleute sei der Zölibat ein unerreichbares Ideal, das bei ihnen nicht selten zu einem Doppelleben führe und zu einer Kultur der Geheimhaltung und Heuchelei beitrage. Dieser Hang zur Vertuschung habe auch dazu beigetragen, dass kirchliche Vorgesetzte die Schwere der Verbrechen nicht wahrnehmen wollten. Für sie handelte es sich um die Taten von Kollegen, die man schützen müsse.[42] Die im staatlichen Auftrag arbeitende Kommission kam daher zu der eindeutigen Empfehlung, die Australische Bischofskonferenz solle vom Heiligen Stuhl die Abschaffung des Zwangszölibats für Weltgeistliche verlangen.[43]

Was den Zölibat als Risikofaktor für Missbrauch angeht, zeigt sich die MHG-Studie zurückhaltender als ihr australisches Pendant. Sie weist aber darauf hin, dass der «relative Anteil beschuldigter Diakone», die in der Regel verheiratet sind, «deutlich niedriger als der von beschuldigten Diözesanpriestern» ist. «Auch wenn die Verpflichtung zum Zölibat sicherlich keine alleinige Erklärung für sexuelle Missbrauchshandlungen an Minderjährigen sein kann, legt der ... Befund nahe, sich mit der Frage zu befassen, in welcher Weise der Zölibat für bestimmte Personengruppen in spezifischen Konstellationen ein möglicher Risikofaktor für sexuelle Missbrauchshandlungen sein kann.»[44] In dieselbe Richtung deutet der Befund anderer Studien, dass die Missbrauchsraten in den orthodoxen Kirchen der westlichen Länder, in denen verheiratete Priester gang und gäbe sind, deutlich niedriger sind.[45]

Die MHG-Studie resümiert abschließend, zu welchen Empfehlungen andere Untersuchungen zum Zusammenhang von Zölibat und Missbrauch kommen: «Die Positionen reichen dabei von der Empfehlung zur Abschaffung des Zwangszölibats, weil er als Risikofaktor für sexuellen Missbrauch gesehen wird» – wie in der Studie der australischen Royal Commission von 2017 – «über die Notwendigkeit einer intensivierten Auseinandersetzung mit den Anforderungen an ein zölibatäres Leben[46] ... bis hin zur Aussage, dass die Koppelung der Debatten zum sexuellen Missbrauch durch Kleriker und dem Zölibat jeder wissenschaftlichen Grundlage entbehre ...,[47] da sich empirisch kein Zusammenhang zwischen sexuellem Missbrauch und Zölibat nachweisen lasse, weil sexueller Missbrauch durch Kleriker in den letzten Jahrzehnten zurückgegangen sei, wohingegen der Zölibat in diesem Zeitraum eine konstante Forderung geblieben ist.»[48] Die MHG-Studie selbst positioniert sich vorsichtig in der Mitte dieses Spektrums: «In Anbetracht des statistisch signifikanten Unterschieds der Missbrauchsquoten zwischen zum Zölibat verpflichteten Diözesanpriestern und nicht zum Zölibat verpflichteten Diakonen aus dem vorliegenden Forschungsprojekt ist die ... aufgestellte These eines Nichtzusammenhangs von Zölibat und sexuellem Missbrauch jedoch zu hinterfragen.»[49]

Eine ganz andere Frage ist der mögliche Zusammenhang von Homosexualität und Missbrauch. Weil zumeist fast drei Viertel der durch Priester missbrauchten Kinder und Jugendlichen männlichen Geschlechtes sind, wie eine Statistik der Royal Commission zeigt,[50] behaupten auffallend viele Reformgegner diesen Zusammenhang. Die MHG-Studie kommt dagegen zu dem Ergebnis, dass Homosexualität «kein Risikofaktor für sexuellen Missbrauch» ist.[51] Sie gibt allerdings zu bedenken, «die Verpflichtung zu einem zölibatären Leben könnte Priesteramtskandidaten mit einer unreifen und abgewehrten homosexuellen Neigung als Lösung innerpsychischer Probleme erscheinen». Dass diese vom katholischen Lehramt immer noch als widernatürlich deklarierte «Neigung» «versteckt gelebt» werden müsse, könnte dazu führen, «die Schranke zu sexuellen Handlungen mit (männlichen) Kindern und Jugendlichen herabzusetzen, und eine weitere Erklärung für das Überwiegen männlicher Betroffener beim sexuellen Missbrauch durch katholische Kleriker bieten».[52] Der Risikofaktor ist demnach nicht die

Homosexualität, sondern die Einsamkeit und die Verheimlichung in den gegebenen Machtstrukturen der Kirche.

Fazit: Auch wenn ein kausaler Zusammenhang zwischen sexuellem Missbrauch und Zölibat statistisch schwer zu beweisen ist, lassen zahlreiche vernünftige Argumente den Zölibat als Risikofaktor erscheinen. Zumindest erweist er sich für die genannten Täterprofile als äußerst attraktiv. Welche Konsequenzen daraus zu ziehen sind, lässt die Studie offen. Die Forderungen der Missbrauchsopfer, die die MHG-Studie ermittelt hat, sind jedoch eindeutig: Sie bestehen auf einer Änderung der klerikalen Strukturen der katholischen Kirche, thematisieren die Rolle von Frauen in leitenden Ämtern und bitten um die Stärkung der Rechte von Laien, «um die geschlossenen klerikalen Zirkel aufzubrechen und zu beaufsichtigen». Sie fordern ferner die «Abschaffung des Zölibats» oder wenigstens verpflichtende Angebote für Kleriker, «die die persönliche und sexuelle Reifung unterstützen und dauerhaft von externen Experten mit einer psychologischen Ausbildung durchgeführt und evaluiert werden».[53]

Wenn die Bischöfe ihre Ankündigungen ernst nehmen, dass es ihnen wirklich um die Opfer und das ihnen von Geistlichen zugefügte Leid geht, dann sind sie verpflichtet, diesen Auftrag der Opfer umzusetzen.[54]

15.

GÜTERABWÄGUNG

Vor die Wahl gestellt, dem Priestermangel abzuhelfen
oder den Zölibat beizubehalten, muss sich die Kirche
im Interesse der heilsnotwendigen Eucharistie gegen
den nicht heilsnotwendigen Zölibat entscheiden.

Die katholischen Gläubigen haben ein unbestreitbares Recht auf
die Eucharistiefeier Sonntag für Sonntag, die für sie absolut
heilsnotwendig ist. Das Zweite Vatikanische Konzil hat diese
Bedeutung der Heiligen Messe unterstrichen und in der Dogmatischen Konstitution «Lumen gentium», die am 21. November
1964 mit 2151 Ja-Stimmen bei fünf Nein-Stimmen verabschiedet
wurde, festgehalten: «In der Teilnahme am eucharistischen
Opfer, der Quelle und dem Höhepunkt des ganzen christlichen
Lebens, bringen sie das göttliche Opferlamm Gott dar und sich
selbst mit ihm; so übernehmen alle bei der liturgischen Handlung ihren je eigenen Teil, sowohl in der Darbringung wie in der
heiligen Kommunion, nicht unterschiedslos, sondern jeder auf
seine Art. Durch den Leib Christi in der heiligen Eucharistiefeier
gestärkt, stellen sie sodann die Einheit des Volkes Gottes, die
durch dieses hocherhabene Sakrament sinnvoll bezeichnet und
wunderbar bewirkt wird, auf anschauliche Weise dar.»[1]
   Indem die Kirchenkonstitution die je eigene Art der Mitwirkung der Beteiligten an der Feier der Eucharistie hervorhebt, gibt
sie zumindest indirekt einen Hinweis auf die unterschiedlichen
Aufgaben von Priestern und Laien bei der Heiligen Messe. Denn
nach der Lehre der katholischen Kirche kann nur ein geweihter
Priester gültig die Eucharistie feiern. Durch seine Weihe – und

nur durch sie – erhält er die Vollmacht zur Wandlung von Brot und Wein in Leib und Blut Christi, die sich im Hochgebet der Messe vollzieht.

Diese Lehre hat sich freilich erst im Laufe der Kirchenge-schichte entwickelt. Der griechische Begriff «Presbyter», der in der katholischen Kirche mit «Priester» übersetzt wird, bedeu-tete ursprünglich «Ältester» oder «Vorsteher» und bezeichnete keine kultische Funktion. Jedoch führte dem Dogmatiker Gis-bert Greshake zufolge «die Grundidee der Christus-Repräsen-tation des Amts», die sich zunehmend durchsetzte, schon seit dem zweiten Jahrhundert zu einer immer stärkeren Verbindung des Vorsteherdienstes mit der Feier der Eucharistie. «Da der kirchliche Amtsträger in der Feier des eucharistischen Opfers in sakramentaler Weise Christus als den eigentlich priesterlich Handelnden ‹repräsentiert›, lag … es nahe, auch ihn selbst – im sakramentalen Sinn – als Priester zu verstehen.» In der «Apos-tolischen Tradition», einer Kirchenordnung aus dem dritten Jahrhundert, wurde ausdrücklich hervorgehoben, dass die Priesterweihe vorrangig dem Dienst am eucharistischen Opfer zu dienen habe.[2]

Aus diesen altkirchlichen Vorgaben entstand nach und nach eine ausgefeilte Eucharistielehre, der zufolge die reale Gegen-wart Christi im Zeichen von Brot und Wein von den Abend-mahlsworten abhängig war, die der geweihte Priester bei der Wandlung sprach.[3] Johannes Chrysostomus, der von 350 bis 407 lebte, formuliert das so: «Der Priester steht da und setzt das äußere Zeichen, indem er jene Worte ausspricht; die Kraft aber und die Gnade ist Gottes. ‹Dies ist mein Leib›, sagt er. Dieses Wort verwandelt die Gaben.»[4] Endgültig dogmatisch gefasst wurde die entscheidende Bedeutung der vom Priester gesprochenen Wandlungsworte auf dem Konzil von Florenz am 22. November 1439. Hier heißt es: Die «Form dieses Sakra-mentes» der Eucharistie «sind die Worte des Erlösers, mit denen er dieses Sakrament vollzogen hat; der Priester nämlich, der in der Person Christi spricht, vollzieht dieses Sakrament.

Denn kraft dieser Worte wird die Substanz des Brotes in den Leib Christi und die Substanz des Weines in das Blut Christi verwandelt.»[5]

Dieses Verständnis von Priesterweihe, Wandlungsvollmacht und Eucharistie zogen Luther und seine reformatorischen Mitstreiter fundamental in Zweifel. Sie konzentrierten sich ganz auf die biblische Schilderung des Abendmahls und lehnten ein kultisch verstandenes Priestertum, ein eigenes Weihesakrament und den Opfercharakter der Messe ab. Das Konzil von Trient sah sich daher gezwungen, das katholische Verständnis in seinem Dekret über «Die wahre und katholische Lehre über das Sakrament des Ordo» vom 15. Juli 1563 festzuschreiben, sich von den evangelischen Angriffen abzugrenzen und alle abweichenden Meinungen feierlich zu verurteilen: «Wenn jemand sagt, es gebe im Neuen Testament kein sichtbares und äußeres Priestertum oder es gebe keine Vollmacht, den wahren Leib und das Blut des Herrn zu konsekrieren und darzubringen sowie die Sünden zu vergeben und zu behalten, sondern nur das Amt und den bloßen Dienst der Evangeliumsverkündigung, oder diejenigen, die nicht predigen, seien überhaupt keine Priester, gelte das Anathem.»[6] Das Tridentinum hielt außerdem fest, dass der Priester die Vollmachten zur Wandlung im Sakrament der Eucharistie und zur Sündenvergebung im Sakrament der Buße durch das Sakrament der Weihe erhält, «das von Christus, dem Herrn eingesetzt wurde».[7]

Ohne geweihten Pfarrer vor Ort kann in den katholischen Gemeinden also nicht gültig Eucharistie gefeiert werden. Den Gläubigen wird durch den Priestermangel die entscheidende und lebensnotwendige Quelle des Heils vorenthalten und zugleich die Möglichkeit genommen, Sonntag für Sonntag gemeinsam mit den Menschen, die ihren Glauben teilen, den Höhepunkt des christlichen Lebens zu begehen. Dafür sind aber nach katholischer Lehre nicht die Schafe verantwortlich, sondern die Hirten. Gläubige sind nach den Vorgaben des katholischen Kirchenrechts ohnehin keine Rechtssubjekte, sondern nur Objekte der Seelsorge. Aber sie haben wenigstens einen Anspruch auf Seelsorge.

Deshalb hat das Zweite Vatikanische Konzil in seinem Dekret über die Hirtenaufgabe der Bischöfe «Christus Dominus» vom 28. Oktober 1965 die Diözesanbischöfe ausdrücklich ermahnt, den Priestern als ihren wichtigsten Mitarbeitern, sozusagen als Unterhirten der Oberhirten, besondere Aufmerksamkeit zu widmen. Die Pfarrer vor Ort sollen – wie das Konzil treffend formuliert – ihr ganzes Tun darauf konzentrieren, dass «die Feier des eucharistischen Opfers Mitte und Höhepunkt des ganzen Lebens der christlichen Gemeinde ist».[8]

Damit wird die Möglichkeit zur Eucharistiefeier nicht mehr nur – wie in der Kirchenkonstitution – allgemein als «Quelle und Höhepunkt» des ganzen kirchlichen Lebens beschrieben, vielmehr wird sie für jede einzelne Gemeinde eingefordert. Kirche konstituiert sich da, wo Eucharistie gefeiert wird, eine katholische Kirchengemeinde ist zuerst eine eucharistische Gemeinschaft. Umgekehrt gilt aber auch: Wo nicht mehr regelmäßig – wenigstens jeden Sonntag – Eucharistie gefeiert wird, da ist weder die Kirche als Universal- oder Teilkirche präsent noch kann überhaupt eine Kirchengemeinde existieren. Damit «der Dienst am Heil in der Diözese besser ausgeübt werden kann», verlangt das Konzil auch von den Bischöfen, dafür Sorge zu tragen, dass in «jeder Diözese nach Zahl und Eignung wenigstens genügend Kleriker zur Verfügung stehen, um das Gottesvolk recht zu betreuen».[9] Folgerichtig spricht die 2004 publizierte römische Instruktion «Redemptionis sacramentum» von dem Recht jeder einzelnen Kirchengemeinde auf eine sonntägliche Eucharistiefeier: «Tatsächlich wird ‹die christliche Gemeinde ... nur auferbaut, wenn sie Wurzel und Angelpunkt in der Feier der heiligsten Eucharistie hat›. Das christliche Volk hat darum das Recht, dass am Sonntag ... die Eucharistie gefeiert wird.»[10]

Die Gläubigen haben also in ihrer Gemeinde ein Recht auf die heilsnotwendige Eucharistie. Diese Tatsache hat aber auch eine Kehrseite: Die Kirche erlegt den Gläubigen die Pflicht auf, jeden Sonntag an einer Heiligen Messe teilzunehmen – möglichst in ihrer eigenen Kirchengemeinde. Der *Katechismus der katholischen Kirche* ist, was das sogenannte Sonntagsgebot angeht, sehr eindeutig: Die sonntägliche Feier der Eucharistie bildet den Mittelpunkt des ganzen christlichen und kirchlichen Lebens.[11] Die Gläubigen sind deshalb «am Sonntag und an den anderen gebotenen Feiertagen … zur Teilnahme an der Messfeier verpflichtet».[12] «Wer diese Pflicht absichtlich versäumt, begeht eine schwere Sünde.»[13] Natürlich wird dies auch mit den entsprechenden Kanones aus dem kirchlichen Gesetzbuch von 1983 unterfüttert.[14]

Aus dem grundlegenden Recht auf Eucharistie und der Sonntagspflicht der Katholiken ergibt sich aber auch eine unabweisbare Pflicht der Bischöfe und des Papstes, den Gläubigen zu ihrem Recht zu verhelfen und die Voraussetzungen dafür zu schaffen, dass sie ihre Sonntagspflicht erfüllen können. Dazu müssen sie in erster Linie dafür Sorge tragen, dass in jeder Gemeinde ausreichend geeignete Priester für die Feier der Eucharistie zur Verfügung stehen. Und sie müssen ernst nehmen, dass der Pflichtzölibat heute in vielen Teilen der Weltkirche eines der ausschlaggebenden Hindernisse für die Entscheidung zum Priesteramt ist. Interessant ist, dass die Anhänger des Pflichtzölibats in ihren apologetischen Schriften nicht darauf eingehen, dass die Gläubigen ein Recht auf Eucharistie und damit auf ausreichend Priester haben.[15] Vielleicht ist ihnen dazu kein überzeugendes Gegenargument eingefallen, weil es ausgerechnet hier von ihrem ganz traditionellen Priesterverständnis her gesehen auch keines gibt.

Alle Personal-Pastoral-Planungen (PPP), die Bischöfe zur Bekämpfung des Priestermangels und zur Sicherstellung der Seelsorge unternommen haben, sind gescheitert. Immer größere Seelsorgeeinheiten mit bis zu zehn Pfarreien für einen Pfarrer können nicht funktionieren und schon gar nicht das Recht der Gläubigen auf die Eucharistie einlösen. Diese PPP-Pläne sind deshalb nicht selten als «Pleiten, Pech und Pannen» verspottet worden. Auch seelsorgerliche Riesencluster, wie sie etwa in Trier geplant sind, mit gerade einmal fünfunddreißig Pfarreien für die gesamte Diözese, die bisher aus fast neunhundert Pfarreien bestand,[16] sind für das Erfahren der Gemeinschaft – nichts anderes heißt ja Kommunion eigentlich – in der Feier der Eucharistie schlicht ungeeignet. Im eucharistischen Mahl soll schließlich sakramental verdichtet die Gemeinschaft mit Christus, der im Zeichen von Brot und Wein real gegenwärtig ist, und untereinander, die auch sonst im Leben der Gemeinde vor Ort schon da ist, gefeiert werden. Und andersherum soll die Eucharistie als Höhepunkt auf das Alltagsleben der Gläubigen zurückwirken. Das kann aber nur in gewachsenen überschaubaren Gruppen und Gemeinden funktionieren. Im Klartext: Jede Gemeinde braucht ihren Pfarrer. Ein verstärkter Einsatz von Priestern aus Polen, Indien oder afrikanischen Ländern, wie er in vielen deutschen Diözesen betrieben wird, verschärft – trotz des persönlichen guten Willens der Priester – vielfach aufgrund sprachlicher und kultureller Barrieren das Problem eher, als dass er es löst.

Wortgottesdienste mit und ohne Kommunionfeier sind auch keine Lösung, so sehr sich die Männer und Frauen, die sie halten, auch bemühen. Diese zeigen aber umgekehrt, dass die Gemeinden vor Ort gemeinsam Gottesdienst feiern wollen und es auch noch potenzielles Personal geben würde, das sich mit viel Energie seiner Aufgabe widmet. Sie sind allenfalls eine Notlösung, die mitunter die Gläubigen sogar verunsichert. Vor allem bei Wort-Gottes-Feiern mit Kommunionausteilung wird in der Sicht vieler Gläubiger der Unterschied zur Feier der Heiligen Messe nicht selten verwischt. Das Lob einer älteren Katholikin für einen Pastoralreferenten, der am Heiligen Abend einen Wortgottesdienst mit Kommunionausteilung gefeiert hatte, dürfte Bände sprechen: «Da haben Sie aber eine schöne Mitternachtsmesse gehalten.» Sie hatte den Wortgottesdienst mit der Heiligen Messe verwechselt und dem Laien die Kompetenzen des Pfarrers zugesprochen. Tatsächlich hat der Pastoralreferent dieselbe theologische Qualifikation und pastorale Erfahrung wie ein eheloser Priester. Wäre es da für die Bischöfe in der Wahrnehmung ihrer Hirtenaufgabe nicht ehrlicher, Christi Gebot «Tut dies zu meinem Gedächtnis!»[17] ernst zu nehmen und die Feier der Eucharistie zu ermöglichen, indem der verheiratete Pastoralreferent als Vir probatus geweiht wird, statt alle möglichen, wenig überzeugenden pastoralen Klimm- und Winkelzüge zu machen?

Die Bischöfe müssten eigentlich in ihrem Studium genügend Moraltheologie gelernt haben, um mit Leichtigkeit zu einem klaren «Wertvorzugsurteil» zwischen den beiden miteinander in Konkurrenz stehenden Werten «Kirchengesetz Zölibat» und «Christi Gebot Eucharistie» zu gelangen. Dem heilsnotwendigen, zum Wesen des Katholizismus gehörenden Sakrament ist eindeutig der Vorzug vor einer bloß disziplinären kirchlichen Vorschrift zu geben.

Wenn Bischöfe den Gläubigen das Heil vorenthalten, ihnen abgestandenes trübes Wasser statt die lebendige Quelle des Lebens anbieten, verfehlen sie ihre Aufgabe. Jeder einzelne Bischof muss sich in seinem Gewissen fragen: Steht ein bloßes Kirchengesetz wie der Pflichtzölibat höher als das Heil der Menschen? Und jeder muss den Gläubigen eine überzeugende Antwort geben.[18] Sie kann nur lauten: Christi Gebot sticht Kirchengesetz. Deshalb sind geeignete verheiratete Männer zu Priestern zu weihen, um in möglichst jeder Pfarrei Eucharistie zu ermöglichen. Es muss noch heute damit angefangen werden, denn der Herr wird Rechenschaft von den verantwortlichen Hirten verlangen, für jedes einzelne ihnen anvertraute Schaf, das sie verloren haben, weil sie ihnen die Quelle des Heils durch ein Festhalten am Zwangszölibat vorenthalten haben.

16.

DAS ALTE SYSTEM IST AM ENDE

Die Abschaffung des Zölibats als Instrument des Machterhalts
muss Teil einer grundlegenden Reform des hierarchisch
klerikalen Systems sein.

«Jupiter tonans», donnergrollender Zeus: So ist ein Schlüssel-
kapitel des 1919 erstmals erschienenen autobiographischen Ro-
mans *Der Kaplan* von Joseph Bernhart überschrieben. Bernhart,
geboren 1881, war mit gerade dreiundzwanzig Jahren in Augsburg zum Priester geweiht worden. Der wissenschaftlich ambi-
tionierte junge Priester wurde von der kirchlichen Obrigkeit
zum Kaplan in Markt Wald im Unterallgäu ernannt. Es war ein
Absturz von den himmlischen Höhen der Primiz, der ersten
Heiligen Messe nach der Priesterweihe in seiner Heimat-
gemeinde Ursberg, in den allzu irdischen Alltag eines Hilfs-
priesters auf dem Lande. Der Kaplan fühlte sich überfordert
und ausgenutzt, er vereinsamte mehr und mehr, fand in dem
Dorf keine Gesprächspartner und flüchtete sich in mystische
Literatur. Er wollte weg, am liebsten in eine Stadt mit einer Bibliothek und gebildeten Menschen. Nach einer langen Leidens-
zeit fasste sich der Kaplan dann doch ein Herz, fuhr nach Augsburg in die Bischofsstadt, wollte reden, mit dem Generalvikar,
dem Stellvertreter des Bischofs.

«Das Wartezimmer gähnte düster. Ich ermannte mich und
klopfte an der braunen Flügeltür. Keine Antwort. Ich klopfte
abermals und stärker. Keine Antwort ... Eine Minute ließ ich
vergehen, dann klopfte ich zum dritten Mal. Wie Fluch und
Zorn tönte es: Herein! Violettgestalt, gesträubtes weißes Haar,

dicke Gläser, Blicke einer cholerischen Vollnatur – ich verbeugte mich. Wer sind sie? Ich nannte meinen Namen, Kaplan von soundso.» Der Kaplan kam kaum dazu, sein Anliegen vorzubringen, so wüst beschimpft wurde er. Wenn er nicht gehorchen könne, hätte er halt kein Geistlicher werden sollen. «Seine Faust schlug auf den Pultdeckel.» Schließlich trat der Hochwürdigste Herr mit «zornrotem Gesicht … an seine Akten, legte die Fäuste auf das Pult und ließ mich stehen».[1]

Joseph Bernhart wurde ein Jahr später, 1906, dann doch in eine Stadt versetzt, nach Neuburg an der Donau. Die Entmündigungen und die Einsamkeit im Zölibat ertrug er jedoch auf die Dauer nicht. 1913 heiratete er, wurde suspendiert und exkommuniziert und war über Jahrzehnte hinweg von der Heiligen Kommunion ausgeschlossen. Bernhart blieb aber sein Leben lang ein überzeugter Katholik, obwohl ihn das hierarchisch-klerikale System Kirche derart behandelt hatte.

Die Geschichte, die Joseph Bernhart erzählt, rückt einen Grund für den Zölibat in den Mittelpunkt, über den selten offen gesprochen wird: die Stabilisierung des hierarchischen Systems der katholischen Kirche. Ein Mann mit Frau und Kindern hätte von der kirchlichen Obrigkeit nicht einfach wie eine Schachfigur ohne Angabe von Gründen alle Jahre wieder von einem zu einem anderen Ort versetzt werden können; ein Kämmerchen in einem Pfarrhof unter der gestrengen Aufsicht eines Pfarrherren und seiner noch strengeren Pfarrhaushälterin, nicht selten dessen älterer Schwester, wäre undenkbar gewesen; der Rückhalt in einer Familie hätte dem Kaplan nicht nur Sozialkontakte nach außen verschafft, sondern ihm auch innerhalb der Kirche mehr Standfestigkeit ermöglicht. Anfang des zwanzigsten Jahrhunderts wurde dieser zölibatär-klerikale Gehorsam jedoch schlichtweg als gegeben vorausgesetzt.

Heute wird dieser Gehorsam zwar spirituell überhöht, ist aber unausgesprochen nach wie vor die tragende Säule des Systems katholische Kirche. In kirchlichen Dokumenten ist nicht selten davon die Rede, nur der zölibatäre Priester könne dem zölibatären Christus so ähnlich werden, dass er Hand und Herz frei habe für die Kirche, die als mystischer Leib Christi verstanden wird. Eine derartige Totalhingabe an Christus verlangt absoluten Gehorsam gegenüber Papst und Bischöfen, weil diese nach der Lehre der Kirche Christus in dieser Welt repräsentieren. Dadurch wird der Zölibat zu einem erstrangigen Instrument episkopalen und papalen Machterhalts.

Der Kardinalstaatssekretär Pius' VI. Lazzaro Opizio Pallavicini war in dieser Hinsicht noch wesentlich ehrlicher als heutige päpstliche Schreiben und bischöfliche Aussagen, als er sich 1783 mit Nachdruck für die Beibehaltung des Zölibatsgesetzes aussprach: «Wenn man den Geistlichen die Ehe gestattet, so ist die römisch-päpstliche Hierarchie zerstört, das Ansehen und die Hoheit des römischen Bischofs verloren; denn verheiratete Geistliche werden durch das Band mit Weibern und Kindern an den Staat gefesselt, hören auf, Anhänger des römischen Stuhles zu sein.» Da die päpstlichen Finanzen zu dieser Zeit ziemlich erschöpft waren, hatte der Kardinalkämmerer Carlo Rezzonico vorgeschlagen, jedem Priester, der darum bitte, eine Heirat zu erlauben und dafür hohe Dispensgebühren zu verlangen. Darüber entsetzt, entschied der Papst, «durch ein Breve an alle Könige, Fürsten und Bischöfe, die Aufrechterhaltung des ehelosen Standes bei der Geistlichkeit als eine für die römische Hierarchie unentbehrliche Verfassung anzuempfehlen».[2]

Neuere kirchensoziologische Studien haben gezeigt, dass der Zusammenhang zwischen bischöflicher Macht und Zölibat auch über das achtzehnte Jahrhundert hinaus besteht.[3] Vier Aspekte sind dabei von besonderer Bedeutung:

Erstens ermöglicht der Zölibat eine intensive Sozialkontrolle innerhalb der klerikalen Hierarchie selbst. Die Isolierung der Priester durch den Verzicht auf Ehe und Familie macht sie zu Figuren auf dem kirchlichen Schachbrett, die nach Belieben verschoben werden können.[4] Parallel dazu erfolgt eine Solidarisierung mit ihrer Standesgruppe, was über kurz oder lang zu einem elitären klerikalen Bewusstsein führt. Dazu dient vor allem die

Ausbildung in einem geschlossenen Priesterseminar, «dem gro-ßen Brutplatz der klerikalen Apartheid».[5] Der Weg zu männer-bündischen Strukturen, in denen absolute Loyalität nach innen und Geheimhaltungspflicht nach außen herrschen, in der Kir-chensprache die «Arkandisziplin», ist vorgegeben.

Zweitens begründet der Zölibat die strikte Unterscheidung zwischen dem Herrschaftsstand der Kleriker und dem Gefolg-schaftsstand der Laien. Oder, um es in den Worten des ehema-ligen Limburger Domkapitulars und Kirchenrechtlers Werner Böckenförde zu sagen: «In ihrer Rechtsgestalt … präsentiert sich die Kirche als ein Ort sakral begründeter Herrschaft, in der christliche Freiheit zu Gehorsam wird.»[6]

Drittens ist der Pflichtzölibat für die typische Sozialstruktur des katholischen Klerus verantwortlich, denn anders als durch das evangelische Pfarrhaus kann sich das Priestertum nicht sel-ber reproduzieren.[7] Es müssen vielmehr immer neue Aspiranten rekrutiert werden. Immerhin ist dadurch für Priesteramtskandi-daten aus einfachen Verhältnissen ein sozialer Aufstieg möglich, was etwa im Deutschland des neunzehnten Jahrhunderts zu einer gewissen «Volksnähe» der Priester beitrug.

Viertens dürfte der Pflichtzölibat auch dazu beitragen, das Machtgefälle zwischen Männern und Frauen in der katholischen Kirche zu konsolidieren. Weibliche Führungskräfte «stören» – so Andrea Qualbrink in ihrer neuen Studie – die Organisation Kirche in systemtheoretischer Perspektive.[8]

Der Kirchen- und Religionssoziologe Franz Xaver Kauf-mann hat die Sozialstruktur des Klerus als «pathogene Hierar-chie» bezeichnet. Entgegen den Absichten des Zweiten Vatika-nischen Konzils habe die «Hierarchisierung und Zentralisierung» der katholischen Kirche sogar noch weiter zugenommen. Kauf-mann sieht im Festhalten am Zölibatsgesetz einen systemischen Grund für die «merkwürdige *Zurückhaltung*» der katholischen Kirche «*gegenüber zentralen kulturellen Selbstverständlichkei-ten wie Rechtsstaatlichkeit und Autonomie der Persönlichkeit*». Die «pathogene Situation» zeige sich vor allem im «Fehlen ver-

lässlicher kirchlicher Verwaltungsverfahren und der gericht-
lichen Überprüfbarkeit bischöflicher Entscheidungen». Die
größte Schwäche «des Modells strikter Hierarchie» sei «das
Fehlen von Vorkehrungen zum Lernen. Aus organisations-
soziologischer Sicht sind streng hierarchisch aufgebaute Institutionen der wachsenden Komplexität der Weltverhältnisse immer
weniger gewachsen.»[9] Nicht umsonst weisen auch neuere Studien zum sexuellen Missbrauch von Klerikern stets auf systemische Zusammenhänge und Ursachen hin.

Pathogen im wörtlichen Sinne, also Leid gebärend, ist der
Zölibat außerdem noch in anderer Hinsicht: für die Partnerin-
nen von Priestern, die Priester selbst und vor allem für die Kinder, die aus solchen Beziehungen hervorgehen. Viele werden
verleugnet und versteckt, fühlen sich unerwünscht und schuldig. Als illegitime Kinder wurden sie im Kirchenrecht von 1917
diskriminiert und wegen des Mangels ehelicher Geburt selbst
von der Priesterweihe ausgeschlossen.[10]

Der Pflichtzölibat ist ein wichtiger Faktor des klerikal-hierar-
chischen Systems der katholischen Kirche, doch nicht der einzige. Die Entkoppelung von Priestertum und Ehelosigkeit wäre
zwar ein Symbol für die Reformbereitschaft der Hierarchie, aber
nicht schon die notwendige Reform selbst. Immerhin würde es
dann verheiratete und zölibatär lebende Priester nebeneinander
geben. Das würde auf der einen Seite Probleme lösen, auf der anderen Seite aber auch neue schaffen. Es könnte wie in den orthodoxen Kirchen, wo höhere Kirchenstellen wie das Bischofsamt
Unverheirateten vorbehalten bleiben, ein Zweiklassensystem von
Geistlichen entstehen. Und auch verheiratete Amtsträger sind
nicht von vornherein dagegen gefeit, klerikale Allüren zu ent-
wickeln, wie man an manchen Ständigen Diakonen beobachten
kann. Auch werden Ehen von katholischen Priestern wie alle
Ehen der Gefahr des Scheiterns ausgesetzt sein; das Thema ge-
schiedene Pfarrer, von wiederverheirateten Priestern ganz zu
schweigen, läge dann auf dem Tisch.

Doch die Gläubigen würden verheiratete Priester mehrheitlich nicht nur akzeptieren, viele wünschen sich die Aufhebung des Zölibatsgesetzes sogar ausdrücklich, wie Umfragen in Europa und Südamerika belegen. In Deutschland waren im Februar 2013 in einer Erhebung der Forschungsgruppe Wahlen 88 Prozent aller Befragten und 84 Prozent der Katholiken der Meinung, katholische Priester sollten heiraten dürfen, nur 8 Prozent aller Befragten und 12 Prozent der Katholiken lehnten es ab.[11] Ähnlich sieht es in anderen Ländern aus: So sprachen sich in Italien 57, in Frankreich 86, in Spanien 73, in Polen 61, in Argentinien 65 und in Brasilien 60 Prozent der Katholikinnen und Katholiken für die Priesterehe aus.[12] Ein Hauptargument der Zölibatsverteidiger, die Katholiken würden bei verheirateten Priestern nicht zur Messe gehen wollen, dürfte damit zumindest abgeschwächt sein.

Eine ganze Reihe von Problemen der katholischen Kirche vor allem in Mitteleuropa und Lateinamerika geht zudem auf Rahmenbedingungen zurück, welche die Kirche selbst kaum beeinflussen kann. So sinkt in den modernen Gesellschaften allgemein die Bereitschaft, sich durch eine dauerhafte Mitgliedschaft in Vereinen, Parteien, Gewerkschaften und nicht zuletzt auch Kirchen zu binden. Auch das Standardargument gegen Systemveränderungen, wie es gerne von traditionalistischen Kreisen vorgebracht wird, zahlreiche der geforderten Reformen seien in den evangelischen Kirchen doch längst verwirklicht und trotzdem verlören diese mehr Mitglieder als die katholische Kirche, müsste bedacht werden. Es wäre neu herauszuarbeiten, welche Bedeutung der Kirche als Mittlerin zwischen Gott und den Menschen zukommt.

Wer wirklich eine Reform der katholischen Kirche anstrebt, der muss das klerikale System insgesamt infrage stellen und darf es nicht zur notwendigen und unveränderlichen Gestalt der katholischen Kirche verklären. Die katholische Kirche als absolute Monarchie ist eine Erfindung des neunzehnten Jahrhunderts, die ihre Plausibilität unter den heutigen Bedingungen immer mehr verliert. Ordnungsvorstellungen des neunzehnten Jahrhunderts, die als ewige Wahrheiten ausgegeben werden, sind eine wesentliche Ursache für die derzeitige Kirchenkrise. Heute geht es darum, transparente und gerechte Strukturen zu schaffen, an denen *alle* Gläubigen beteiligt sind. Dazu gehören einklagbare Grundrechte für jeden Christen, eine heutigen Ansprüchen genügende Rechtskultur, eine unabhängige Verwaltungsgerichtsbarkeit, eine zeitgemäße Sexualmoral, die Gleichberechtigung von Frauen, die Auswahl kirchlicher Amtsträger auf allen Ebenen durch die Gläubigen, die Einführung des Prinzips der Subsidiarität ... Die Liste ließe sich fortsetzen.[13]

Oder, um es mit den Worten des Mainzer Sozialethikers Gerhard Kruip zu sagen: «Es wäre eine Illusion zu glauben, man könnte den herrschenden Klerikalismus überwinden, ohne das Kirchenrecht in zentralen Punkten zu ändern, den absolutistischen Jurisdiktionsprimat des Papstes eingeschlossen. Es wäre eine Illusion zu glauben, man könnte die männerbündischen Seiten kirchlicher Machtstrukturen überwinden, ohne den Pflichtzölibat aufzugeben und auch Frauen zum Priestertum zuzulassen. Es wäre eine Illusion zu glauben, man könne die Tabuisierung von Homosexualität überwinden, ohne insgesamt die Sexualmoral der Kirche zu revidieren. Alle diese seit langem kritisierten Missstände müssen freilich nicht nur aufgrund des Missbrauchsskandals beseitigt werden, sondern auch, weil sie der befreienden Reich-Gottes-Botschaft des Evangeliums widersprechen.»[14]

Die Reformbedürftigkeit der katholischen Kirche liegt auf der Hand. Aber ein Blick in die Kirchengeschichte zeigt, dass die Selbsterhaltungskräfte des Systems immer so groß waren, dass wider bessere Einsicht eine Umkehr verhindert wurde. Manchmal hat das Modell des Aussitzens einer Kirchenkrise durch die Hierarchie gut funktioniert. Manchmal ging dieses Aussitzen aber auch nach hinten los. Weil die Päpste die von den Reformkonzilien des fünfzehnten Jahrhunderts beschlossenen Maßnahmen auf die lange Bank schoben und weil sie nach dem Auftreten Luthers die Einberufung eines Reformkonzils drei

Jahrzehnte lang torpedierten, bekamen sie im sechzehnten Jahrhundert die Kirchenspaltung. Manchmal reichte es auch aus, führende Reformer, egal ob es Kardinäle, Bischöfe oder Theologen waren, mundtot zu machen. Der *Index der verbotenen Bücher* und die Lehrzuchtverfahren durch die Römische Inquisition und ihre Nachfolgeorganisation, der römischen Glaubenskongregation, legen davon beredtes Zeugnis ab. Manchmal war der Druck in dem Kessel katholische Kirche aber auch so hoch, dass man gezwungen war, wenigstens etwas Druck abzulassen, um eine Explosion zu verhindern. So zum Beispiel auf dem Zweiten Vatikanischen Konzil, als sich die Reformkräfte auf dem Feld der Liturgie austoben durften, um das Thema Kirchenverfassung vom Tapet zu bringen. Manchmal genügte auch bloße kirchliche Reformrhetorik, die nichts kostet, aber nichts bewirkt. Und manchmal geht die Hierarchie den Weg der Dogmatisierung, indem sie eine umstrittene Frage zur Glaubenswahrheit erhebt und dadurch versucht, sie ein für alle Mal der Diskussion zu entziehen, wie zum Beispiel bei der Unfehlbarkeit des Papstes oder bei der Unmöglichkeit der Priesterweihe von Frauen. Welchen Weg wird die Kirche wohl diesmal einschlagen?

ANMERKUNGEN

1.
Das Tabu ist gefallen

1 Kräutler kommt an verschiedenen Stellen seines Buches auf die Audienz zu sprechen; vgl. Kräutler, Mut, passim. Das gesamte Gebiet Amazoniens ist so groß wie Australien und erstreckt sich über neun südamerikanische Staaten, wobei die größte Fläche zu Brasilien gehört. Kräutler war von 1981 bis 2015 Bischof und Prälat der Territorialprälatur Xingu, die mit 368 086 Quadratkilometern das weltweit größte Kirchengebiet darstellt. Zum Vergleich: Deutschland ist 357 580 Quadratkilometer groß; vgl. http://www.domerwin.com/praelatur.html (letzter Zugriff 05. 02. 2019).

2 Ebd., S. 114.

3 Ebd., S. 115.

4 Ebd., S. 90 f.

5 Ebd., S. 91.

6 Paul VI., Enzyklika «Sacerdotalis caelibatus» vom 24. Juni 1967, Nr. 1.

7 Vgl. als Beispiele Drewermann, Kleriker; Ranke-Heinemann, Eunuchen, S. 105–124 (7. Kapitel «Die Entwicklung des Zölibats»).

8 Vgl. als Beispiel Wir sind Kirche (Hg.), Zölibat – so nicht! Gottes amputierte Liebe, Wien 2002.

9 Vgl. als Beispiele Georg Denzler (Hg.), Lebensberichte verheirateter Priester. Autobiographische Zeugnisse zum Konflikt zwischen Ehe und Zölibat, München/Zürich 1989; Ders., Mein 44. Jahr rund um das Zölibatsgesetz. Persönliche Bilanz eines Kirchenhistorikers. Mit einer Gesamtbibliographie (Theologie biographisch 1), Berlin 2014; Fritz Leist, Zum Thema Zölibat. Bekenntnisse von Betroffenen, München 1973; Rice, Kirche, S. 283–309; Vereinigung katholischer Priester und ihrer Frauen e. V., Lebenswege – Hoffnungswege, Berlin 2004.

10 Vgl. als Beispiele Sonja Bachl, «Ich liebte einen Priester». Eine wahre Geschichte, Freiburg i. Br./Basel/Wien 1995; Odette Desfonds, Rivalinnen Gottes. Priesterfrauen schweigen nicht länger, Salzburg 1997; Ursula Goldmann-Posch, Unheilige Ehen. Gespräche mit Priesterfrauen, München 1985; Margarete Kirchmann, Wer es fassen kann, der fasse es. Ich war die Frau im Leben eines Priesters, Frankfurt a. M. 2004; Gabriella Loser Friedli, Oh, Gott! Kreuzweg Zölibat, Gockhausen 2014; Elisa Melidi, Die Berufung. Von der heimlichen Liebe zu einem Priester, Hanau 2011; Angelika Welten, Diagnose: Zölibat. Bericht einer Betroffenen, Frankfurt a. M. 1991.

11 Vgl. als Beispiele Annette Bruhns/Peter Wensierski, Gottes heimliche Kinder. Töchter und Söhne von Priestern erzählen ihr Schicksal, München 2006; Edith Flubacher, Das gebrochene Gelübde. Mein Großvater, der Priester, Gock-

hausen 2008; Karin Jäckel, Sag keinem, wer dein Vater ist! Das Schicksal von Priesterkindern. Zeugnisse – Berichte – Fragen, Recklinghausen 1992; Dies./ Thomas Forster, … weil mein Vater Priester ist. Thomas wusste nicht, wer sein Vater ist. Jetzt erfährt er die Wahrheit, Bergisch Gladbach 2002.

12 Vgl. als Beispiele Emile Zola, Die Sünde des Abbe Mouret, Paris 1875; Colleen McCullough, Dornenvögel, München 2008.

13 Ursprünglich war die Kongregation für die Glaubenslehre für Laisierungen zuständig; vgl. Schreiben an alle Ortsordinarien und Generaloberen von Klerikerorden über die Rückversetzung in den Laienstand vom 13. Januar 1971 und Erklärung zur Interpretation einiger Verfügungen bezüglich der Rückversetzung in den Laienstand vom 26. Juni 1972, in: Kongregation für die Glaubenslehre, Dokumente, S. 49–52 und S. 70–72. Zur Situation heute vgl. Rüdiger Althaus, Die Laisierung von Priestern – Ein Akt der Gnade oder der Gerechtigkeit? In: De processibus matrimonialibus 8 (2001), S. 215–241; Ders., Die Feststellung der Nichtigkeit der Erteilung einer heiligen Weihe vor dem Hintergrund der Neuordnung des Verwaltungsverfahrens vom 16. Oktober 2011, in: De processibus matrimonialibus 11 (2004), S. 23–43; Stephan Haering, Verlust des klerikalen Standes. Neue Rechtsentwicklungen durch päpstliche Sondervollmachten der Kongregation für den Klerus, in: Archiv für katholisches Kirchenrecht 178 (2009), S. 369–395; Bruno Primetshofer, Art. Laisierung, in: Lexikon für Theologie und Kirche[3] 6 (1997), Sp. 609–611.

14 Nach Schätzungen der «Vereinigung katholischer Priester und ihrer Frauen» schieden allein bis 1990 in der Bundesrepublik rund 4000 Priester zölibatshalber aus dem Amt, wozu noch die weitaus größere Dunkelziffer der «Konkubinaier» kommt; weltweit waren es rund 80 000 verheiratete Priester; vgl. Christian Gampert, Gleichgewicht des Schreckens, in: taz vom 26. Mai 1990; https://www.taz.de/!1766713/. Für 2010 legte die Vereinigung ähnliche Zahlen vor: «Der prozentuale Anteil der Suspendierten wird auch in Deutschland um die 20 Prozent liegen.» Zur Anzahl von Laisierungen gibt es kaum Angaben. Seit 1997 seien das nur 107 gewesen; vgl. Nadine Bös, Das Leben nach dem Zölibat, in: Frankfurter Allgemeine Zeitung vom 10. März 2010; https:// www.faz.net/aktuell/beruf-chance/beruf/zweite-karriere-fuer-priester-das-leben-nach- dem-zoelibat-1576036.html (letzter Zugriff 27. 01. 2019).

15 Vgl. als Beispiel Alexander Görlach, Hauptsache, die Fassade steht, in: Die Zeit vom 5. Oktober 2018; https://www.zeit.de/2018/41/homosexualitaet-priestertum-moral-verdraengung-kirche (letzter Zugriff 19. 02. 2019).

16 Hanisch, Priester, S. 219.

17 Zum Zweiten Vatikanischen Konzil vgl. die fünf Bände von Alberigo/Wittstadt (Hg.), Geschichte, sowie die verschiedenen Beiträge in: Wassilowsky (Hg.), Vatikanum.

18 Vgl. Zweites Vatikanisches Konzil, Dekret «Presbyterorum ordinis» vom 7. Dezember 1965, S. 216 f. (Kommentar).

19 Paul VI., Enzyklika «Sacerdotalis caelibatus» vom 24. Juni 1967, Nr. 14. Zum ordentlichen Lehramt vgl. Wolf, Erfindung, S. 236–259.

20 Vgl. Arning/Wolf, Katholikentage, S. 188 f.; Voges, Konzil, (Reg.).

21 Walter Kasper, Einleitung: Die pastoralen Dienste in der Gemeinde, in: Synode, S. 581–596, hier S. 591.

22 Beschluss über «Die pastoralen Dienste in der Gemeinde», in: Synode, S. 597–636, hier S. 628.

23 Vgl. Arning/Wolf, Katholikentage, passim, und die Hinweise in den verschiedenen Beiträgen in Seidler/Steiner (Hg.), Kirche.

24 Vgl. die Beiträge in Schmiedl (Hg.), Nationalsynoden. Vgl. auch den Überblick über die verschiedenen Gruppierungen, die sich weltweit für Kirchenreformen einsetzen, bei Preglau-Hämmerle, Reformbewegungen.

25 Schmiedl (Hg.), Nationalsynoden, S. 17.

26 Vgl. zahlreiche Quellenbelege in Hohmann, Zölibat, S. 314–413.

27 Johannes Paul II., Schreiben zum Gründonnerstag «Novo incipiente» an alle Priester der Kirche über den priesterlichen Dienst vom 8. April 1979, Nr. 8.

28 Bischöfliches Ordinariat Rottenburg (Hg.), Beschlüsse der Diözesansynode Rottenburg-Stuttgart 1985/86. Weitergabe des Glaubens an die kommende Generation, Ostfildern 1986, S. 188.

29 Aus einem Exklusivinterview Parolins mit «America Oggi» vom 29. September 2018 machte «Il Fatto Quotidiano» am 2. Oktober 2018 eine Meldung; https://www.ilfattoquotidiano.it/2018/10/02/preti-sposati-lapertura-del-cardinale-parolin-occorre-interrogarsi-sul-celibato-magistero-non-e-monolite-immu tabile/4661541/; daraus entstand wiederum eine Meldung auf VaticanNews; https://www.vaticannews.va/de/vatikan/news/2018–10/parolin-zoelibat-synode2019-amazonas-priester.html. Die früheren Aussagen stammen aus einem Interview, das Roberto Giusti am 8. September 2013 mit Parolin führte; https://evangelizadorasdelosapostoles.wordpress.com/2013/09/08/pietro-parolin-la-renovacion-implica-una-vuelta-al-cristianismo-primitivo/. Die deutsche Berichterstattung griff dann auf beide Quellen zurück; https://www.katholisch.de/aktuelles/aktuelle-artikel/der-zolibat-im-fokus (letzter Zugriff 28.01.2019).

30 Reinhard Kardinal Marx, Pressestatement «Wir müssen handeln» zur Eröffnung des Masterstudiengangs «Safeguarding of Minors» an der Päpstlichen Universität Gregoriana vom 5. Oktober 2018; https://www.erzbistum-muen chen.de/news/bistum/Wir-muessen-handeln-33310.news; Bericht: https://www.vaticannews.va/de/vatikan/news/2018–10/gregoriana-missbrauch-kin derschutz-master.html (letzter Zugriff 29.01.2019).

31 Vgl. Christian Wölfel, Interview mit Ludwig Schick vom 8. Oktober 2018; https://www.katholisch.de/aktuelles/aktuelle-artikel/der-dispens-vom-zoli bat-ware-eine-moglichkeit (letzter Zugriff 29.01.2019).

32 Lucas Wiegelmann, Der Zölibat ist kein Tabu. Ein Gespräch mit Erzbischof Nikola Eterović, dem Apostolischen Nuntius in Berlin, in: Herder Korrespondenz 11 (2018), S. 17–20, hier S. 18 f.

33 «Besonderes Augenmerk wird im Vorbereitungsdokument auf die Rolle der Frau und ihre Gestaltung des gesellschaftlichen, wirtschaftlichen, religiösen und politischen Wandels gelegt. Angesichts ihrer ‹zentralen Rolle› im Leben der Kirche müsse sich die Synode mit der Frage befassen, ‹welche Art von offiziellem Amt der Frau übertragen werden kann›. Es brauche auch ‹neue Wege, damit das Volk Gottes einen besseren und häufigeren Zugang zur Eucharistie haben kann›. Die Bischöfe werden dazu ausdrücklich um Vorschläge dazu gebeten, welche ‹Dienste und Ämter mit amazonischem Profil› geschaffen werden müssten.» Vgl. Mario Galgano, Vorbereitungspapier für Amazonas-synode: Natur, Glaube und Kirche; https://www.vaticannews.va/de/vatikan/news/2018–06/amazonien-dokument-vorbereitung-synode.html (letzter Zugriff 19.02.2019).

34 Wolfgang R. Mann, Art. These, in: Historisches Wörterbuch der Philosophie
    10 (1998), Sp. 1175–1177, hier Sp. 1177.

2.
Die Schwiegermutter des Petrus

1   Bickell legte jeweils in der Innsbrucker «Zeitschrift für katholische Theologie»
    vor, Funk replizierte in der Tübinger «Theologischen Quartalschrift».
2   Vgl. Markus 1,30 f.
3   Funk, Der Cölibat keine apostolische Anordnung, S. 209.
4   Ebd., S. 247.
5   Vgl. Konzil von Trient, Erstes Dekret: Annahme der heiligen Bücher und der
    Überlieferungen der Apostel vom 8. April 1546, in: Wohlmuth (Hg.), Dekrete
    Bd. 3, S. 663 f.
6   Vgl. für einen ersten Überblick die sechs Teilartikel zum Stichwort Abend-
    mahl, in: Religion in Geschichte und Gegenwart[4] 1 (1998), Sp. 10–53; zum
    Thema Schrift und Tradition immer noch unverzichtbar Josef Rupert Geisel-
    mann, Die Heilige Schrift und die Tradition (Quaestiones Disputatae 18), Frei-
    burg i. Br./Basel/Wien 1962.
7   Vgl. Reinhild Ahlers, Art. Nüchternheit II. Kirchenrechtlich, in: Lexikon für
    Theologie und Kirche[3] 7 (1998), Sp. 943; Ott, Grundriss, S. 477.
8   Vgl. den Blog des amerikanischen Bibelwissenschaftlers James Tabor, dessen
    Argumentation teilweise aber recht seltsam anmutet. Dass Jesu Ehefrau im
    Neuen Testament nicht genannt wird, erachtet er als «Teil der kulturellen
    Norm»: «Wir können annehmen, dass Jesus als Jude seiner Zeit verheiratet
    war, wenn dies nicht der Fall gewesen wäre, wäre dies anderweitig festgehalten
    worden»; https://jamestabor.com/theres-something-about-mary-magdalene-
    part-1/ (letzter Zugriff 07.02.2019).
9   Kleinschmidt, Ehefragen, S. 145.
10 Anzuführen sind hier vor allem die Studien von Roger Gryson, Origines, aus
    dem Jahr 1970, der den Zölibat aufgrund der Quellenanalyse auf die Päpste des
    fünften Jahrhunderts zurückführte, und Christian Cochini, Origini. Der Jesuit
    Cochini bestritt 1981 die These Franz Xaver Funks und behauptete, der Zöli-
    bat finde seinen Ursprung bei den Aposteln. Die orientalische Kirche sei die-
    jenige gewesen, die sich auf dem Trullanum II umentschieden habe, wobei der
    Enthaltsamkeitsgrad den einzigen Unterschied zwischen Osten (Enthaltsam-
    keit vor dem Gottesdienst) und Westen (dauernde Enthaltsamkeit) darstelle.
    Vgl. auch Petrà, Preti, S. 37–40.
11 Heid, Zölibat, S. 13.
12 Sieben, Rezension Zölibat, S. 586.
13 Siricius an Himerius von Tarragona vom 10. Februar 385; Zechiel-Eckes,
    Dekretale, S. 99–101.
14 Epheser 5,27.
15 Epheser 5,28.
16 Bei der Deutung des Siricius spielten die alttestamentlichen Vorstellungen von
    kultischer Reinheit, denen die Priester, die den Opferdienst versahen, ent-
    sprechen mussten, eine größere Rolle als die paulinischen Vorstellungen vom

christlichen Eheleben; vgl. Levitikus 21,17 und 22,3 oder I. Samuel 21,3–7. Diese Vorstellungen wurden in der christlichen Theologie und liturgischen Praxis ab dem vierten Jahrhundert stark rezipiert und auf die Eucharistie angewendet; vgl. Arnold Angenendt, Die Revolution des geistigen Opfers. Blut – Sündenbock – Eucharistie, Freiburg i. Br. 2011, S. 116 f.; Jürgen Bärsch, Kleine Geschichte des christlichen Gottesdienstes, Regenburg 2015, S. 63–69.

17 Heid, Zölibat, S. 36.

18 1. Timotheus 3,1–5. Für die Übersetzung dieser Stelle danke ich Herrn Prof. Dr. Martin Ebner, Bonn.

19 Titus 1,5–9.

20 Vgl. Michaela Engelmann, Unzertrennliche Drillinge? Motivsemantische Untersuchungen zum literarischen Verhältnis der Pastoralbriefe (Beihefte zur Zeitschrift für die Neutestamentliche Wissenschaft 192), Berlin 2012, S. 244 f.; Joachim Jeremias, Die Briefe an Timotheus und Titus (Das Neue Testament 9), Göttingen [12]1981, S. 69; Lorenz Oberlinner, Die Pastoralbriefe. Erste Folge: Kommentar zum Ersten Timotheusbrief (Herders Theologischer Kommentar zum Neuen Testament 11,2), Freiburg i. Br. 1994, S. 118–120.

21 Vgl. Gottfried Holtz, Die Pastoralbriefe, Berlin [4]1986, S. 76.

22 Paul VI., Motu proprio «Sacrum diaconatus ordinem» vom 18. Juni 1967, Absatz III Nr. 16. Vgl. auch Plöger/Weber (Hg.), Diakon; insbesondere Trippen, Erneuerung, S. 83–103. Bezeichnenderweise findet sich die Forderung von Stefan Heid nach «Enthaltsamkeit verheirateter Diakone» in keinem der einschlägigen kirchlichen Dokumente; Stefan Heid, Verheiratete und ehelose Priester, in: Forum katholische Theologie 28 (2012), S. 116–125, hier S. 117.

23 Heid, Zölibat, S. 42, mit Bezug auf 1. Korinther 7,2.

24 Ebd., S. 51.

25 Ebd., S. 43.

26 Sieben, Rezension Zölibat, S. 586. Vgl. auch Gryson, Origines, S. 42: «On ne trouve pas trace, avant le IVᵉ siècle, d'une loi qui obligerait les clercs à garder le célibat ou la continence.» Das einzige, was gilt, ist das Verbot einer zweiten Ehe für Kleriker; ebd., S. 43.

27 Heid, Zölibat, S. 45.

28 Ebd., S. 13.

29 Vgl. Bischof, Junktim, S. 58 f.; Annette Merz, Art. Ehe II. NT, in: Angelika Berlejung/Christian Frevel (Hg.), Handbuch theologischer Grundbegriffe zum Alten und Neuen Testament, Darmstadt [5]2016, S. 142 f.; Friedrich Fechter/Luzia Sutter Rehmann, Art. Ehe, in: Frank Crüsemann u. a. (Hg.), Sozialgeschichtliches Wörterbuch zur Bibel, Gütersloh 2009, S. 96.

30 Matthäus 19,12.

31 1. Korinther 7,7.

32 Kleinschmidt, Ehefragen, S. 150.

33 1. Korinther 7,25.

34 1. Korinther 9,5. Trémeau, Zölibat, S. 36 behauptet sogar, dies sei die Pfarrhaushälterin von Petrus gewesen.

35 Vgl. Andreas Lindemann, Der erste Korintherbrief (Handbuch zum Neuen Testament 9,1), Tübingen 2001, S. 202; Wolfgang Schrage, Der erste Brief an die Korinther (Evangelisch-katholischer Kommentar zum Neuen Testament 7,2), Neukirchen-Vluyn 1995, S. 292.

36 [Carlo Passaglia,] Sul celibato del clero. Lettere di due ecclesiastici ad un uomo

di Stato, Turin 1863, Lettera II, S. 9. «Über den Priesterzölibat. Briefe zweier Geistlichen an einen Staatsmann» erschien in Form von zwei Briefen unter dem Pseudonym «Catholicos» (Lettera I) beziehungsweise «Eleutero» (Lettera II). Die Zuordnung der Verfasserschaft lässt sich über Artikel der englischen Journalistin Frances Power Cobbe vornehmen, die Passaglia persönlich kannte; vgl. zum Beispiel Frances Power Cobbe, Religion in Italy in 1864, in: The Theological Review. A Journal of Religious Thought and Life, Bd. 1, London 1864, S. 198–214, hier S. 205 f. Für die Übersetzung danke ich Frau Dr. Maria Pia Lorenz-Filograno.

37 Boelens, Klerikerehe, S. 23. Vgl. auch Kleinschmidt, Ehefragen, S. 172; Kötting, Zölibat, S. 5–35.

38 Vgl. Wolf, Kriterium, S. 713–732.

3.
Zölibat ist nicht gleich Zölibat

1 Vgl. Hermann Josef Sieben, Art. Lateran I.-IV., in: Theologische Realenzyklopädie 20 (1990), S. 481–489; Jedin, Konziliengeschichte, S. 42–45; Einführung zum Zweiten Laterankonzil, in: Wohlmuth (Hg.), Dekrete Bd. 2, S. 195 f.

2 Vgl. Ranke-Heinemann, Eunuchen, S. 116.

3 Bischof, Junktim, S. 65; Denzler, Geschichte, S. 35: «ein neuer Abschnitt in der Geschichte des Priesterzölibats».

4 Price, Zölibat, S. 722.

5 Vgl. als Beispiel die Synode von Valence aus dem Jahr 374, auf der zwanzig Bischöfe aus dem gallischen Raum versammelt waren und Folgendes beschlossen: Wer zweimal verheiratet war oder eine Frau heiratete, die schon einmal verheiratet gewesen war, könne nicht zum Kleriker geweiht werden; Charles Munier/Jean Gaudemet (Ed.), Conciles gaulois du IVᵉ siècle (Sources Chrétiennes 241), Paris 1977, S. 104.

6 Vgl. Boelens, Klerikerehe, S. 38.

7 Die Umsetzung der rechtlichen Vorgaben steht noch einmal auf einem ganz anderen Blatt. Vgl. die Beispiele in: Bischof, Junktim, S. 66–69 (Lit.); Denzler, Geschichte, S. 146–162; Price, Zölibat, S. 728 f.

8 Vgl. Price, Zölibat, S. 724.

9 Synode von Elvira (Spanien) von 300–303?, Kanon 33, in: Denzinger/Hünermann (Hg.), Kompendium, Nr. 119. Hervorhebung durch den Verfasser. Sowohl die Datierung der Synode als auch die Herkunft der überlieferten Akten (wurden die Dekrete auf der Synode selbst überliefert oder handelt es sich um eine spätere Sammlung von spanischen Synoden?) ist umstritten; vgl. Domingo Ramos-Lissón, Art. Elvira, in: Lexikon für Theologie und Kirche³ 3 (1995), Sp. 614.

10 Vgl. Heid, Zölibat, S. 99–104.

11 Vgl. Boelens, Klerikerehe, S. 40 f.

12 Vgl. Heid, Zölibat, S. 101.

13 Frank, Lehrbuch, S. 342; vgl. auch Dassmann, Kirchengeschichte, S. 216–220.

14 Vgl. als erstes Beispiel die Synode von Clermont 535; Carlo de Clerc/Jean Gaudemet/Brigitte Basdevant (Ed.), Les canons des conciles mérovin-

giens VIe-VIIe siècles, 2 Bde. (Sources Chrétiennes 353 und 354), Paris 1989, Bd. 1, S. 210–224, hier S. 216; und als zweites Beispiel ist die Reichsteilsynode im Frankenreich von 567 anzuführen; ebd., Bd. 2, S. 348–408.

15 Boelens, Klerikerehe, S. 74.

16 Vgl. Denzler, Papsttum Bd. 1, S. 12–30 und S. 139–151.

17 Vgl. Gregor von Tours, Libri historiarum decem (Monumenta Germaniae Historica, Scriptores rerum Merovingicarum 1,1), Hannover 1951, S. 405 f. (VIII, 39).

18 Vgl. die Auflistung aller einschlägigen Erlasse bei Denzler, Papsttum Bd. 1, S. 152–157, in der für das neunte und zehnte Jahrhundert keine Quellen angeführt sind. Vgl. auch Tellenbach, Kirche, S. 38, S. 136–140 und passim.

19 Boelens, Klerikerehe, S. 114.

20 Nikolaus I., Responsa ad Consulta Bulg. LXXI; Johannes Dominicus Mansi, Sacrorum conciliorum nova et amplissima collectio, Bd. 15, Venedig 1770, S. 425; deutsche Übersetzung zitiert nach Denzler, Papsttum Bd. 1, S. 40.

21 Vgl. Quaranta, Preti, passim.

22 Vgl. Boelens, Klerikerehe, S. 104–113 mit zahlreichen Belegen. Als konkretes Beispiel sei verwiesen auf die Synode von Gerona 517; José Vives (Ed.), Concilios visigóticos e hispano-romanos (España Cristiana 1), Barcelona/Madrid 1963, S. 39–41 (Nr. 5), und die Synode von Saint-Pierre-de-Granon 673/675; Carlo de Clerc/Jean Gaudemet/Brigitte Basdevant (Ed.), Les canons des conciles mérovingiens VIe-VIIe siècles, 2 Bde. (Sources Chrétiennes 353 und 354), Paris 1989, Bd. 2, S. 568–572.

23 Vgl. Herbers, Geschichte, S. 128–132.

24 Denzler, Papsttum, Bd. 1, S. 66.

25 Price, Zölibat, S. 726.

26 Lampert von Hersfeld, Annalen, in: Alois Schmidt (Hg.), Ausgewählte Quellen zur deutschen Geschichte des Mittelalters, Bd. 13 (Freiherr vom Stein Gedächtnisausgabe), Darmstadt 1957, S. 3–423, hier S. 259.

27 Vgl. Boelens, Klerikerehe, S. 163.

28 Zitiert nach Herbers, Geschichte, S. 122.

29 Zweites Laterankonzil, Kanon 7, in: Wohlmuth (Hg.), Dekrete Bd. 2, S. 198.

30 Vgl. Bischof, Junktim, S. 65, der den Forschungsstand konzise zusammenfasst. Vgl. auch Norbert Lüdecke, Art. Zölibat II. In der christlichen Kirche, in: Religion in Geschichte und Gegenwart[4] 8 (2005), Sp. 1896–1898, hier Sp. 1897.

31 Zweites Laterankonzil, Kanones, in: Wohlmuth (Hg.), Dekrete Bd. 2, S. 198.

32 Price, Zölibat, S. 727.

33 Vgl. Bauer, Kultur, S. 26–41; Hubert Wolf, Seid doch nicht so streng, in: Christ und Welt Nr. 28 vom 5. Juli 2018, S. 5.

34 Vgl. Decretum Gratiani, Distinctio XXXIII und Distinctio L, C. XII; https://geschichte.digitale-sammlungen.de/decretum-gratiani/seite/bsb00009126_00113 und https://geschichte.digitale-sammlungen.de/decretum-gratiani/gehezuseite/?page=181 (letzter Zugriff 19.02.2019).

35 Vgl. Konzil von Trient, Kanones über eine Reform der Ehe, Dekret «Tametsi», in: Denzinger/Hünermann (Hg.), Kompendium, Nr. 1813–1816. Vgl. auch Demel, Trauung, S. 48–74.

36 Puza, Viri, S. 17.

37 Ebd. Vgl. CIC (1917), Kanon 1072.

38 CIC (1983), Kanon 1042 Nr. 1.

4.
Vorchristliche Ursprünge

1   Vgl. den sprechenden Titel «‹Mit reinen Händen.› Das Motiv der kultischen Reinheit in der abendländischen Askese» von Arnold Angenendt. Dieser selbst hat betont, den Begriff «archaisch» wertfrei zu benutzen. Das ist aber nicht einfach, weil das Wort umgangssprachlich negativ besetzt ist; vgl. Richard Faber, Art. Archaisch/Archaismus, in: Handbuch religionswissenschaftlicher Grundbegriffe 2 (1990), S. 51–56. Zur Verwendung des Begriffs durch Angenendt vgl. Yitzhak Hen, Arnold Angenendt's History of Medieval Religiosity, in: Revue belge de philologie et d'histoire 77 (1999) H 2, S. 473–479, hier S. 478.

2   Messbuch, Kanon I, S. 473.

3   Angenendt, Motiv, S. 251. Vgl. auch Dassmann, Diakonat, S. 63.

4   Matthäus 15,1–20.

5   Apostelgeschichte 2,46.

6   Dassmann, Kirchengeschichte, S. 169 f. Vgl. auch Frank, Lehrbuch, S. 100–116.

7   Vgl. Dassmann, Kirchengeschichte, S. 216–220; Frank, Lehrbuch, S. 342; Schneider, Zeichen, S. 128–159; Schubert, Gott, S. 31–36.

8   Levitikus 15.

9   Angenendt, Motiv, S. 251.

10   Burkert, Religion, S. 133. Hervorhebung im Original.

11   Vgl. Bätz, Studien, passim.

12   Vgl. Denzler, Papsttum Bd. 1, S. 140–142, hier S. 141.

13   Darauf hat vor allem Hubertus Lutterbach hingewiesen. Die «im Mittelalter massiv in das Christentum eingedrungene religionsgeschichtliche Vorstellung von der kultischen Befleckung [hob] geradezu einmalige Positionen des Neuen Testaments wie die grundsätzliche Gleichheit von Mann und Frau aus den Angeln», weil Frauen sexuell befleckter und damit unreiner seien als Männer; Lutterbach, Sexualität, S. 256.

14   Denzler, Papsttum Bd. 1, S. 54.

15   Zweites Laterankonzil, Kanon 7, in: Wohlmuth (Hg.), Dekrete Bd. 2, S. 198.

16   Huizinga, Herbst, S. 278.

17   George Phillips, Art. Cölibat, in: Wetzer und Welte's Kirchenlexikon² 3 (1884), Sp. 584–594, hier Sp. 584 f.

18   Vgl. Eric J. Hobsbawm/Terrence Ranger (Hg.), The Invention of Tradition, Cambridge 1983. Interessanterweise beruft sich auch Rita Werden im Kontext der Homosexualität auf die These von Eric Hobsbawm; vgl. Rita Werden, Systemische Vertuschung. Zur Rede von Scham in den Stellungnahmen von Bischöfen im Kontext der Veröffentlichung der MHG-Studie, in: Striet/Werden (Hg.), Theologie, S. 41–77, hier S. 68, Anm. 44.

19   Vgl. Andreas Gestrich, Familie im 19. und 20. Jahrhundert (Enzyklopädie deutscher Geschichte 50), München 1999, S. 29 f.; Paul Münch, Lebensformen in der frühen Neuzeit, Frankfurt a. M. 1982, S. 270–272.

20   Pius XI., Rundschreiben «Ad Catholici Sacerdoti» vom 20. Dezember 1935, in: Rohrbasser (Hg.), Heilslehre, S. 800–847, hier S. 820.

21   Pius XII., Adhortatio «Menti nostrae» vom 23. September 1950, in: Rohrbasser

(Hg.), Heilslehre, S. 873–919, hier S. 882. Pius XII. bezieht sich in dieser Formulierung auf das Römische Pontifikale zur Diakonatsweihe.

22 Pius XII., Enzyklika «Sacra virginitas» vom 25. März 1954; https://w2.vatican.
va/content/pius-xii/it/encyclicals/documents/hf_p-xii_enc_25031954_sacra-
virginitas.html (letzter Zugriff 01. 02. 2019); deutsch: Denzler, Papsttum Bd. 2,
S. 324 f.

23 Kongregation für das katholische Unterrichtswesen, Leitgedanken für die Erziehung zum priesterlichen Zölibat vom 11. April 1974; http://www.kath
pedia.com/index.php?title=Leitgedanken_f%C3%BCr_die_Erziehung_
zum_priesterlichen_Z%C3%B6libat (letzter Zugriff 01. 02. 1019), hier 2.13.

24 Dassmann, Diakonat, S. 65.

25 Angenendt, Motiv, S. 267.

5.
Jesus war kein Stoiker

1 Kaiser Marc Aurel, Wege zu sich selbst, hg. und übertragen von Willy Theiler,
Zürich/München ²1974, S. 127 (VI, 13).

2 Pierre Hadot, Philosophie als Lebensform. Geistige Übungen in der Antike,
Berlin 1991, S. 15 und S. 182 Anm. 12 mit Belegen zu Cicero und Porphyrios.

3 Brown, Keuschheit, S. 41.

4 Troeltsch, Askese, S. 69.

5 Frank, Einführung, S. 1.

6 Henry Chadwick, Art. Enkrateia, in: Reallexikon für Antike und Christentum
5 (1963), S. 343–365, hier S. 347.

7 Denzler, Geschichte, S. 80. Hervorhebung im Original.

8 Vgl. Matthäus 11,19.

9 Angenendt, Motiv, S. 248.

10 Frank, Einführung, S. 2.

11 1. Timotheus 4,3 f.

12 Vgl. Clemens Scholten, Art. Gnosis, in: Lexikon für Theologie und Kirche³ 4
(1995), Sp. 802–809.

13 Zitiert nach Frank, Geschichte, S. 16 Anm. 21.

14 Sulpicius Severus, 2. Dialog 4,1, in: Des Sulpicius Severus Schriften über den
Hl. Martinus (Bibliothek der Kirchenväter), Kempten/München 1914, S. 108.

15 Vgl. auch Wolf, Krypta, S. 115–128.

16 Siricius an Himerius von Tarragona vom 10. Februar 385; Zechiel-Eckes, Dekretale, S. 97 und S. 101.

17 Vgl. Denzler, Papsttum Bd. 1, S. 64–74, hier S. 66; Herbers, Geschichte, S. 128.

18 Hermann Josef Vogt, Zur Spiritualität des frühen irischen Mönchtums, in:
Heinz Löwe, Die Iren und Europa im frühen Mittelalter, Bd. 1 (Veröffent-
lichungen des Europa Zentrums Tübingen. Kulturwissenschaftliche Reihe),
Stuttgart 1982, S. 26–51, hier S. 49 f.

19 Johann Baptist Heinrich, Die kirchliche Reform. Eine Beleuchtung der
Hirscher'schen Schrift: «Die kirchlichen Zustände der Gegenwart». Zweite
Hälfte, Mainz 1850, S. 96.

20 So treffend Franzen, Zölibat, S. 15.

6.
Ökonomische Wurzeln

1 Apostelgeschichte 2,45.
2 Vgl. den geschichtlichen Überblick von Erwin Gatz, Kirchengut und Kirchenfinanzierung im späten 18. Jahrhundert, in: Ders. (Hg.), Kirchenfinanzen,
   S. 21–28, hier S. 22–25.
3 Vgl. Hartmut Lehmann (Hg.), Säkularisierung, Dechristianisierung, Rechris-
   tianisierung im neuzeitlichen Europa. Bilanz und Perspektiven der Forschung
   (Veröffentlichungen des Max-Planck-Instituts für Geschichte 130), Göttingen
   1997; Wolf, Kirchengeschichte, S. 99–101.
4 Vgl. Reinhardt, Pontifex, S. 463–488.
5 Eusebius von Caesarea, Kirchengeschichte, Darmstadt 1989, S. 268.
6 Denzler, Geschichte, S. 95.
7 Papst Benedikt VIII., Vorrede zum Reformkonzil zu Pavia vom 1. August
   1022, in: Lautemann (Hg.), Geschichte, S. 236–242, hier S. 237. Vgl. auch Tellenbach, Kirche, S. 137.
8 Im lateinischen steht hier «exspectat». Wohlmuth (Hg.), Dekrete Bd. 2, S. 201
   übersetzt dies mit «wünscht», was meines Erachtens zu schwach ist. «Es wird
   erwartet»/«Man geht davon aus»/«akzeptiert» dürfte den Sinn genauer treffen.
9 Zweites Laterankonzil, Kanon 16, in: Wohlmuth (Hg.), Dekrete Bd. 2, S. 201.
10 Franzen, Zölibat, S. 97.
11 Franzen, Zölibatsfrage, S. 383.
12 Holzem, Konfessionsstaat, S. 284.
13 Vgl. ebd., S. 285.
14 Weber, Wirtschaft, S. 363.
15 Vgl. Heiner Marré, Die Kirchenfinanzierung durch Kirchensteuern, in: Gatz
   (Hg.), Kirchenfinanzen, S. 213–227.

7.
Flagge zeigen im Glaubensstreit

1 Vgl. die prägnante Überschrift des Kapitels bei Leppin, Luther, S. 221–257.
2 Ebd., S. 236.
3 Martin Luther, An den christlichen Adel deutscher Nation, in: D. Martin Luthers Werke. Kritische Gesammtausgabe, Bd. 6, Weimar 1888, S. 381–469, hier
   S. 440–442. Die Rechtschreibung der Weimarer Ausgabe wurde heutigen Stan-
   dards angepasst.
4 Martin Luther an Nikolaus Gerbel vom 1. November 1521, in: Hanns Rückert
   (Hg.), Luthers Werke in Auswahl. Bd. 6: Luthers Briefe, Berlin ²1955, S. 75–77,
   hier S. 76 f. Die Übersetzung des lateinischen Briefes durch den Verfasser.
5 So fasst August Franzen Luthers Position treffend zusammen; Franzen, Zölibat, S. 25. Hervorhebung im Original. Vgl. auch Brecht, Luther, S. 99–108 und
   S. 194–209.

6 Vgl. Klaus Ganzer, Art. Laienkelch I. Historisch-theologisch, in: Lexikon für Theologie und Kirche³ 6 (1997), Sp. 600 f.

7 Franzen, Zölibat, S. 31.

8 Vgl. Genesis 1,27 und 1. Korinther 7,2.

9 Vgl. Confessio Augustana Nr. 23, in: Amt der Vereinigten Evangelisch-Lutherischen Kirche Deutschlands (Hg.), Unser Glaube. Die Bekenntnisschriften der evangelisch-lutherischen Kirche, Gütersloh ⁶2013, S. 41–97, hier S. 71, S. 69 und S. 70 f.

10 Epistolarum Lib. V. 1530, in: Karl Gottlieb Bretschneider (Ed.), Corpus Reformatorum, Bd. 2, Berlin 1835, Sp. 168–171, hier Sp. 170. Vgl. auch Franzen, Zölibat, S. 35 f.

11 Franzen, Zölibat, S. 37, mit Bezug auf Gerhard Müller, Um die Einheit der Kirche. Zu den Verhandlungen über den Laienkelch während des Augsburger Reichstages 1530, in: Erwin Iserloh/Konrad Repgen (Hg.), Reformata Reformanda. Festschrift für Hubert Jedin, Bd. 1, Münster 1965, S. 334–427, hier S. 403.

12 Franzen, Zölibat, S. 40, mit Bezug auf Walter Friedensburg, Aktenstücke über das Verhalten der römischen Kurie zur Reformation 1524 und 1531, in: Quellen und Forschungen aus italienischen Archiven und Bibliotheken 3 (1900), S. 1–20, hier S. 16–18.

13 Zitiert nach Franzen, Zölibat, S. 56 f.

14 Ebd., S. 60.

15 Zum Konzil von Trient vgl. die 4 Bände von Jedin, Geschichte, sowie die Beiträge in: Walter/Wassilowsky (Hg.), Konzil.

16 Vgl. Jedin, Ursprung, S. 510–520.

17 Vgl. Konzil von Trient, Dekret über die Bitte um Gewährung des Kelches, in: Wohlmuth (Hg.), Dekrete Bd. 3, S. 741.

18 Vgl. Franzen, Kelchbewegung, S. 72 (Genehmigung); Franzen, Zölibat, S. 84 (Entzug).

19 Vgl. Jedin, Geschichte Bd. 4/1, S. 159, S. 254 f. und Bd. 4/2, S. 326 (Reg.).

20 Breve Pius' V. an Erzbischof Salentin vom 1. Oktober 1568, zitiert nach Franzen, Visitationsprotokolle, S. 133–135, hier S. 134.

21 Landersdorfer, Bistum, S. 103–106, S. 360 (Visitationsbericht Emmering) und S. 289 f. (Visitationsbericht Jetzendorf). Luebke, Religion, S. 134–166, bietet einen Überblick über die Situation in Westfalen.

22 Vgl. Franzen, Zölibat, S. 88–98.

23 Vgl. Schmidt, Konfessionalisierung, S. 68–75 (mit ausführlicher Literaturdiskussion).

24 Zur Frage von konfessioneller Eindeutigkeit und Indifferenz vgl. insbesondere die Beiträge von Philipp Büttgen und Kaspar von Greyerz, in: Pietsch/Stollberg-Rilinger (Hg.), Ambiguität, S. 27–38 und S. 39–61.

25 Andreas Holzem, Konfessionelle Kulturen in katholischen Territorien, in: Ders./Kaufmann, Zeitalter, S. 405–419, hier S. 412 f.

26 Vgl. Blaschke, 19. Jahrhundert, S. 38–75.

8.
Auch Priester haben Menschenrechte

1   Zitiert nach Picard, Zölibatsdiskussion, S. 96 f.

2   Denis Diderot, Art. Célibat, in: Encyclopédie ou Dictionnaire raisonné des sciences, des arts et des métiers 2 (1751), S. 801–806, hier S. 803; deutsche Übersetzung zitiert nach Picard, Zölibatsdiskussion, S. 38.

3   Picard, Zölibatsdiskussion, S. 146. Zur medizinisch-wissenschaftlichen Sicht vgl. auch Verhoeven, Harmful, S. 244–260.

4   Zur Aufklärung allgemein vgl. Albrecht Beutel, Art. Aufklärung I. Geistesgeschichtlich, und II. Theologisch-kirchlich, in: Religion in Geschichte und Gegenwart⁴ 1 (1998), Sp. 629–648; die Beiträge in: Beutel/Nooke (Hg.), Religion; Winfried Müller, Die Aufklärung (Enzyklopädie Deutscher Geschichte 61), München 2002.

5   Immanuel Kant, Was ist Aufklärung? Ausgewählte kleine Schriften (Philosophische Bibliothek 512), hg. von Horst D. Brandt, Hamburg 1999, S. 20–22, hier S. 20.

6   Vgl. Wolf, Aufklärung, S. 81–95.

7   Schon ein erster Blick in die umfangreiche Bibliographie belegt dies; vgl. Brandl, Theologen, passim.

8   Zum Folgenden vgl. die mustergültige Studie von Picard, Zölibatsdiskussion, S. 353–357 und passim.

9   Carové, Cölibatsgesetz, S. XII.

10 Vgl. Denzler, Papsttum Bd. 2, S. 278 f.

11 Ebd., S. 281.

12 Vgl. ebd., S. 282; Xavier Maréchaux, Noces révolutionnaires. Les prêtres mariés sous la Révolution française. Le mariage des prêtres en France 1789–1815, Paris 2017.

13 Wessenberg an Sceberas Testaferrata vom 27. Februar 1811, in: Denkschrift über das Verfahren des Römischen Hofes gegen Freiherr von Wessenberg, Karlsruhe 1818, zitiert nach Roskovány, Coelibatus Bd. 3, S. 215 (Anm.).

14 Vgl. Franz Xaver Bischof, Das Ende des Bistums Konstanz. Hochstift und Bistum Konstanz im Spannungsfeld von Säkularisation und Suppression (1802/03–1821/27) (Münchener Kirchenhistorische Studien 1), Stuttgart/Berlin/Köln 1989, S. 81–190 (Dalberg) und S. 251–336 (Wessenberg); Manfred Weitlauff, Zwischen Katholischer Aufklärung und kirchlicher Restauration. Ignaz Heinrich von Wessenberg (1774–1860), der letzte Generalvikar und Verweser des Bistums Konstanz, in: Rottenburger Jahrbuch für Kirchengeschichte 8 (1989), S. 111–132.

15 Vgl. Picard, Zölibatsdiskussion, S. 292–347.

16 Zuordnung der Verfasserschaft nach Stephan Lösch, Die Anfänge der Tübinger Theologischen Quartalschrift (1819–1831). Gedenkgabe zum 100. Todestag Johann Adam Möhlers, Rottenburg 1938, S. 66.

17 Hirscher, Rezension: Gründe, S. 652 und S. 653 f. Hervorhebung im Original.

18 [Johann Baptist von Keller], Stimme der Katholiken im Königreiche Wirtemberg. Wünsche und Bitten, Gmünd 1821.

19 Vgl. August Hagen, Geschichte der Diözese Rottenburg, Bd. 1, Stuttgart 1956, S. 104–121.

20 Vgl. Picard, Zölibatsdiskussion, S. 321–323.

21 Denzler, Papsttum Bd. 2, S. 296.

22 Reinhold Rieger, Begriff und Bewertung des Mönchtums bei Johann Adam Möhler (1796–1838), in: Rottenburger Jahrbuch für Kirchengeschichte 6 (1987), S. 9–30, hier S. 12.

23 Johann Adam Möhler, Athanasius der Große und die Kirche seiner Zeit, besonders im Kampfe mit dem Arianismus. In sechs Büchern, 2 Bde., Mainz 1827, hier Bd. 2, S. 88.

24 Möhler, Beleuchtung, S. 265.

25 Vgl. zusammenfassend Gatz, Zölibat, S. 346–362; Leineweber, Streit, passim.

26 Gregor XVI., Enzyklika «Mirari vos» vom 15. August 1832; italienisch: https://w2.vatican.va/content/gregorius-xvi/it/documents/encyclica-mirari-vos-15-augusti-1832.html (letzter Zugriff 26.01.2019); deutsch: Utz/Galen (Hg.), Sozialdoktrin Bd. 1, S. 136–159, hier S. 145.

27 Pius IX. Antrittsenzyklika «Qui pluribus» vom 9. November 1846; italienisch: https://w2.vatican.va/content/pius-ix/it/documents/enciclica-qui-pluribus-9-novembre-1846.html (letzter Zugriff 26.01.2019); deutsch: Denzinger/Hünermann (Hg.), Kompendium, Nr. 2785.

28 Pius X., Exhortatio «Haerent animo» vom 4. August 1908; lateinisch: Acta Sancta Sedis 41 (1908), S. 562–475; deutsch: Rohrbasser (Hg.), Heilslehre, S. 773–799, hier S. 795.

29 Vgl. Borutta, Antikatholizismus, passim; Dittrich, Antiklerikalismus, S. 384, S. 409 und passim; Verhoeven, Harmful, S. 244–260.

30 Borutta, Antikatholizismus, S. 215.

31 Vgl. Berlis, Celibate, S. 61.

32 Vgl. Preglau-Hämmerle, Reformbewegungen, S. 36–65.

9.
Sprung in andere Sphären

1 Benedikt XVI., Schreiben zum Beginn des Priesterjahres anlässlich des 150. Jahrestages des «Dies Natalis» von Johannes Maria Vianney vom 16. Juni 2009; http://w2.vatican.va/content/benedict-xvi/de/letters/2009/documents/hf_ben-xvi_let_20090616_anno-sacerdotale.html (letzter Zugriff 28.01.2019), Anm. 2. Papst Benedikt XVI. zitiert mit eigener Übersetzung nach Xavier Mappus (Hg.), Le curé d'Ars. Sa pensée – Son cœur. Présentés par l'Abbé Bernard Nodet, Foi Vivante 1966, S. 98 f. Es handelt sich um zwei Passagen, die aus den Kapiteln «Lehre über das heilige Opfer der Messe» und «Lehre über den Priester» stammen.

2 Alfons Zimmermann, Art. Vianney, Jean-Bapt., in: Lexikon für Theologie und Kirche[1] 10 (1938), Sp. 590 f., hier Sp. 590.

3 Benedikt XVI., Schreiben zum Beginn des Priesterjahres anlässlich des 150. Jahrestages des «Dies Natalis» von Johannes Maria Vianney vom 16. Juni 2009.

4 Görres, Laiengedanken, S. 16, Klappentext, S. 18 und S. 35. Hervorhebung im Original.

5 Vgl. Paul VI., Enzyklika «Sacerdotalis caelibatus» vom 24. Juni 1967, Nr. 4 bis Nr. 11.

6   Ebd., Nr. 16.

7   Ebd., Nr. 19.

8   Ebd., Nr. 23.

9   Ebd., Nr. 25.

10 Ebd., Nr. 26.

11 Ebd., Nr. 27.

12 Ebd., Nr. 29.

13 Matthäus 22,30.

14 Paul VI., Enzyklika «Sacerdotalis caelibatus» vom 24. Juni 1967, Nr. 34.

15 Memorandum, S. 70 f. Hervorhebung im Original.

16 Johannes Paul II., Nachsynodales Apostolisches Schreiben «Pastores dabo vo-
    bis» vom 25. März 1992, Nr. 12 und Nr. 20. Vgl. als Beispiele für spirituell auf-
    geladene Deutungen des Priestertums Klaus Berger, Zölibat. Eine theologische
    Begründung, Leipzig 2009; Stefan Blarer, Die Kunst seelsorgerlicher Liebe. Plä-
    doyer für einen erneuerten Zölibat, Kevelaer 2012 (S. 22 die These, der Zölibat
    sei ein «Zeichen der Solidarität mit den Unverheirateten wider Willen oder mit
    Verheirateten, welche aus irgendwelchen Gründen ihre Sexualität nicht pflegen
    können», und ein «Zeichen des ‹Kontrafaktischen›, des ‹Protestativen›»); Mas-
    simo Camisasca, Priester heute. Wird es in Zukunft noch Priester geben?,
    Sankt Ottilien 2012; Klaus Demmer, Zumutung aus dem Ewigen. Gedanken
    zum priesterlichen Zölibat, Freiburg i. Br./Basel/Wien 1991.

17 Johannes Paul II., Schreiben zum Gründonnerstag «Novo incipiente» an alle
    Priester der Kirche über den priesterlichen Dienst vom 8. April 1979, Nr. 7.

18 Ranke-Heinemann, Eunuchen, S. 124.

19 Vgl. Fischer, Zeugnis, S. 22 f. und S. 193–208; Rivinius, Amt, S. 109–116.

20 Vgl. Damberg, Abschied, S. 290 und passim.

21 Vgl. Zweites Vatikanisches Konzil, Dogmatische Konstitution über die Kirche
    «Lumen gentium» vom 21. November 1964, Nr. 31.

10.
Es geht auch ohne Zölibat

1   Westfälische Nachrichten vom 17. September 2009; https://www.wn.de/
    Muensterland/Kreis-Steinfurt/Altenberge/2009/09/Altenberge-Katholischer-
    Kaplan-mit-Kind (letzter Zugriff 23. 01. 2019).

2   Vgl. Benga u. a., Ostkirchen; Thomas Bremer/Karl Christian Felmy, Art. Or-
    thodoxe Kirchen, in: Lexikon für Theologie und Kirche[3] 7 (1998), Sp. 1144–
    1154; Fairy von Lilienfeld, Art. Orthodoxe Kirchen, in: Theologische Realen-
    zyklopädie 25 (1995), S. 423–464; Ernst Christoph Suttner, Art. Ostkirchen,
    katholische, in: Lexikon für Theologie und Kirche[3] 7 (1998), Sp. 1204–1206.

3   Thomas Bremer, Einleitung, in: Benga u. a., Ostkirchen, S. 353–356, hier
    S. 355.

4   Zweites Vatikanisches Konzil, Dekret über die katholischen Ostkirchen «Ori-
    entalium ecclesiarum» vom 21. November 1964, Nr. 6. Vgl. auch L'Huillier,
    Sacerdoce, S. 210–222.

5   Zweites Vatikanisches Konzil, Dekret «Presbyterorum ordinis» vom 7. De-
    zember 1965, Nr. 16.

6 Vgl. Karl Baus, Art. Trullanische Synoden, in: Lexikon für Theologie und Kirche² 10 (1965), Sp. 381 f. Die Datierung des Trullanums erfolgt nach Baus.

7 Im Kanon wird moniert, dass in «Africa, Lybien und an anderen Orten» die «gottgeliebten Vorsitzenden» mit ihren Ehefrauen weiter zusammenleben würden, was Anstoß erregt hätte, weshalb «aus Fürsorge für das Heil und den Fortschritt der Leute zum Besseren» dieses ab sofort zu unterlassen sei. «Wenn jemand dabei ertappt wird, dass er solches tut, soll er abgesetzt werden»; Concilium Quinisextum, Kanon 12, S. 197 f. Vgl. auch McGovern, Zölibat, S. 106.

8 Paul Krüger (Hg.), Corpus Iuris Civilis. Bd. 2: Codex Justinianus, Berlin 1954, S. 26 (I 3, 41 § 2).

9 Synode von Konstantinopel (Trullanum II); griechisch/lateinisch: Denzler, Papsttum Bd. 1, S. 152 f.; deutsch: ebd., S. 32 f. Vgl. auch Concilium Quinisextum, Kanon 13, S. 199–203.

10 Heid, Zölibat, S. 285.

11 McGovern, Zölibat, S. 100.

12 Ebd., S. 101.

13 Ebd., S. 113.

14 Vgl. Sodaro, Preti, S. 429–442 und passim.

15 Denzler, Papsttum Bd. 2, S. 373.

16 Codex Canonum Ecclesiarum Orientalium, Kanon 373. Der Begriff «junge» Kirche meint frühe/alte Kirche.

17 Vgl. Nedungatt, Celibate, S. 140 f.

18 Codex Canonum Ecclesiarum Orientalium, Kanon 375.

19 Ebd., Kanon 390 § 1.

20 Ebd., Kanon 769 § 1.

21 Vgl. Nedungatt, Celibate, S. 159–167.

22 Vgl. Kongregation für die Orientalischen Kirchen, «Praecepta Pontificia de Clero uxorato orientali» vom 14. Juni 2014, in: Acta Apostolica Sedis 106 (2014), S. 496–499. Eine ausführliche Erläuterung des Dokuments hat der Sekretär der Kongregation, Cyril Vasil, im «Osservatore Romano» vom 26. Februar 2015 veröffentlicht.

23 Für diese wichtigen Hinweise danke ich meinem Kollegen Herrn Prof. Dr. Thomas Bremer, Münster, herzlich. In seinem nachsynodalen Schreiben «Amoris laetitia» vom 19. März 2016 hat Papst Franziskus die Kompetenz verheirateter Priester eigens hervorgehoben. Vgl. Nr. 202: «In den Antworten auf die in alle Welt verschickten Befragungen wurde betont, dass es den geweihten Amtsträgern gewöhnlich an einer geeigneten Ausbildung fehlt, um mit den vielschichtigen aktuellen Problemen der Familien umzugehen. In diesem Sinn kann auch die Erfahrung der langen östlichen Tradition der verheirateten Priester nützlich sein.» http://w2.vatican.va/content/francesco/de/apost_exhortations/documents/papa-francesco_esortazione-ap_20160319_amoris-laetitia.html (letzter Zugriff 21. 02. 2019).

24 Maximos IV. Saigh, Priestertum, S. 303 f.

11.
Immer mehr Ausnahmen

1 Hermann Josef Braun, Eine außergewöhnliche Priesterweihe, in: Kirche und
   Leben Nr. 3 vom 19. Januar 1992, S. 14 f., hier S. 15. Zu den Hintergründen des
   Falls Goethe und der Beteiligung Augustin Beas und Lorenz Jaegers an pasto-
   ralen Lösungen vgl. Marotta, Bea, S. 377 f.

2 Pressemitteilung Stohrs, zitiert nach ebd., S. 15.

3 Vgl. zum Beispiel die Einträge in der Kommentarfunktion der Internetseite
   von Gloria. tv, hier die Reaktion von «Heilwasser» vom 31. Oktober 2018:
   «Kein Priester, wer auch immer er ist und aus welcher Kultur er kommt, hat
   die göttliche Erlaubnis der Zölibatsfreiheit. Keiner, der katholischer Priester
   sein will. Da gib es keine wie auch immer konstruierten Ausnahmefälle! Das
   göttliche Gesetz ist hier eindeutig! Alles andere ist Unterhöhlung des Willens
   Gottes und zieht das Gericht nach sich.» https://gloria.tv/article/hFCuT
   qjqfyr42gA7eCHqkbm9E (letzter Zugriff 07. 01. 2019).

4 Pressemitteilung des Bistums Augsburg vom 28. Oktober 2018; https://bis
   tum-augsburg.de/Nachrichten/Von-Gott-berufen-Bischof-Konrad-hat-
   heute-zwei-Diakone-zu-Priestern-geweiht-_id_194015 (letzter Zugriff 04. 01.
   2019).

5 Vor allem in Zeitungsartikeln wird immer wieder die Zahl «mindestens 300»
   genannt. Vgl. Gernot Facius, Verheiratete katholische Priester – nicht so selten,
   in: Die Welt vom 8. Juli 2010; https://www.welt.de/politik/deutschland/
   article8368922/Verheiratete-katholische-Priester-nicht-so-selten.html; Katharina Heimeier, Priester mit Ehering, in: taz vom 26. Mai 2007, S. 1; http://www.
   taz.de/!277590/ (letzter Zugriff 07. 01. 2019).

6 Paul VI., Enzyklika «Sacerdotalis caelibatus» vom 24. Juni 1967, Nr. 42.

7 Vgl. Puza, Viri, S. 20.

8 Vgl. ebd., S. 21 Anm. 20.

9 Zu den Fallbeispielen gibt es eine Fülle von Presseartikeln. Eine systematische
   Übersicht findet sich bislang nirgends. Vgl. Cattaneo (Hg.), Priester, S. 41 f.;
   Heid, Priester, S. 116–125; Hill, Ordination, S. 95–100; Marotta, Bea, S. 377 f.;
   Ruh, Auflockerung, S. 6.

10 Vgl. Helmut Wanner, Dieser Mann ist Vater und Priester, in: Mittelbayerische
   vom 28. Juni 2018; https://www.mittelbayerische.de/region/regensburg-
   stadt-nachrichten/dieser-mann-ist-vater-und-priester-21179-art1663970.html
   (letzter Zugriff 07. 01. 2019).

11 Vgl. Peter Neuner, Art. Altkatholische Kirchen, in: Lexikon für Theologie und
   Kirche[3] 1 (1993), Sp. 468–470, hier Sp. 470.

12 Vgl. Negative Polizei, in: Der Spiegel Nr. 41 vom 8. Oktober 1973, S. 68–71;
   http://www.spiegel.de/spiegel/print/d-41871519.html; Getreu auf Gottes
   Weg, in: Bistum Limburg vom 1. Juli 2014; https://bistumlimburg.de/bei
   trag/getreu-auf-gottes-wegen/ (letzter Zugriff 07. 01. 2019).

13 Vgl. Jan Kofroň, Warum ich einwilligte, nochmals geweiht zu werden, in: Erwin Koller (Hg.), Die verratene Prophetie. Die tschechoslowakische Untergrundkirche zwischen Vatikan und Kommunismus, Luzern 2011, S. 88–93;

Manfred Maurer, Priester-Ehe mit dem Segen Roms, in: Nürnberger Zeitung vom 5. März 2009; http://www.nordbayern.de/ressorts/priester-ehe-mit-dem-segen-roms-1.623992/kommentare-7.463146; «Mit der Wende kamen auch Probleme.» Ein Geheimpriester erinnert sich, in: Radio Vatikan vom 9. Oktober 2009; http://www.radiovaticana.va/proxy/tedesco/tedarchi/2009/Oktober09/ted10.10.09.htm (letzter Zugriff 07. 01. 2019).

14 Vgl. Read, Statues, S. 5–13.

15 Vgl. Benedikt XVI., Apostolische Konstitution «Anglicanorum coetibus» vom 9. November 2009, VI § 2.

16 Vgl. Arturo Cattaneo, Die katholische Kirche hat Personalordinariate für anglikanische Gläubige eingerichtet. Öffnet sie sich damit für verheiratete Priester? In: Ders. (Hg.), Priester, S. 41 f., hier S. 42.

17 Vgl. auch den Kommentar des Sekretärs der Kongregation für die Orientalischen Kirchen, Cyril Vasil, zum Dekret. Im «Osservatore Romano» vom 26. Februar 2015 schreibt er, dass heute im Westen verheiratete Priester aus der anglikanischen Kirche, die dann in der katholischen lateinischen Kirche geweiht wurden, ihren Dienst bei den westlichen Gläubigen und im lateinischen Klerus ohne das geringste Problem ausüben.

18 Klaus Lüdicke, Art. Dispens, in: Lexikon für Theologie und Kirche[3] 3 (1995), Sp. 265 f., hier Sp. 265. Vgl. auch Sägmüller, Lehrbuch, S. 101–103.

19 Mörsdorf, Kirchenrecht Bd. 1, S. 174.

20 Hans Erich Feine lobte in seiner zum Standardwerk avancierten Kirchlichen Rechtsgeschichte die «wunderbare Geschmeidigkeit und Anpassungsfähigkeit» des vorkodifikarischen Rechts; Feine, Rechtsgeschichte, S. 242. Vgl. auch Sägmüller, Lehrbuch, S. 126–144.

21 Klaus Lüdicke, Art. Dispens, in: Lexikon für Theologie und Kirche[3] 3 (1995), Sp. 265.

22 Zitiert nach Puza, Viri, S. 16–18.

12.
Neues zur Sexualität

1 Markus 10,6–9.

2 Vgl. Matthäus 22,1–14.

3 Vgl. Johannes 3,29.

4 Vgl. Christoph Markschies, Hellenisierung des Christentums. Sinn und Unsinn einer historischen Deutungskategorie (Forum Theologische Literaturzeitung 25), Leipzig 2012.

5 Vgl. Brown, Keuschheit, S. 395–437.

6 Vgl. Helmut Hoping, Art. Erbsünde, Erbsündenlehre, in: Lexikon für Theologie und Kirche[3] 3 (1995), Sp. 743–747.

7 Joseph Dillersberger, Art. Jungfräulichkeit, in: Lexikon für Theologie und Kirche[1] 5 (1933), Sp. 720 f., hier Sp. 720. Hervorhebungen im Original. Vgl. auch Daniel Weisser, Quis maritus salvetur? Untersuchungen zur Radikalisierung des Jungfräulichkeitsideals im 4. Jahrhundert (Patristische Texte und Studien 70), Berlin/Boston 2016.

8 Gröber, Handbuch, S. 324.

9   Konzil von Trient, Lehre über das Sakrament der Ehe vom 11. November
     1563, Kanon 10, in: Wohlmuth (Hg.), Dekrete Bd. 3, S. 753–759, hier S. 755.
10   Vgl. CIC (1917), Kanon 1013 § 1.
11   Mosiek/Zapp, Eherecht, S. 36.
12   Artur Schönegger/August Knecht, Art. Ehe. C. Im Christentum, in: Lexikon
     für Theologie und Kirche¹ 3 (1931), Sp. 555–560, hier Sp. 555.
13   Zweites Vatikanisches Konzil, Pastoralkonstitution über die Kirche in der Welt
     von heute «Gaudium et spes» vom 7. Dezember 1965, Nr. 48 und Nr. 49. Vgl.
     zu den Konsequenzen auch Mieth, Ehe, S. 25–35.
14   Johannes Paul II., Enzyklika «Familiaris consortio» vom 22. November 1981,
     Nr. 13;   http://w2.vatican.va/content/john-paul-ii/de/apost_exhortations/
     documents/hf_jp-ii_exh_19811122_familiaris-consortio.html (letzter Zugriff
     03. 01. 2019).
15   Vgl. CIC (1983), Kanon 1055.
16   Messbuch, S. 984 f.
17   Ebd., S. 977.

13.
Kein Dogma

1   Zweites Vatikanisches Konzil, Dekret «Presbyterorum ordinis» vom 7. De-
     zember 1965, Nr. 16. Zur Redaktionsgeschichte des Dekrets vgl. Goyret, De-
     creto, S. 169–192; zur Wirkungsgeschichte vgl. Routhier, Décrets, S. 25–51.
2   Kommentar von Friedrich Wulf zum Dekret «Presbyterorum ordinis» Nr. 16,
     in: Das Zweite Vatikanische Konzil Bd. 3, S. 214.
3   Zweites Vatikanisches Konzil, Dogmatische Konstitution über die Kirche
     «Lumen gentium» vom 21. November 1964, Nr. 29.
4   Vgl. ebd., Nr. 28 und 29.
5   Schema III zu «Presbyterorum ordinis», mit Bezug auf 1. Petrus 3,18, zitiert
     nach dem Kommentar von Friedrich Wulf zu Nr. 16, in: Das Zweite Vatikani-
     sche Konzil Bd. 3, S. 216.
6   Ebd.
7   Vgl. Ottmar Fuchs, Kommentierung, in: Hünermann/Hilberath (Hg.), Her-
     ders Theologischer Kommentar, S. 411–542, hier S. 505–507.
8   Schema III zu «Presbyterorum ordinis», zitiert nach dem Kommentar von
     Friedrich Wulf zu Nr. 16, in: Das Zweite Vatikanische Konzil Bd. 3, S. 216.
9   Kommentar von Friedrich Wulf zum Dekret «Presbyterorum ordinis» Nr. 16,
     in: Das Zweite Vatikanische Konzil Bd. 3, S. 217.
10   Schatz, Konzilien, S. 324.
11   Zweites Vatikanisches Konzil, Dekret «Presbyterorum ordinis» vom 7. De-
     zember 1965, Nr. 16.
12   «Non exigitur quidem a sacerdotio suapte natura»; Zweites Vatikanisches
     Konzil, Dekret «Presbyterorum ordinis» vom 7. Dezember 1965, Nr. 16; latei-
     nisch: Das Zweite Vatikanische Konzil, S. 216.
13   Ebd.
14   Stickler, Klerikerzölibat, S. 78 f. Stickler stützt sich für seine Ansicht unter an-
     derem auf Aussagen Johannes Pauls II. in «Pastores dabo vobis» vom 25. März
     1992.

15 Paul VI., Enzyklika «Sacerdotalis caelibatus» vom 24. Juni 1967, Nr. 17.

16 Petrà, Preti, S. 35 und S. 44 f. Für die Übersetzung danke ich Frau Dr. Maria Pia Lorenz-Filograno.

17 Johannes Paul II., Apostolisches Schreiben «Ordinatio sacerdotalis» vom 22. Mai 1994, Nr. 4.

18 Ebd., Nr. 1.

19 Vgl. Kongregation für die Glaubenslehre, Antwort auf eine Frage zu der im Apostolischen Schreiben *Ordinatio sacerdotalis* vorgelegten Lehre, in: Kongregation für die Glaubenslehre, Dokumente, S. 540. Der Präfekt der Glaubenskongregation, Erzbischof Luis Ladaria, hat das erst jüngst wieder eingeschärft; https://www.vaticannews.va/de/vatikan/news/2018-05/ladaria-frauenordination-osservatore-romano-klarstellung.html (letzter Zugriff 19.02.2019). Vgl. auch Lüdecke, Dogma, S. 161–211.

20 Rahner/Vorgrimler (Hg.), Kleines Konzilskompendium, S. 558. Hervorhebung im Original.

21 Vgl. Denzler, Geschichte, S. 188.

14.
Gefährliches Versprechen

1 Raue, Bericht, S. 1 f. Die in der Studie vorkommenden Namen sind anonymisiert.

2 Vgl. etwa Raoul Löbbert, Carlo Maria Vigano: Ein Erzbischof sieht rot, in: Christ und Welt vom 31. August 2018; https://www.zeit.de/2018/36/carlo-maria-vigano-papst-franziskus-vatikan-ruecktrittsforderung; Papst Franziskus in der Kritik, in: Tagesschau vom 20. Januar 2018; https://www.tagesschau.de/ausland/papst-missbrauch-103.html (letzter Zugriff 25.01.2019).

3 Vgl. grundsätzlich zur Typisierung MHG-Studie, S. 12 f. (Zusammenfassung), S. 105 und S. 281 f.

4 Ebd., S. 12.

5 Ebd. Vgl. auch die in Tabelle 2.37 dargestellten Motive für die Berufswahl, ebd., S. 110.

6 Vgl. ebd., S. 227.

7 Vgl. etwa Leygraf u. a., Übergriffe, S. 9.

8 Lutterbach, Reinheit, S. 192 f.

9 MHG-Studie, S. 105.

10 Vgl. Könemann/Schüller (Hg.), Memorandum, S. 14.

11 Lüdecke, Missbrauch, S. 41–43.

12 Lüdecke, Geschlecht, S. 185.

13 Für Fallbeispiele vgl. Royal Commission, Report, S. 456; 40th Statewide Investigating Grand Jury Report 1, Interim – Redacted, Pennsylvania 2018; https://www.courthousenews.com/wp-content/uploads/2018/08/pa-abuse-report.pdf (letzter Zugriff 06.02.2019), S. 309, S. 363 und S. 482 f.

14 Striet, Missbrauch, S. 17 mit Bezug auf Wagner, Missbrauch, S. 5.

15 Vgl. MHG-Studie, S. 92 f.

16 Vgl. den sprechenden Titel von Stephen J. Rossetti, Slayer of the Soul. Child Sexual Abuse and the Catholic Church, Connecticut ³1994.

17   Vgl. Robinson, Macht, S. 21–24 und S. 217–233; Royal Commission, Report, S. 163–179; Striet, Missbrauch, S. 15–40.

18   Vgl. Pierroberto Scaramella, Art. Sodomia, in: Dizionario Storico dell' Inquisizione 3 (2010), S. 1445–1450, hier S. 1446 f. So dürfte auch eine historische Studie auf Grundlage entsprechenden Archivmaterials schwer zu bewerkstelligen sein, wie erste Probesichtungen im Archiv der Kongregation für die Glaubenslehre, dem Historischen Archiv des Staatssekretariates und dem Vatikanischen Geheimarchiv gezeigt haben.

19   Vgl. etwa das Fehlen des Begriffes in den entsprechenden Bänden des Wetzer-Welteschen Kirchenlexikons, in allen drei Auflagen des Lexikons für Theologie und Kirche und in der Theologischen Realenzyklopädie.

20   Vgl. Götz von Olenhusen, Klerus, S. 266–270; Royal Commission, Report, S. 166.

21   Vgl. für die 1930er-Jahre exemplarisch den weiter unten geschilderten Fall des Pfarrers Franz Joannis; allgemein MHG-Studie, S. 266–272.

22   Vgl. Royal Commission, Report, S. 176.

23   45 Sätze, verurteilt in den Dekreten des Heiligen Offiziums vom 24. September 1665 und 18. März 1666, in: Denzinger/Hünermann (Hg.), Kompendium, Nr. 2044.

24   Adriano Prosperi, Art. Sessualità, in: Dizionario Storico dell'Inquisizione 3 (2010), S. 1417–1420, hier S. 1420.

25   Vgl. Wolf, Nonnen, S. 278–286.

26   Vgl. Götz von Olenhusen, Klerus, S. 266.

27   Vgl. Dominik Burkard, Diözesangeschichte zwischen Schatten und Licht. Das Priesterkorrektionshaus der Diözese Rottenburg (1828–1924) – eine «Anstalt für unsittliche, in der Moralität mehr oder weniger tief gesunkene Geistliche», in: Michael Seewald (Hg.), Ortskirche. Bausteine zu einer künftigen Ekklesiologie. Festschrift für Bischof Gebhard Fürst, Ostfildern 2018, S. 346–387; Karl Hilgenreiner, Art. Demeritenhäuser, in: Lexikon für Theologie und Kirche² 3 (1931), Sp. 199.

28   Zitate aus der Vernehmung vom 7. Februar 1870 zitiert nach Götz von Olenhusen, Klerus, S. 269.

29   Vgl. Hans Günter Hockerts, Die Sittlichkeitsprozesse gegen katholische Ordensangehörige und Priester 1936–1937. Eine Studie zur nationalsozialistischen Herrschaftstechnik und zum Kirchenkampf (Veröffentlichungen der Kommission für Zeitgeschichte B 6), Mainz 1971; Michael Schwartz (Hg.), Homosexuelle im Nationalsozialismus. Neue Forschungsperspektiven zu Lebenssituationen von lesbischen, schwulen, bi-, trans- und intersexuellen Menschen 1933 bis 1945, Bonn 2015.

30   Strafprozessakten Franz Joannis; Staatsarchiv Ludwigsburg E 356 d V Bü 1288. Für den Hinweis danke ich Herrn Dr. Jürgen Schmiesing, Tübingen.

31   Vgl. den Überblick mit weiterführender Literatur zu den einzelnen Fällen bei Lüdecke, Missbrauch, S. 34–36; Lüdecke/Bier, Kirchenrecht, S. 237–254.

32   Vgl. Timothy Lytton, Holding Bishops Accountable: How Lawsuits Helped the Catholic Church Confront Clergy Sexual Abuse, Cambridge 2008.

33   Striet, Missbrauch, S. 23. Vgl. auch Georg Essen, Das kirchliche Amt zwischen Sakralisierung und Auratisierung. Dogmatische Überlegungen zu unheilvollen Verquickungen, in: Striet/Werden (Hg.), Theologie, S. 78–105.

34   Zum Thema Sexualität allgemein und dem Zusammenhang mit dem Zölibat

vgl. Bilgri/Henghuber, Liebe; Böckle, Geschlechterbeziehung, S. 110–153; Fischer; Zeugnis; Müller, Liebe; Müller, Wunden, S. 124–141; Sipe, Sexualität.

35 Erklärung zur aktuellen Missbrauchsdiskussion vom April 2010, in: Imprimatur 43 (2010), S. 116 f., hier S. 117.

36 Vgl. Lüdecke, Missbrauch, S. 45.

37 CIC (1983), Kanon 1395. Vgl. auch Stephan Ernst, «Ein Kleriker, der sich auf andere Weise gegen das sechste Gebot des Dekalogs verfehlt.» Anmerkungen und Anfragen aus moraltheologischer Sicht, in: Heribert Hallermann/Thomas Meckel/Sabrina Pfannkuche/Matthias Pulte (Hg.), Der Strafanspruch der Kirche in Fällen von sexuellem Missbrauch (Würzburger Theologie 9), Würzburg 2012, S. 185–209; Sabrina Pfannkuche, Die Sünde gegen das sechste Gebot – eine Analyse der geltenden Rechtsordnung der katholischen Kirche und der jüngeren Rechtsgeschichte, in: ebd., S. 242–278.

38 Exodus 20,14.

39 Katechismus, Nr. 2395.

40 Ebd., Nr. 2396.

41 Vgl. Royal Commission, Report, S. 46.

42 Ebd., S. 46 f.

43 Vgl. ebd., S. 75.

44 MHG-Studie, S. 12.

45 Vgl. mit Verweis auf andere Studien u. a. in den USA Desmond Cahill/Peter J. Wilkinson, Child sexual abuse in the Catholic Church. An interpretive review of the literature and public inquiry reports, Melbourne 2017; https://apo.org.au/sites/default/files/resource-files/2017/09/apo-nid106721–1214606.pdf (letzter Zugriff 06. 02. 2019), S. 177–179, S. 260, S. 311.

46 Im Text wird verwiesen auf: Marie Keenan, Child Sexual Abuse and the Catholic Church. Gender, Power, and Organizational culture, Oxford 2012; Alex Scott-Samuel, Time for root and branch reform, in: British Medical Journal 338 (2009), b2621; https://www.bmj.com/content/338/bmj.b2621 (letzter Zugriff 25. 01. 2019).

47 Im Text wird verwiesen auf: Leygraf u. a., Übergriffe.

48 Im Text wird verwiesen auf: Karen Terry/Margaret Leland Smith/Katarina Schuth/James R. Kelly/Brenda Vollman/Christina Massey, The Causes and Context of Sexual Abuse of Minors by Catholic Priests in the United States, 1950–2010. A Report Presented to the United States Conference of Catholic Bishops by the John Jay College Research Team; http://www.usccb.org/issues-and-action/child-and-youth-protection/upload/The-Causes-and-Context-of-Sexual-Abuse-of-Minors-by-Catholic-Priests-in-the-United-States-1950–2010.pdf (letzter Zugriff 25. 01. 2019).

49 MHG-Studie, S. 254 f.

50 Vgl. Royal Commission, Report, S. 311.

51 MHG-Studie, S. 17.

52 Ebd., S. 258 f.

53 Die Studie zitiert dazu die Aussage eines Missbrauchsopfers: «Die Strukturen, die Missbrauch ermöglicht haben, müssen thematisiert, reflektiert und geändert werden – auch wenn es zum Ende des Zölibats oder zur Gleichberechtigung von Frauen oder zur Gleichstellung von homosexuellen Paaren führt. Diese Themen dürfen nicht den Rahmen setzen, in denen strukturelle Verände-

rungen möglich sind, sondern müssen veränderbar sein, wenn hier bisher Strukturen bestanden, die Missbrauch begünstigt haben.» Ebd., S. 333 f.

54 Vgl. auch Leven, Prävention, S. 19; Hans Zollner/Katharina Fuchs/Jörg Fegert, Wirksame Prävention!? Pädagogen und Angehörige von Heilberufen sind wichtige Adressaten von Präventionsmaßnahmen gegen sexuellen Missbrauch, in: Kinder- und Jugendschutz in Wissenschaft und Praxis 58 (2013) H 4, S. 115–121.

15.
Güterabwägung

1 Zweites Vatikanisches Konzil, Dogmatische Konstitution über die Kirche «Lumen gentium» vom 21. November 1964, Nr. 11.

2 Gisbert Greshake, Art. Priester III. Historisch-theologisch, in: Lexikon für Theologie und Kirche³ 8 (1999), Sp. 564–566, hier Sp. 564 f.

3 Vgl. Ott, Grundriss, S. 468 f.

4 Zitiert nach ebd., S. 469.

5 Konzil von Florenz, Unionsbulle der Armenier vom 22. November 1439, in: Wohlmuth (Hg.), Dekrete Bd. 2, S. 534–559, hier S. 546 f.

6 Vera et catholica doctrina de sacramento ordinis ad condemnandos errores nostri temporis, Sessio 23, in: Wohlmuth (Hg.), Dekrete Bd. 3, S. 742–744, hier S. 743 (Kanon 1).

7 Ebd., S. 743 (Kanon 3).

8 Zweites Vatikanisches Konzil, Dekret «Christus Dominus» vom 28. Oktober 1965, Nr. 30.

9 Ebd., Nr. 23.

10 Kongregation für den Gottesdienst und die Sakramentenordnung, Instruktion «Redemptionis sacramentum» vom 25. März 2004, Nr. 162; http://www.vati can.va/roman_curia/congregations/ccdds/documents/rc_con_ccdds_doc_200 40423_redemptionis-sacramentum_ge.html (letzter Zugriff 03.01.2019). Mit dem Zitat wird Bezug genommen u. a. auf «Presbyterorum ordinis» Nr. 6.

11 Katechismus, Nr. 1167.

12 Ebd., Nr. 2180.

13 Ebd., Nr. 2181.

14 Ebd. Verwiesen wird auf CIC (1983), Kanon 1247 und Kanon 1248 § 1.

15 Vgl. etwa Arturo Cattaneo, Würde die Zahl der Berufungen nicht steigen, wenn man verheiratete Männer zur Priesterweihe zuließe? In: Ders. (Hg.), Priester, S. 43 f., hier S. 43, sowie die übrigen Beiträge in diesem Band.

16 Das Bistum Trier ist «bislang in 887 kleinen Pfarreien organisiert, die bereits zu 172 Pfarreiengemeinschaften zusammengefasst sind. Ab dem Jahr 2020 soll es nach Vorgaben der Bistumsleitung nur noch 35 sogenannte ‹Pfarreien der Zukunft› geben. ... Hintergrund der Strukturreform, die auf Beschlüsse der Bistumssynode von 2013 bis 2016 zurückgeht, ist der Priestermangel sowie ein Rückgang bei der Zahl der Gläubigen»; https://www.katholisch.de/aktuel les/aktuelle-artikel/1500-demonstranten-gegen-gropfarreien-im-bistum-trier. Dagegen regt sich heftiger Protest, was zu einer umfangreichen Berichterstattung führte, vgl. etwa die überregionalen Berichte in SWR, Frankfurter Allge-

meine Zeitung sowie in der Lokalpresse. Das Bistum weist den Protest zurück, es gehe um die «Stärkung kirchlichen Lebens und Engagements in der Nähe der Menschen und für ihr Wohl»; https://www.sr.de/sr/home/nachrich ten/panorama/generalvikar_wehrt_sich_gegen_proteste_gegen_pfarreienzu sammenlegung100.html (letzter Zugriff 03.01.2019).

17 1. Korinther 11,24.

18 Der Bonner Kirchenrechtler Norbert Lüdecke hat völlig recht, wenn er schreibt, «Entrüstung als Erregungszustand» in Sachen kirchliche Gemeindereformen werde nicht lange andauern und nicht ausreichen, denn die «katholische Kirche ist Spezialistin in Sachen Beruhigung durch beharrliche Verharmlosung, Vernebelung und erschöpfendes Aussitzen». Wichtiger als alle «reaktive Empörung» sei «planvolle Nachhaltigkeit»; Lüdecke, Empörung. Vgl. auch Greinacher, Heil, S. 2–15; Klostermann, Gemeinde, S. 31–41 und S. 63–78; Kraus, Plädoyer, S. 586 f.

16.
Das alte System ist am Ende

1 Bernhart, Kaplan, S. 113 f.

2 Carové, Cölibatsgesetz Bd. 2, S. 637.

3 Vgl. Ebertz, Herrschaft, S. 89–111; Ders., Kirche, S. 34–82; Kaufmann, Kirchenkrise, S. 128–174; Zulehner, Aufruf, S. 109–118.

4 Dadurch können einerseits Täter leichter geschützt und dem Zugriff von örtlichen Stellen entzogen werden, andererseits trägt dies nach den Ergebnissen einer von der Zeitschrift «Civiltà Cattolica» in Auftrag gegebenen Studie zum sogenannten Burn-Out-Syndrom bei Priestern bei: «L'insorgenza del burnout è anche messa in relazione con la condizione celibataria, che, secondo alcuni preti, crea una vita diversa e artificiosa, esposta alla solitudine affettiva e all'implosione dei sentimenti. Altra possibile causa del burnout è il rapporto con l'istituzione. Alcuni sacerdoti ritengono che essa tenda a creare l'impossibilità da comunicare tra pari quel burnout che dipende dalla funzione dei superiori.» La Civiltà Cattolica 158 (2007), S. 473–479, hier S. 476.

5 Rice, Kirche, S. 239.

6 Werner Böckenförde, Zur gegenwärtigen Lage in der römisch-katholischen Kirche. Kirchenrechtliche Anmerkungen, in: Orientierung 62 (1998) H 21, S. 228–234, hier S. 234.

7 Vgl. exemplarisch zu beiden Institutionen und ihrer Entwicklung Oliver Janz, Das evangelische Pfarrhaus, in: Etienne François/Hagen Schulze (Hg.), Deutsche Erinnerungsorte, Bd. 3, München 2003, S. 221–238; Wolfgang Beck, Die unerkannte Avantgarde im Pfarrhaus. Zur Wahrnehmung eines abduktiven Lernortes kirchlicher Pastoralgemeinschaft (Werkstatt Theologie. Praxisorientierte Studien und Diskurse 12), Münster 2008.

8 Vgl. Andrea Qualbrink, Frauen in kirchlichen Leitungspositionen. Hemmnisse, Herausforderungen und Perspektiven, in: Theologisch-praktische Quartalschrift 165 (2017), S. 245–255.

9 Kaufmann, Kirchenkrise, S. 166 und S. 168 f. Hervorhebungen im Original.

10 Vgl. CIC (1917), Kanon 984.

11 Vgl. Umfrage der Forschungsgruppe Wahlen für das «Politbarometer» vom
    19. Februar 2013; http://www.forschungsgruppe.de/Umfragen/Politbarome
    ter/Archiv/Politbarometer-Extra/PB-Extra_Kirche_und_Papst/ (letzter Zu-
    griff 10. 02. 2019).

12 Vgl. Umfrage des internationalen Beratungsunternehmens Bendixen &
    Amandi für Univision, das führende spanischsprachige Fernsehen in den USA,
    vom 9. Februar 2014; http://univision.data4.mx/resultados_catolicos/ESP_
    encuestas-cat.pdf; https://www.repubblica.it/esteri/2014/02/09/news/dall_
    aborto_ai_profilattici_tutti_i_no_dei_cattolici_alla_morale_della_chiesa-780
    77185/ (letzter Zugriff 19. 02. 2019).

13 Vgl. etwa Halbfas, Glaubensverlust, S. 94–100; Huizing, Rechtsschutz, S. 211–
    222; Lüdicke, Verwaltungsgerichtsbarkeit, S. 433–442; Könemann/Schüller
    (Hg.), Memorandum, S. 14–18 und passim; Mieth, Ehe, S. 25–35; Preglau-
    Hämmerle, Reformbewegungen; Robinson, Macht, S. 202–216; Wolf, Krypta,
    passim; Zulehner, Aufruf.

14 Gerhard Kruip, Betroffenheit und Reue reichen nicht, in: Herder Korrespon-
    denz 72 (2018) H 11, S. 16. Eben diese Passage wurde von Klaus Mertes in sei-
    nem Impulsreferat bei der ZdK-Vollversammlung am 23. November 2018 zi-
    tiert; https://www.zdk.de/veroeffentlichungen/reden-und-beitraege/detail/
    Impuls-Konsequenzen-aus-der-MHG-Studie-fuer-strukturelle-Aenderun
    gen-in-der-katholischen-Kirche-Pater-Klaus-Mertes-SJ–414L/ (letzter Zugriff
    04. 02. 2019). Vgl. auch Müller, Liebe, S. 158–163.

ZUM NACHLESEN

Quellen

Benedikt XVI., Apostolische Konstitution «Anglicanorum coetibus» vom 9. November 2009; http://w2.vatican.va/content/benedict-xvi/de/apost_constitu tions/documents/hf_ben-xvi_apc_20091104_anglicanorum-coetibus.html (letzter Zugriff 14. 01. 2019).

Codex Canonum Ecclesiarum Orientalium/Gesetzbuch der katholischen Ostkirchen. Lateinisch-deutsche Ausgabe, hg. von Libero Gerosa und Peter Krämer (Amateca – Repertoria 2), Paderborn 2000.

Codex Iuris Canonici auctoritate Ioannis Pauli PP. II promulgatus, im Auftrag der Deutschen Bischofskonferenz übersetzt und hg. von Winfried Aymans u. a., Kevelaer ²1984 [= CIC (1983)].

Codex Iuris Canonici Pii X Pontificis Maximi iussu digestus, Benedicti Papae XV auctoritate promulgatus, Rom 1917 [= CIC (1917)].

Concilium Quinisextum. Das Konzil Quinisextum, übersetzt und eingeleitet von Heinz Ohme (Fontes Christiani 82), Turnhout 2006.

Das Zweite Vatikanische Konzil. Dokumente und Kommentare, hg. von Heinrich Suso Brechter u. a. Bd. 3: Konstitutionen, Dekrete und Erklärungen, Darmstadt 2014.

Denzinger, Heinrich/Hünermann, Peter (Hg.), Kompendium der Glaubensbekenntnisse und kirchlichen Lehrentscheidungen (Enchiridion symbolorum definitionum et declarationum de rebus fidei et morum), Freiburg i. Br. ⁴⁰2005.

Gemeinsame Synode der Bistümer in der Bundesrepublik Deutschland. Beschlüsse der Vollversammlung. Offizielle Gesamtausgabe I, hg. im Auftrag des Präsidiums der Gemeinsamen Synode der Bistümer und der Deutschen Bischofskonferenz, Freiburg i. Br./Basel/Wien ⁵1976.

Johannes Paul II., Apostolisches Schreiben «Ordinatio sacerdotalis» vom 22. Mai 1994; http://w2.vatican.va/content/john-paul-ii/de/apost_letters/1994/docu ments/hf_jp-ii_apl_19940522_ordinatio-sacerdotalis.html (letzter Zugriff 03. 01. 2019).

Johannes Paul II., Nachsynodales Apostolisches Schreiben «Pastores dabo vobis» vom 25. März 1992; http://w2.vatican.va/content/john-paul-ii/de/apost_ex hortations/documents/hf_jp-ii_exh_25031992_pastores-dabo-vobis.html (letzter Zugriff 03. 01. 2019).

Johannes Paul II., Schreiben zum Gründonnerstag «Novo incipiente» an alle Priester der Kirche über den priesterlichen Dienst vom 8. April 1979; lateinisch/italienisch: https://w2.vatican.va/content/john-paul-ii/la/letters/1979/documents/hf_jp-ii_let_19790409_sacerdoti-giovedi-santo.html (letzter Zugriff 04. 02. 2019); deutsch: Papst Johannes Paul II., Schreiben zum Gründonnerstag 1979 (Verlautbarungen der Deutschen Bischofskonferenz 7), Bonn 1979; Hohmann, Zölibat, S. 366.

Katechismus der katholischen Kirche, München 1993.

Kongregation für die Glaubenslehre, Dokumente seit dem Zweiten Vatikanischen Konzil. Erweiterte Ausgabe (1966–2013), Freiburg i. Br./Basel/Wien 2015.

Lautemann, Wolfgang (Hg.), Geschichte in Quellen. Bd. 2: Mittelalter. Reich und Kirche, München ²1978.

Messbuch. Die Feier der Heiligen Messe. Für die Bistümer des deutschen Sprachgebietes, hg. im Auftrag der Bischofskonferenzen Deutschlands, Österreichs und der Schweiz. Authentische Ausgabe für den liturgischen Gebrauch, Einsiedeln 1981.

Paul VI., Enzyklika «Sacerdotalis caelibatus» vom 24. Juni 1967; lateinisch: http://w2.vatican.va/content/paul-vi/la/encyclicals/documents/hf_p-vi_enc_24 061967_sacerdotalis.html (letzter Zugriff 07.01.2019); deutsch: Sacerdotalis caelibatus. Über den priesterlichen Zölibat, München 1967; Hohmann, Zölibat, S. 289–307.

Paul VI., Motu proprio «Sacrum diaconatus ordinem» vom 18. Juni 1967; lateinisch: Acta Apostolicae Sedis 59 (1967), S. 697–704; deutsch: Deutsche Bischofskonferenz (Hg.), Direktorium für den Dienst und das Leben der Ständigen Diakone vom 22. 2. 1998, Bonn 1998.

Rahner, Karl/Vorgrimler, Herbert (Hg.), Kleines Konzilskompendium. Sämtliche Texte des Zweiten Vatikanums, Freiburg i. Br. 1966.

Rohrbasser, Anton (Hg.), Heilslehre der Kirche. Dokumente von Pius IX. bis Pius XII. Deutsche Ausgabe des französischen Originals, Freiburg/Schweiz 1953.

Roskovány, Augustino de, Coelibatus et Breviarium. Duo gravissima officia, e monumentis omnium saeculorum demonstrata. Accessit completa literatura, 5 Bde. und 6 Supplementbde., Pest/Nitra 1861–1888.

Sulpicius Severus, Das Leben des Martinus von Tours, in: Carl Andresen (Hg.), Frühes Mönchtum im Abendland. Bd. 2: Lebensgeschichten. Eingeleitet, übersetzt und erklärt von Karl Suso Frank (Bibliothek der alten Welt), Zürich 1975.

Utz, Arthur/Galen, Birgitta Gräfin von (Hg.), Die katholische Sozialdoktrin in ihrer geschichtlichen Entfaltung, Eine Sammlung päpstlicher Dokumente vom 15. Jahrhundert bis in die Gegenwart (Originaltexte mit Übersetzung), 4 Bde., Aachen 1976.

Wohlmuth, Josef (Hg.), Dekrete der ökumenischen Konzilien (Conciliorum Oecumenicorum Decreta). Bd. 2: Konzilien des Mittelalters, Paderborn/München/Wien 2000.

Wohlmuth, Josef (Hg.), Dekrete der ökumenischen Konzilien (Conciliorum Oecumenicorum Decreta). Bd. 3: Konzilien der Neuzeit, Paderborn/München/Wien 2002.

Zechiel-Eckes, Klaus, Die erste Dekretale. Der Brief Papst Siricius' an Bischof Himerius von Tarragona vom Jahr 385 (JK 255). Aus dem Nachlass mit Ergänzungen herausgegeben von Detlef Jasper (Monumenta Germaniae Historica. Studien und Texte 55), Hannover 2013.

Zweites Vatikanisches Konzil, Dekret «Christus Dominus» vom 28. Oktober 1965; deutsch: Rahner/Vorgrimler (Hg.), Konzilskompendium, S. 251–285.

Zweites Vatikanisches Konzil, Dekret «Presbyterorum ordinis» vom 7. Dezember 1965; lateinisch/deutsch: Das Zweite Vatikanische Konzil, S. 127–239; deutsch: Rahner/Vorgrimler (Hg.), Konzilskompendium, S. 553–598.

Zweites Vatikanisches Konzil, Dekret über die katholischen Ostkirchen «Orientalium ecclesiarum» vom 21. November 1964; lateinisch/deutsch: Das Zweite Vatikanische Konzil, S. 361–392.

Zweites Vatikanisches Konzil, Dogmatische Konstitution über die Kirche «Lumen gentium» vom 21. November 1964; deutsch: Rahner/Vorgrimler (Hg.), Konzilskompendium, S. 105–200.

Zweites Vatikanisches Konzil, Pastoralkonstitution über die Kirche in der Welt von heute «Gaudium et spes» vom 7. Dezember 1965; deutsch: Rahner/Vorgrimler (Hg.), Konzilskompendium, S. 423–552.

Literatur

Alberigo, Giuseppe/Wittstadt, Klaus (Hg.), Geschichte des Zweiten Vatikanischen Konzils, 3 Bde., Mainz 1997–2002.

Angenendt, Arnold, «Mit reinen Händen.» Das Motiv der kultischen Reinheit in der abendländischen Askese, in: Ders., Liturgie, S. 245–267.

Angenendt, Arnold, Das Frühmittelalter. Die abendländische Christenheit von 400 bis 900, Stuttgart 1990.

Angenendt, Arnold, Geschichte der Religiosität im Mittelalter, Darmstadt 1997.

Angenendt, Arnold, Heilige und Reliquien. Die Geschichte ihres Kultes vom frühen Christentum bis zur Gegenwart, München 1994.

Angenendt, Arnold, Liturgie im Mittelalter. Ausgewählte Aufsätze zum 70. Geburtstag, hg. von Thomas Flammer/Daniel Meyer (Ästhetik, Theologie, Liturgik 35), Münster 2004.

Angenendt, Arnold, Martin als Gottesmann und Bischof, in: Rottenburger Jahrbuch für Kirchengeschichte 18 (1999), S. 33–47.

Arning, Holger/Wolf, Hubert, Hundert Katholikentage. Von Mainz 1848 bis Leipzig 2016, Darmstadt 2016.

Bätz, Alexander, Sacrae virgines. Studien zum religiösen und gesellschaftlichen Status der Vestalinnen, Paderborn 2012.

Bauer, Thomas, Die Kultur der Ambiguität. Eine andere Geschichte des Islams, Berlin 2011.

Benga, Daniel/Bremer, Thomas/Rafi Gazer, Hacik/Ionižă, Viorel, Die Ostkirchen, in: Thomas Kaufmann/Raymund Kottje/Bernd Moeller/Hubert Wolf (Hg.), Ökumenische Kirchengeschichte. Bd. 3: Von der Französischen Revolution bis 1989, Darmstadt 2007, S. 351–416.

Berlis, Angela, Celibate or married priests? Polemical gender discourse in nineteenth-century Catholicism, in: Patrick Pasture/Jan Art/Thomas Buermann (Hg.), Beyond the Feminization Thesis. Gender and Christianity in Modern Europe (Kadoc studies on religion, culture and society 10), Leuven 2012, S. 57–71.

Bernhart, Joseph, Der Kaplan. Aufzeichnungen aus einem Leben, Weißenhorn 1986.

Beutel, Albrecht/Nooke, Martha (Hg.), Religion und Aufklärung. Akten des Ersten Internationalen Kongresses zur Erforschung der Aufklärungstheologie (Münster, 30. März bis 2. April 2014) (Colloquia historica et theologica 2), Tübingen 2016.

Bickell, Gustav, Der Cölibat eine apostolische Anordnung, in: Zeitschrift für katholische Theologie 2 (1878), S. 26–64.

Bickell, Gustav, Der Cölibat dennoch eine apostolische Anordnung, in: Zeitschrift für katholische Theologie 3 (1879), S. 792–799.

Bilgri, Anselm/Henghuber, Gerd, Bei aller Liebe. Warum die katholische Kirche den Zölibat freigeben muss, München ²2018.

Bischof, Franz Xaver, Das Junktim von Priestertum und Zölibatsverpflichtung, in: Konrad Hilpert (Hg.), Zukunftshorizonte katholischer Sexualethik (Quaestiones Disputatae 241), Freiburg i. Br./Basel/Wien 2011, S. 57–71.

Blaschke, Olaf, Das 19. Jahrhundert: Ein Zweites Konfessionelles Zeitalter? In: Geschichte und Gesellschaft 26 (2000) H 1, S. 38–75.

Böckle, Franz, Geschlechterbeziehung und Liebesfähigkeit, in: Ders./Franz-Xaver Kaufmann/Karl Rahner/Bernhard Welte (Hg.), Christlicher Glaube in moderner Gesellschaft, Bd. 6, Freiburg i. Br./Basel/Wien ²1981, S. 110–153.

Boelens, Martin, Die Klerikerehe in der Gesetzgebung der Kirche unter besonderer Berücksichtigung der Strafe. Eine rechtsgeschichtliche Untersuchung von den Anfängen der Kirche bis zum Jahr 1139, Paderborn 1968.

Borutta, Manuel, Antikatholizismus. Deutschland und Italien im Zeitalter der europäischen Kulturkämpfe, Göttingen ²2011.

Brandl, Manfred, Die deutschen katholischen Theologen der Neuzeit. Ein Repertorium. Bd. 2: Aufklärung, Salzburg 1978.

Brecht, Martin, Martin Luther. Bd. 2: Ordnung und Abgrenzung der Reformation 1521–1532, Stuttgart 1986.

Brown, Peter, Die Keuschheit der Engel. Sexuelle Entsagung, Askese und Körperlichkeit am Anfang des Christentums. Aus dem Englischen von Martin Pfeiffer, München/Wien 1991.

Burkert, Walter, Griechische Religion der archaischen und klassischen Epoche (Die Religionen der Menschheit 15), Stuttgart/Berlin/Köln 1977, ²2010.

Carové, Friedrich Wilhelm, Über das Cölibatsgesetz des römisch-katholischen Klerus. Bd. 2: Vollständige Sammlung der Cölibatsgesetze für die katholischen Weltgeistlichen von den ältesten bis auf die neuesten Zeiten, Frankfurt a. M. 1833.

Cattaneo, Arturo (Hg.), Verheiratete Priester? 30 brisante Fragen zum Zölibat, Paderborn 2012.

Cochini, Christian, Le origini apostoliche del celibato sacerdotale, Rom 1981.

Damberg, Wim, Abschied vom Milieu? Katholizismus im Bistum Münster und in den Niederlanden 1945–1980 (Veröffentlichungen der Kommission für Zeitgeschichte B 79), Paderborn/München/Wien 1997.

Dassmann, Ernst, Diakonat und Zölibat, in: Plöger/Weber (Hg.), Diakon, S. 57–67.

Dassmann, Ernst, Kirchengeschichte I. Ausbreitung, Leben und Lehre der Kirche in den ersten drei Jahrhunderten (Kohlhammer Studienbücher Theologie 10), Stuttgart/Berlin/Köln 1991.

Demel, Sabine, Kirchliche Trauung – eine unerläßliche Pflicht für die Ehe des katholischen Christen?, Stuttgart 1993.

Denzler, Georg, Das Papsttum und der Amtszölibat. Bd. 1: Die Zeit bis zur Reformation; Bd. 2: Von der Reformation bis in die Gegenwart (Päpste und Papsttum 5/1 und 5/2), Stuttgart 1973 und 1976.

Denzler, Georg, Die Geschichte des Zölibats (Herder Spektrum 4246), Freiburg i. Br./Basel/Wien 1993.

Denzler, Georg/Vogels, Heinz-Jürgen/Wili, Hans-Urs (Hg.), Internationale Bibliographie zum Priesterzölibat (1520–2014). Ein Findbuch für Recherche und Diskussion (Beiträge zu Theologie, Kirche und Gesellschaft im 20. Jahrhundert 27), Münster 2016.

Dittrich, Lisa, Antiklerikalismus in Europa. Öffentlichkeit und Säkularisierung in Frankreich, Spanien und Deutschland (1848–1914) (Religiöse Kulturen im Europa der Neuzeit 3), Göttingen 2014.

Drewermann, Eugen, Kleriker. Psychogramm eines Ideals, Olten 2001.

Ebertz, Michael N., Herrschaft in der Kirche. Hierarchie, Tradition und Charisma im 19. Jahrhundert, in: Karl Gabriel/Franz-Xaver Kaufmann (Hg.), Zur Soziologie des Katholizismus, Mainz 1980, S. 89–111.

Ebertz, Michael N., Kirche im Gegenwind. Zum Umbruch der religiösen Landschaft, Freiburg i. Br. ²1998.

Feine, Hans Erich, Kirchliche Rechtsgeschichte. Bd. 1: Die katholische Kirche, Weimar ³1955.

Fischer, Klaus P., Vom Zeugnis zum Ärgernis? Anmerkungen und Thesen zum Pflichtzölibat, Wiesmoor 2011.

Frank, Karl Suso, Askese und Mönchtum in der Alten Kirche (Wege der Forschung 409), Darmstadt 1975.

Frank, Karl Suso, Einführung, in: Ders., Askese und Mönchtum in der Alten Kirche (Wege der Forschung 409), Darmstadt 1975, S. 1–33.

Frank, Karl Suso, Geschichte des christlichen Mönchtums (Grundzüge 25), Darmstadt 1988.

Frank, Karl Suso, Lehrbuch der Geschichte der Alten Kirche, Paderborn/München/Wien 1996.

Franzen, August, Die Kelchbewegung am Niederrhein im 16. Jahrhundert. Ein Beitrag zum Problem der Konfessionsbildung im Reformationszeitalter (Katholisches Leben und Kämpfen im Zeitalter der Glaubensspaltung 13), Münster 1955.

Franzen, August, Die Visitationsprotokolle der ersten nachtridentinischen Visitation (Reformationsgeschichtliche Studien und Texte 85), Münster 1960.

Franzen, August, Die Zölibatsfrage im 19. Jahrhundert. Der «Badische Zölibatssturm» (1828) und das Problem der Priesterehe im Urteile Johann Adam Möhlers und Johann Baptist Hirschers, in: Historisches Jahrbuch 91 (1971), S. 345–383.

Franzen, August, Zölibat und Priesterehe in der Auseinandersetzung der Reformationszeit und der katholischen Reform des 16. Jahrhunderts (Katholisches Leben und Kirchenreform im Zeitalter der Glaubensspaltung 29), Münster 1969.

Funk, Franz Xaver, Der Cölibat keine apostolische Anordnung, in: Theologische Quartalschrift 61 (1879), S. 208–247.

Funk, Franz Xaver, Der Cölibat noch lange keine apostolische Anordnung, in: Theologische Quartalschrift 62 (1880), S. 202–221.

Gatz, Erwin (Hg.), Die Kirchenfinanzen (Geschichte des kirchlichen Lebens 6), Freiburg i. Br./Basel/Wien 2000.

Gatz, Erwin, Der Zölibat als Spezifikum priesterlicher Lebenskultur, in: Ders. (Hg.), Der Diözesanklerus (Geschichte des kirchlichen Lebens 4), Freiburg i. Br./Basel/Wien 1995, S. 346–362.

Görres, Ida Friederike, Laiengedanken zum Zölibat, Frankfurt a. M. 1962.

Götz von Olenhusen, Irmtraud, Klerus und abweichendes Verhalten. Zur Sozialgeschichte katholischer Priester im 19. Jahrhundert (Kritische Studien zur Geschichtswissenschaft 106), Göttingen 1994.

Goyret, Philip, Il Decreto Presbyterorum ordinis, in: Annuarium Historiae Conciliorum 43 (2011) H 1/2, S. 169–192.

Greinacher, Norbert, Das Heil der Menschen – oberstes Gesetz in der Kirche, in:
Theologische Quartalschrift 172 (1992), S. 2–15.

Gröber, Conrad, Handbuch der religiösen Gegenwartsfragen, Freiburg i. Br. 1940.

Gryson, Roger, Les Origines du Célibat ecclésiastique du premier au septième
siècle (Recherches et Synthèses. Section D'Histoire II), Gembloux 1970.

Halbfas, Hubertus, Glaubensverlust. Warum sich das Christentum neu erfinden
muss, Ostfildern 2011.

Hanisch, Ernst, Der Priester als Mann – eine geschlechterspezifische Perspektive
im 20. Jahrhundert, in: Rupert Klieber/Hermann Hold (Hg.), Impulse für eine
religiöse Alltagsgeschichte des Donau-Alpen-Adria-Raumes, Wien/Köln/Wei-
mar 2005, S. 211–221.

Heid, Stefan, Verheiratete und ehelose Priester, in: Forum Katholische Theologie 28
(2012) H 2, S. 116–125.

Heid, Stefan, Zölibat in der frühen Kirche. Die Anfänge einer Enthaltsamkeitspflicht für Kleriker in Ost und West, Paderborn/München/Wien/Zürich 1997.

Herbers, Klaus, Geschichte des Papsttums im Mittelalter, Darmstadt 2012.

Hill, Richard, Ordination of married Protestant Ministers, in: Canon Law Society
of America. Proceedings 51 (1989), S. 95–100.

Hirscher, Johann Baptist, Rezension zu: Die erheblichen Gründe für und gegen das
katholisch-kirchliche Cölibatsgesetz, zu nochmaliger Prüfung dargelegt von
Dr. Joh. Ant. Sulzer …, in: Theologische Quartalschrift 2 (1820), S. 637–670.

Hohmann, Joachim S., Der Zölibat. Geschichte und Gegenwart eines umstrittenen
Gesetzes. Mit einem Anhang wichtiger kirchlicher Quellentexte, Frankfurt
a. M. 1993.

Holzem, Andreas, Der Konfessionsstaat (1555–1802) (Geschichte des Bistums
Münster 4), Münster 1998.

Holzem, Andreas/Kaufmann, Thomas, Das konfessionelle Zeitalter, in: Thomas
Kaufmann/Raymund Kottje/Bernd Moeller/Hubert Wolf (Hg.), Ökumenische
Kirchengeschichte. Bd. 2: Vom Hochmittelalter bis zur frühen Neuzeit, Darm-
stadt 2008, S. 331–448.

Huizing, Peter, Rechtsschutz und Verwaltungsgerichtsbarkeit im neuen Codex
Iuris Canonici, in: Theologische Quartalschrift 163 (1983), S. 211–222.

Huizinga, Johan, Herbst des Mittelalters. Studie über Lebens- und Gedankenfor-
men im 14. und 15. Jahrhunderts in Frankreich und den Niederlanden, Paderborn 2018.

Hünermann, Bernd/Hilberath, Bernd Jochen (Hg.), Herders Theologischer Kommentar zum Zweiten Vatikanischen Konzil, Bd. 4, Freiburg i. Br./Basel/Wien
2005.

Jedin, Hubert, Geschichte des Konzils von Trient, 4 Bde., Darmstadt 2007.

Jedin, Hubert, Kleine Konziliengeschichte. Mit einem Bericht über das Zweite
Vatikanische Konzil, Freiburg i. Br./Basel/Wien [8]1978.

Jedin, Hubert, Ursprung und Durchbruch der Katholischen Reform bis 1563, in:
Erwin Iserloh/Josef Glazik/Ders. (Hg.), Handbuch der Kirchengeschichte.
Bd. 4: Reformation, Katholische Reform und Gegenreformation, Freiburg i. Br.
1979, S. 449–683.

Kaufmann, Franz-Xaver, Kirchenkrise. Wie überlebt das Christentum?, Freiburg
i. Br./Basel/Wien 2011.

Kleinschmidt, Frank, Ehefragen im Neuen Testament. Ehe, Ehelosigkeit, Ehescheidung, Verheiratung Verwitweter und Geschiedener im Neuen Testament (Ar-
beiten zur Religion und Geschichte des Urchristentums 7), Frankfurt a. M.
1998.

Klostermann, Ferdinand, Gemeinde ohne Priester. Ist der Zölibat eine Ursache?,
Mainz 1981.

Könemann, Judith/Schüller, Thomas (Hg.), Das Memorandum. Die Positionen im
Für und Wider (Theologie kontrovers), Freiburg i. Br. 2011.

Kötting, Bernhard, Der Zölibat in der Alten Kirche (Schriften der Gesellschaft zur
Förderung der Westfälischen Wilhelms-Universität 61), Münster 1968.

Kraus, Georg, Plädoyer für die Freiwilligkeit des Zölibats der lateinisch-katho-
lischen Priester, in: Stimmen der Zeit 228 (2010), S. 579–588.

Kräutler, Erwin, Habt Mut! Jetzt die Welt und die Kirche verändern, Innsbruck/
Wien ²2016.

L'Huillier, Pierre, Sacerdoce et Mariage dans L'Église Orthodoxe, in: Messager de
L'Exarchat du Patriarche Russe en Europe Occidentale 13 (1965), S. 210–222.

Landersdorfer, Anton, Das Bistum Freising in der bayerischen Visitation des Jahres
1560 (Münchener Theologische Studien. Historische Abteilung 26), Sankt Otti-
lien 1986.

Leineweber, Winfried, Der Streit um den Zölibat im 19. Jahrhundert (Münsterische
Beiträge zur Theologie 44), Münster 1978.

Leppin, Volker, Martin Luther (Gestalten des Mittelalters und der Renaissance),
Darmstadt 2006.

Leven, Benjamin, «Prävention wirkt.» Ein Gespräch mit Hans Zollner, dem Leiter
des römischen Kinderschutzzentrums, in: Herder Korrespondenz 73 (2019)
H 2, S. 17–19.

Leygraf, Norbert/König, Andrej/Kröber, Hans-Ludwig/Pfäfflin, Friedemann,
Sexuelle Übergriffe durch katholische Geistliche in Deutschland. Eine Analyse
forensischer Gutachten 2000–2010. Abschlussbericht 2012; http://www.dbk.
de/fileadmin/redaktion/diverse_downloads/Dossiers_2012/2012_Sex-Ueber
griffe-durch-katholische-Geistliche_Leygraf-Studie.pdf (letzter Zugriff 05.02.
2019).

Lüdecke, Norbert, Also doch ein Dogma? Fragen zum Verbindlichkeitsanspruch
der Lehre über die Unmöglichkeit der Priesterweihe von Frauen aus kanonis-
tischer Perspektive, in: Trierer Theologische Zeitschrift 105 (1996), S. 161–211.

Lüdecke, Norbert, Empörung reicht nicht! Hinweise und Fragen eines Kirchenrechtlers vom 1. November 2018; http://theosalon.blogspot.com/2018/11/
emporung-reicht-nicht.html (letzter Zugriff 03.01.2019).

Lüdecke, Norbert, Mehr Geschlecht als Recht? Zur Stellung der Frau nach Lehre
und Recht der römisch-katholischen Kirche, in: Sigrid Eder/Irmtraud Fischer
(Hg.), … männlich und weiblich schuf er sie … (Gen 1,27). Zur Brisanz der
Geschlechterfrage in Religion und Gesellschaft (Theologie im kulturellen Dialog 16), Innsbruck 2009, S. 183–216.

Lüdecke, Norbert, Sexueller Missbrauch von Kindern und Jugendlichen durch
Priester aus kirchenrechtlicher Sicht, in: Münchener Theologische Zeitschrift 62
(2011), S. 33–60.

Lüdecke, Norbert/Bier, Georg, Das römisch-katholische Kirchenrecht. Eine Einführung. Unter Mitarbeit von Bernhard Sven Anuth, Stuttgart 2012.

Lüdicke, Klaus, Kirchliche Verwaltungsgerichtsbarkeit in Deutschland. Zur Lage

20 Jahre nach dem Beschluß der Gemeinsamen Synode, in: Heinrich J. F. Reinhardt (Hg.), Theologia et jus canonicum. Festgabe für Heribert Heinemann zur Vollendung seines 70. Lebensjahres, Essen 1995, S. 433–446.

Luebke, David M., Hometown Religion. Regimes of Coexistence in Early Modern Westphalia (Studies in Early Modern German History), Charlottesville/London 2016.

Lutterbach, Hubertus, Die Kultische Reinheit – Bedingung der Möglichkeit für sexuelle Gewalt von Klerikern gegenüber Kindern? In: Striet/Werden (Hg.), Theologie, S. 175–195.

Lutterbach, Hubertus, Sexualität im Mittelalter. Eine Kulturstudie anhand von Bußbüchern des 6. und 12. Jahrhunderts (Beihefte zum Archiv für Kulturgeschichte 43), Köln/Weimar/Wien 1999.

Marotta, Saretta, Augustin Bea auf dem Weg zum Ökumeniker 1949–1960, in: Zeitschrift für Kirchengeschichte 127 (2017) H 3, S. 373–393.

Maximos IV. Saigh, Priestertum, Zölibat und Ehe in der Ostkirche, in: Der Seelsorger 37 (1967), S. 303–306.

McGovern, Thomas J., Der Zölibat in der Ostkirche, in: Forum katholische Theologie 14 (1998), S. 99–123.

Memorandum zur Zölibatsdiskussion, in: Orientierung 34 (1970) H 6/7, S. 69–72.

MHG-Studie: Sexueller Missbrauch an Minderjährigen durch katholische Priester, Diakone und männliche Ordensangehörige im Bereich der Deutschen Bischofskonferenz, Mannheim, Heidelberg, Gießen, 24. September 2018; https://www.dbk.de/fileadmin/redaktion/diverse_downloads/dossiers_2018/MHG-Studie-gesamt.pdf (letzter Zugriff 25.01.2019).

Mieth, Dietmar, Ehe und Priestertum. Über ihre konstruktive Beziehung, in: Theologische Quartalschrift 172 (1992), S. 23–35.

Möhler, Johann Adam, Beleuchtung der Denkschrift für die Aufhebung des den katholischen Geistlichen vorgeschriebenen Cölibates. Mit drei Aktenstücken, in: Dr. Johann Adam Möhlers gesammelte Schriften und Aufsätze, hg. von Johann Joseph Ignaz von Döllinger, Bd. 1, Regensburg 1839, S. 177–207.

Mörsdorf, Klaus, Lehrbuch des Kirchenrechts auf Grund des Codex Iuris Canonici. Bd. 1: Einleitung, Allgemeiner Teil und Personenrecht (Wissenschaftliche Handbibliothek), München/Paderborn/Wien [9]1959.

Mosiek, Ulrich/Zapp, Hartmut, Kirchliches Eherecht. Mit dem Entwurf der CIC-Reformkommission (rombach hochschul paperback 5), Freiburg i. Br. [5]1981.

Müller, Wunibald, Liebe und Zölibat. Wie eheloses Leben gelingen kann, Kevelaer 2012.

Müller, Wunibald, Verschwiegene Wunden. Sexuellen Missbrauch in der katholischen Kirche erkennen und verhindern, München 2010.

Nedungatt, George, Celibate and married Clergy in CCEO Canon 373, in: Studia canonica 36 (2002), S. 129–167.

Ott, Ludwig, Grundriss der katholischen Dogmatik, Freiburg i. Br./Basel/Wien [7]1965.

Petrà, Basilio, Preti celibi e preti sposati. Due carismi della Chiesa cattolica, Assisi 2011.

Picard, Paul, Zölibatsdiskussion im katholischen Deutschland der Aufklärungszeit. Auseinandersetzung mit der kanonischen Vorschrift im Namen der Menschenrechte (Moraltheologische Studien. Historische Abteilung 3), Düsseldorf 1975.

Pietsch, Andreas/Stollberg-Rilinger, Barbara (Hg.), Konfessionelle Ambiguität. Uneindeutigkeit und Verstellung als religiöse Praxis in der Frühen Neuzeit (Schriften des Vereins für Reformationsgeschichte 214), Gütersloh 2013.

Plöger, Josef G./Weber, Hermann J. (Hg.), Der Diakon. Wiederentdeckung und Erneuerung seines Dienstes, Freiburg i. Br./Basel/Wien 1980.

Preglau-Hämmerle, Susanne, Katholische Reformbewegungen weltweit. Ein Überblick, Innsbruck/Wien 2012.

Price, Richard M., Art. Zölibat II. Kirchengeschichtlich, in: Theologische Realenzyklopädie 36 (2004), S. 722–739.

Puza, Richard, Viri uxorati – viri probati. Kanonistisch-historische Überlegungen, in: Theologische Quartalschrift 172 (1992), S. 16–23.

Quaranta, Francesco, Preti sposati nel medioevo. Cinque apologie, Turin 2000.

Ranke-Heinemann, Uta, Eunuchen für das Himmelreich. Katholische Kirche und Sexualität, Hamburg 1988.

Raue, Ursula, Bericht über Fälle sexuellen Missbrauchs an Schulen und anderen Einrichtungen des Jesuitenordens vom 27. Mai 2010; http://www.gewalt-im-jhh.de/hp2/Blick_uber_den_Tellerrand_4/Bericht_27_05_2010.pdf (letzter Zugriff 25. 01. 2019).

Read, Gordon, The Statues Regulating the Admission to Priesthood of Married Former Anglican Clergy in England and Wales, in: Canon Law Society of Great Britain and Ireland Newsletter 104 (December 1995), S. 5–13.

Reinhardt, Volker, Pontifex. Die Geschichte der Päpste. Von Petrus bis Franziskus, München 2017.

Rice, David, Kirche ohne Priester. Der Exodus der Geistlichen aus der katholischen Kirche, Gütersloh 1990.

Rivinius, Karl Josef, Das priesterliche Amt in der gegenwärtigen Diskussion, in: Reimund Haas (Hg.), Weg zum Priestertum. 25 Jahre überdiözesanes Studienhaus St. Lambert, Grafschaft 1997, S. 103–117.

Robinson, Geoffrey, Macht, Sexualität und die katholische Kirche. Eine notwendige Konfrontation, Oberursel 2010.

Routhier, Gilles, Les décrets Presbyterorum ordinis et Optatam totius. Débats inachevés et questions pendantes, in: Revue théologique de Louvain 45 (2014), S. 25–51.

Royal Commission into Institutional Responses to Child Sexual Abuse, Final Report. Volume 16: Religious institutions, Barton 2017; https://www.child abuseroyalcommission.gov.au/sites/default/files/final_report_-_volume_16_religious_institutions_book_1.pdf (letzter Zugriff 25. 01. 2019).

Ruh, Ulrich, Auflockerung: Zölibatsdispens für ehemalige evangelische Pfarrer, in: Herder Korrespondenz 41 (1987) H 1, S. 6.

Sägmüller, Johann Baptist, Lehrbuch des katholischen Kirchenrechts. Bd. 1: Einleitung. Kirche und Kirchenpolitik. Die Quellen des Kirchenrechts, Freiburg i. Br. 1900.

Schatz, Klaus, Allgemeine Konzilien – Brennpunkte der Kirchengeschichte, Paderborn 1997.

Schmidt, Heinrich Richard, Konfessionalisierung im 19. Jahrhundert (Enzyklopädie deutscher Geschichte 12), München 1992.

Schmiedl, Joachim (Hg.), Nationalsynoden nach dem Zweiten Vatikanischen Konzil. Rechtliche Grundlagen und öffentliche Meinung (Theologische Berichte 35), Freiburg/Schweiz 2013.

Schneider, Theodor, Zeichen der Nähe Gottes. Grundriß der Sakramententheologie, Mainz ²1980.

Schubert, Anselm, Gott essen. Eine kulinarische Geschichte des Abendmahls, München 2018.

Seidler, Martin/Steiner, Michael (Hg.), Kirche lebt von unten: Erfahrungen aus 20 Jahren, Wuppertal 2000.

Sieben, Hermann Josef, Rezension zu: Heid, Stefan, Zölibat in der frühen Kirche …, in: Theologie und Philosophie 73 (1998), S. 585–587.

Sipe, A. W. Richard, Sexualität und Zölibat. Aus dem Amerikanischen von Ingrid Proß-Gill, Paderborn/München/Wien 1992.

Sodaro, Stefano, Keshi. Preti Sposati nel Diritto Canonico Orientale, Triest 2000.

Stickler, Alfons Maria, Der Klerikerzölibat. Seine Entwicklungsgeschichte und seine theologischen Grundlagen, Stuttgart 2012.

Striet, Magnus, Sexueller Missbrauch im Raum der Katholischen Kirche. Versuch einer Ursachenforschung, in: Ders./Werden (Hg.), Theologie, S. 15–40.

Striet, Magnus/Werden, Rita (Hg.), Unheilige Theologie! Analysen angesichts sexueller Gewalt gegen Minderjährige durch Priester (Katholizismus im Umbruch 9), Freiburg i. Br./Basel/Wien 2019.

Tellenbach, Gerd, Die westliche Kirche vom 10. bis zum frühen 12. Jahrhundert (Die Kirche in ihrer Geschichte 2 Lieferung F 1), Göttingen 1988.

Trémeau, Marc, Der gottgeweihte Zölibat. Sein geschichtlicher Ursprung und seine lehrmäßige Rechtfertigung, Wien 1981.

Trippen, Norbert, Die Erneuerung des Ständigen Diakonats im Gefolge des II. Vatikanischen Konzils, in: Plöger/Weber (Hg.), Diakon, S. 83–103.

Troeltsch, Ernst, Askese, in: Karl Suso Frank, Askese und Mönchtum in der Alten Kirche (Wege der Forschung 409), Darmstadt 1975, S. 69–90.

Verhoeven, Timothy, Harmful or Benign? Transnational Medical Networks and the Celibacy of Priests, in: Journal of Religious History 39 (2015), S. 244–260; https://onlinelibrary.wiley.com/doi/full/10.1111/1467–9809.12184 (letzter Zugriff 26. 01. 2019).

Voges, Stefan, Konzil, Dialog und Demokratie. Der Weg zur Würzburger Synode 1965–1971 (Veröffentlichungen der Kommission für Zeitgeschichte B 132), Paderborn/München/Wien 2015.

Wagner, Doris, Spiritueller Missbrauch in der katholischen Kirche, Freiburg i. Br./Basel/Wien 2019.

Walter, Peter/Wassilowsky, Günther (Hg.), Das Konzil von Trient und die katholische Konfessionskultur (1563–2013) (Reformationsgeschichtliche Studien und Texte 163), Münster 2016.

Wassilowsky, Günther (Hg.), Zweites Vatikanum – vergessene Anstöße, gegenwärtige Fortschreibungen (Quaestiones Disputatae 207), Freiburg i. Br./Basel/Wien 2004.

Weber, Max, Wirtschaft und Gesellschaft. Grundriss der verstehenden Soziologie, hg. von Johann Winckelmann, Tübingen ⁵1972.

Wolf, Hubert, Die Nonnen von Sant'Ambrogio. Eine wahre Geschichte, München 2013.

Wolf, Hubert, «Ein dogmatisches Kriterium der Kirchengeschichte»? Franz Xaver Funk (1840–1907) und Sebastian Merkle (1862–1945) in den Kontroversen um die Identität des Faches, in: Reimund Haas (Hg.), «Im Gedächtnis der Kirche neu erwachen.» Studien zur Geschichte des Christentums in Mittel- und Osteuropa. Festgabe für Prof. Dr. Gabriel Adriányi zum 65. Geburtstag, Köln 2000, S. 713–732.

Wolf, Hubert, Katholische Aufklärung? In: Beutel/Nooke (Hg.), Religion, S. 81–95.

Wolf, Hubert, Katholische Kirchengeschichte im «langen» 19. Jahrhundert von 1789 bis 1918, in: Thomas Kaufmann/Raymund Kottje/Bernd Moeller/Ders. (Hg.), Ökumenische Kirchengeschichte. Bd. 3: Von der Französischen Revolution bis 1989, Darmstadt 2007, S. 91–177.

Wolf, Hubert, Krypta. Unterdrückte Traditionen der Kirchengeschichte, München [1/2]2015.

Wolf, Hubert, Sankt Martin I, in: Christoph Markschies/Ders. (Hg.), Erinnerungsorte des Christentums, München 2010, S. 668–678.

Wolf, Hubert, «Wahr ist, was gelehrt wird» statt «Gelehrt wird, was wahr ist»? Zur Erfindung des «ordentlichen» Lehramts, in: Thomas Schmeller/Martin Ebner/Rudolf Hoppe (Hg.), Neutestamentliche Ämtermodelle im Kontext (Quaestiones Disputatae 239), Freiburg i. Br./Basel/Wien 2010, S. 236–259.

Zulehner, Paul M., Aufruf zum Ungehorsam. Taten, nicht Worte reformieren die Kirche, Ostfildern 2012.

PERSONENREGISTER

HUBERT WOLF BEI C.H.BECK

Konklave
Die Geheimnisse der Papstwahl
2. Auflage. 2017. 220 Seiten mit 47 Abbildungen. Gebunden

«Zweitausend Jahre als Kirchenthriller… Wolf schreibt im eloquenten
angelsächsischen Stil – pointiert, aufs Wesentliche fokussiert, fast bis
zur Zuspitzung auf seine Thesen konzentriert.»
Rudolf Neumaier, Süddeutsche Zeitung

Krypta
Unterdrückte Traditionen der Kirchengeschichte
2. Auflage. 2015. 231 Seiten. Gebunden

«Ein erfrischendes und gut geschriebenes Buch für ein breites Publikum,
das die funkelnde Vielfalt der historischen Arrangements von Kirche
und Gesellschaft in Erinnerung ruft.»
*Siegfried Weichlein, Schweizerische Zeitschrift für Religions-
und Kulturgeschichte*

Papst & Teufel
Die Archive des Vatikan und das Dritte Reich
2., durchgesehene Auflage. 2009. 360 Seiten mit 28 Abbildungen
und 1 Karte. Gebunden

«Wolf ist hier in seinem Element, und seine Leser danken ihm
die verständliche Präsentation seiner Funde.»
Andreas Platthaus, Frankfurter Allgemeine Zeitung

Die Nonnen von Sant'Ambrogio
Eine wahre Geschichte
4., durchgesehene Auflage 2013. 544 Seiten mit 10 Abbildungen
und 3 Grafiken. Gebunden

«Empfehlenswert für jeden, der noch schwankt, ob er sich … mit einem Buch
bilden oder unterhalten soll. Hier werden beide Ansprüche vereint.»
Adam Soboczynski, Die Zeit

C.H.BECK